국어교육의 안과 밖

국어교육의 안과 밖

초판 1쇄 인쇄 2021년 11월 8일
초판 1쇄 발행 2021년 11월 22일

지은이   이삼형 김창원 정재찬 이성영 서혁
펴낸이   이대현
편집   이태곤 권분옥 문선희 임애정 강윤경
디자인   안혜진 최선주 이경진
마케팅   박태훈 안현진

펴낸곳   도서출판 역락
출판등록   1999년 4월 19일 제303-2002-000014호
주소   서울시 서초구 동광로46길 6-6(반포4동 577-25) 문창빌딩 2층(우06589)
전화   02-3409-2060(편집부), 2058(영업부)
팩스   02-3409-2059
이메일   youkrack@hanmail.net
홈페이지   www.youkrackbooks.com

ISBN 979-11-6742-219-4 93370

국어교육의 안과 밖

이삼형
김창원
정재찬
이성영
서 혁

역락

　교육은 과거-현재-미래의 대화이다. 대화는 시대와 공간을 가로지르며 이루어질 때 더욱 살아 숨 쉰다. 국어교육학 연구가 본격적으로 시작된 지도 30여 년, 한 세대를 넘어서고 있다. 그런 점에서 이 책은 국어교육으로 한 세대를 살아온 저자들의 '조금 오래된 미래'의 기록이다. 미약하나마 그러한 흔적과 발자국들이 조금이나마 다음 세대의 국어교육에 기여할 수 있기를 바라는 것이 저자들의 작은 소망이다. 새로운 학문 세대들에 의한 새로운 미래의 설계 시점이기도 하고, 어쩌면 이를 위한 대화가 필요한 시점일 수도 있기 때문이다.

　이 책은 당초에 『국어교육의 쟁점』이라는 제목으로 그리 머지않은 과거에 탄생할 예정이었다. 그러나 이제 이름을 바꿔 '국어교육의 안과 밖'이라는 제목으로 세상의 따가운 볕을 마주하게 되었다. 이 책의 제목을 고민 끝에 『국어교육의 안과 밖』으로 정한 데에는, 국어교육의 과거, 현재, 미래와의 소통뿐만 아니라, 국어교육을 둘러싸고 있는 생태계의 소통도 소망하였기 때문이다. 이 책의 저자들의 그러한 관심과 고민의 흔적들을 모아 함께 나누고자 한다.

이 책은 '국어교육의 본질, 실제, 미래'의 3부로 이루어졌다.

1부 '국어교육의 본질'에서는 국어 능력의 개념과 성격을 중심으로 '감(感)으로서의 국어 능력'에 대해 논하고 있다. 즉, 핵심적인 국어 능력으로 의미를 구성하고 소통하는 능력, 바람직한 공론장을 만들어 가는 능력, 공동체에 대한 책임의식을 갖고 진지하게 토론하는 건강한 시민으로서의 국어 능력을 강조한다. 이러한 국어행위 과정에서 작용하는 '언어적 감(感)'은 역량 혹은 예지(叡智)의 성격을 띠는 것으로서, 의미를 구성하는 과정에서 언제나 동원되어야만 하는 인지적, 정서적인 측면을 아우르는 총체적이고 통합적인 능력에 해당한다고 갈파한다.

또한 '국어교육에서 실제성과 가상성의 관계'에서는 실제에 기반을 둔 교육 활동이 지닐 수 있는 비효율성을 보완하는 방안으로 가상성을 강조하고 있다. 궁극적으로 가상성은 실제성과 공존할 뿐만 아니라 실제성이 지니지 못한 그 나름의 미덕을 지니고 있다. 최근에 메타버스에 대한 관심은 가상 세계와 현실 세계의 경계가 더욱 허물어져 가고 있음을 보여준다. 이처럼 디지털 시대의 교육은 존재하지 않는 가상(假象)을 사이버의 가상(假像) 공간에서 실재화함으로써, 실제성과 가상성이 더욱 혼효되는 양상을 보여준다는 점에서 많은 교육적 시사점을 제공해 준다.

'사회적 소통을 위한 국어교육'에서는 국어교육이 '언어에 담긴, 그리고 그 언어를 둘러싸고 있는 사회와 문화까지 이해하고 비판하며 창조할 수 있는 사고와 능력을 기르는 것이어야' 함을 강조한다. 이를 위해서는 국어교과 내부적으로는 물론이거니와 더 나아가서는 국어교사와 역사교사, 지리교사가 한 교실에서 통합적인 주제를 놓고 함께 가르칠 수 있어야 함을 역설하고 있다. 최근에 학문 리터러시(disciplinary literacy)가 강조되고 있는 상황에 비추어볼 때, 교육 연구와 실천에 시사하는 바가 크다고 하겠다.

2부 '국어교육의 실제'에서는 '읽기 교육의 쟁점과 과제'와 관련하여 비판적 문식성 교육, 디지털 문식성, 복합 양식 텍스트 읽기에 주목하고 있다. 특히 학습 독자의 수준에 맞는 텍스트의 선택과 제공, 이를 통한 읽기와 독서교육의 상세화와 체계화를 위해 한국어에 적합한 텍스트 복잡도 평가 기준을 정밀화하는 연구가 중요하다는 점을 강조하고 있다.

'2011 교육과정을 통해 본 국어과 교육과정의 특성과 쟁점'에서는 교육과정 개정이라는 생태학적 현상에서 발생하는 여러 쟁점들을 어떻게 해결하고 해소할 것인지에 대해, 실제 교육과정 개정 작업에 참여하고 연구한 저자의 풍부한 지식과 생생한 경험을 바탕으로 매우 소상하게 정리하고, 문제 제기와 함께 해결 방안을 제시하고 있다. 아울러 교육과정 개정 작업은 '학교 교육 내에서 국어과의 위상을 분명히 하면서 「국어」라는 교과의 정체성을 정확히 하는 작업'임을 강조하고 있다.

특히 '2015 교육과정을 통해 본 국어과 교육과정 발전의 논제'에서는 교육과정 개정 국면마다 나오는 '총론의 압박, 관련 연구 부족, 촉급한 시간' 등의 자탄을 다음 개정 때에는 반복하지 않기 위한 것임을 적시하고 있다. 이는 교육과정 개정 작업의 전모를 이해하고 사전에 준비하고 연구함으로써, '총론의 지침에 얽매이고 국어과 내부의 갈등에 신경 쓰면서 무난한 선에서 미봉할 가능성'을 피해야 한다는 점이다. 이 논문에서는 기존의 국어과 교육과정의 변모 양상과 핵심적인 특징들을 한눈에 살펴볼 수 있다는 장점도 있다.

'국어교육과 한국어교육의 관계'에서는 국어교육과 한국어교육의 학제적 관계, 상호발전과 세계화를 위한 과제를 중심으로 논의하면서, 모두가 한국학이라는 광의의 범주 내에서 다문화적 접근과 학습자의 다양성에 대한 고려, 문화 콘텐츠의 적극적 개발과 활용, 교원의 양성 등에 대해 상호 공조와 협력이 필요함을 기술하고 있다.

　3부 '국어교육의 미래'와 관련하여 '스마트 미디어 시대와 독서교육'에서는 스마트 미디어가 우리의 삶을 어떻게 변화시키고, 독서 현상에 어떤 영향을 미치며, 그에 따라 독서교육은 어떻게 대처해야 하는지 기술하고 있다. 특히 텍스트 수용과 생산의 통합을 강조하면서 주제 중심의 독서, 종합적 독서를 강조하고 있다. 아울러 디지털 미디어 기술을 통한 증강현실을 고려할 때, 종합적 읽기와 비판적 읽기, 체험적 읽기를 통한 지적·정서적 역량의 강화를 강조하고 있다.

　'소통과 통합을 위한 문학교육의 방향'에서는 우리의 문학교실에는 분석과 기술과 추상만이 가득하다는 비판과 함께, 사상과 정서의 공동체로서의 소통이 가능한 문학교실이 우리가 지향해야 할 문학교육의 방향임을 역설하고 있다. 무엇보다 '소통하면서 결국에는 필자와 다르게 닮아가는 것이 통합'이라고 갈파하고 있다.

　마지막으로 '언어복지 제도의 새로운 접근'에서는 지속가능한 보편적 언어복지 개념을 적극적으로 도입하는 것이 필요함을 강조하고 있다. 여기에서 보편적 언어복지란 학교 교육을 받는 학생들이 일정한 수준의 언어능력을 가질 수 있도록 정부가 지원해 주고 유지하는 시스템을 갖추는 것을 말한다. 특히 학생들이 기회를 살릴 수 있는 능력 수준의 언어능력을 만들어 주도록 공적 지원을 강력하게 시행하는 것이 언어복지의 핵심임을 강조하고 있다. 이는 최근에 우리 사회에 큰 관심사로 떠오르고 있는 언어복지 문제에 대해 시사하는 바가 크다.

　부족한 논의나마 공론장에 나설 수 있도록 그동안 자양분을 제공해 주신 은사님들과 선후배, 동학 등 사계의 전문가 선생님들 모두에게 진심으로 감사의 인사를 올린다. 아울러 논문의 재수록을 허락해 주신 관련 학회들에도 감사드린다. 결코 낙관할 수만은 없는 국어교육의 미래이지만, 과거-현재-미래의 대화와 진정한 소통이 지속된다면 해결책을 찾을 수 있으리라 확신한다. 끝으로 이렇게나마 오래된 숙제를 받아주시고 도와주신 도서출판 역락의 이대현 대표이사님과 문선희 편집장님께 심심한 감사의 마음을 전한다.

2021. 10.

모두가 영원히 소통할 수 있기를 꿈꾸는, 저자 일동

차례

1부

국어교육의 본질에 관하여

국어능력의 개념과 성격
: 감(感)으로서의 국어능력

이성영

1. 들어가며

인류 역사상 가장 탁월한 언어능력을 소유한 사람은 누구일까? 영국 사람들이 인도와도 바꾸지 않겠다고 한 위대한 작가 세익스피어를 꼽을 수도 있겠고, 능란한 웅변술로 국민들을 사로잡아 세계를 2차 대전의 소용돌이로 몰고 간 히틀러를 드는 사람도 있을 것이다. 그러나 이들보다 한 수 더 위의 언어능력을 지닌 사람들이 있었으니 그들은 바로 이른바 성인(聖人)으로 불리는 석가, 공자, 예수, 소크라테스 등이다. 이 분들은 그 탁월한 언어능력으로 제자들을 비롯해 당대 사람들을 가르쳤고, 그들의 말은 기록으로 남아 수천 년 동안 수많은 사람들에게 깨달음을 주고 있는 경전이 되었다. 굳이 이들 성인이 아니더라도 우리 주변에는 말을 잘하고 글을 잘 쓰는 사람들이 있는데, 그 사람들의 그 능력은 어디에서 비롯된 것일까?

이 글은 국어능력[1]의 정체를 밝히는 것을 목적으로 한다. 이를 위해 국어능력이 어떤 요소들로 구성되어 있으며 성격은 어떠한지에 대해 살펴볼 것인데, 그 과정에서 특히 감(感)이라고 하는 것에 주목할 것이다. 그리하여 감이 무엇인지, 그것이 국어능력과 어떤 관계가 있고 국어행위에서 어떻게 실현되는지에 대해 탐색한다.

국어교육이 올바른 방향과 적절한 내용으로 이루어지기 위해서는 우선 국어능력에 대한 이해가 선행되어야 한다. 특히 국어능력의 성격에 대한 이해는 국어교육의 방향을 결정하는 데에, 그리고 국어능력의 구성요소에 대한 이해는 교육 내용을 결정하는 데에 준거가 되기 때문이다. 국어능력이 지닌 정체의 일면을 탐구하고자 하는 이 연구의 의의도 바로 여기에 있다.

---

[1] 국어능력과 언어능력은 명확히 다른 개념이다. 그러나 이 글에서는 한국어를 사용하는 우리의 언어능력은 곧 국어능력이라는 의미에서 이 둘을 구별하지 않고 상황에 따라 두루 사용하기로 한다.

2. 국어능력의 개념과 성격

1) 국어능력의 개념

국어능력이란 '국어와 관련된 능력'이라고 두루뭉술하게 정의를 내릴 수 있지만, 이는 '어떤 관련 능력인가'[2] 하는 점에 대해 아무 것도 말해 주는 것이 없기 때문에 무의미하다. 국어능력의 성격이 드러나게 구체화하여 '국어를 부려 쓰는 힘'이나 더 구체화하여 '국어로 표현하고 이해하는 힘' 또는 '국어 텍스트를 생산하고 수용하는 힘' 등으로 개념을 한정할 수도 있지만, 그 능력들이 무엇으로 구성되는가 하는 점은 여전히 비어 있을 뿐 아니라, 언어를 바라보는 관점에 따라 이러한 개념 정의에 동의를 하지 않는 사람들도 있을 수 있다. 언어는 사실상 인간 생활의 모든 양상과 관련되어 있다. 따라서 국어능력은 사회의 각 영역에서 이루어지는 다양한 활동 및 개별 언어활동 주체의 성격에 따라 유동적으로 규정될 수밖에 없는 인간 능력이다(구영산, 2013:350).[3] 교사가 수업을 할 때 필요로 하는 국어능력과 작가가 창작을 할 때 필요로 하는 국어능력이 같을 수 없다.

국어능력이 무엇인가 하는 점은 국어능력이 어떤 요소들로 구성되는가 하는 점을 통해서 살펴볼 수 있다. 전통적으로 교육학에서는 교육의 내용

---

2 능력을 나타내는 영어 어휘에는 competence, capability, ability, faculty, capacity 등이 있다. 이들 사이의 미세한 의미 차이에 대해서는 김판욱 외(2010:11-13) 참고.

3 구영산(2013:349-350)에서는 국어능력에 대한 접근 관점을 6가지로 정리하여 각각에 해당하는 선행 연구들을 제시하였다. 국어능력에 대한 선행 연구 목록 소개는 이 연구에 미루고 다시 언급하지 않는다. 6가지 접근 관점은 다음과 같다. ① 국가 교육과정이 상정하는 이상적인 보편 국어능력의 속성, ② 각 직종이 요구하는 언어능력의 성격에 따라 규정되는 국어능력의 속성, ③ 국가 수준의 언어능력 시험이 요구하는 국어능력의 속성, ④ 다양한 사회활동 맥락에서 요구되는 국어능력의 속성, ⑤ 각급 학교 학습자의 발달 단계별 특성이 반영된 특정 시기의 국어능력 속성, ⑥ 언어영재나 국어 학습부진 학생과 같이 개개인의 언어능력 특성을 고려한 국어능력의 속성.

을 '지식, 기능, 태도'로 나누어 왔는데, 이에 따르면 국어능력도 '지식, 기능, 태도'로 구성된다고 볼 수 있다. 이 관점은 현행 국어과 교육과정의 목표 체계와 내용 체계의 기준으로 고스란히 반영되어 있다. 지식은 전통적으로 모든 교육에서 중요한 내용으로 인정되어 왔기 때문에 여기서 재론할 까닭이 없고, 태도 또한 국어능력의 중요한 구성요소임이 틀림없다. 가령 책을 즐겨 읽는 태도를 가진 사람은 그렇지 않은 사람에 비해, 그리고 무슨 일이든 생각나는 대로 기록해 두는 습관을 가진 사람은 그렇지 않은 사람에 비해, 바르고 아름다운 우리말을 사용하려는 의지를 가진 사람은 그렇지 않은 사람에 비해, 다른 사람과 대화함으로써 타인을 이해하고 자기 스스로도 성장하는 것에 가치를 두는 사람은 그렇지 않은 사람에 비해 국어능력이 뛰어난 사람임이 분명하다(이성영, 2010:67).

국어능력은 '지식, 기능, 태도' 중에서도 특히 기능이 중요한 것으로 보아 그것을 강조할 수도 있다. 그리하여 국어교육의 목표는 '국어 사용 기능의 신장'이라고 표현한 적도 있었다. 이렇게 기능을 강조하게 되면 국어능력은 자연히 국어행위의 양상에 따라 '듣기, 말하기, 읽기, 쓰기'의 기능을 강조하게 된다. 이처럼 한때 기능이 강조된 것은 그 이전 시기에 지식이 강조되던 경향에 대한 반작용으로 이해할 수 있다. 그러나 기능은 '분절된 능력', '반복적인 연습에 의한 습득' 등의 의미를 내포하므로 고등 사고능력으로서의 국어능력의 특성을 제대로 포착할 수 없기 때문에 '기능'보다는 '전략'이 더 적절하다는 주장도 등장했다.4 전략이 기능에 비해 고등 사고능력을 더 자연스럽게 포괄할 수 있다는 점에서는 장점이 있지만, 전략 또한 용어 자체가 지니고 있는 의미가 제한적이라는 약점은 어쩔 수 없다.

---

4 이에 대해서는 이천희(2005) 참고.

그리하여 최근에는 '국어능력'이라는 용어로 수렴되어 가고 있는 것으로 판단된다. 이처럼 '지식→기능→전략→능력[5]'으로의 변화는 변증법적 발전 과정으로 볼 수도 있겠다.

언어는 다양한 층위에서 존재하는데, 각 층위별로 국어능력의 구성요소를 정할 수도 있다. 언어는 기호의 체계와 그것들의 결합 규칙으로 존재하며, 하나의 완결된 구조로 이루어진 텍스트(담화)로도 존재하며, 나아가 사람들끼리의 소통을 위한 언어행위로서도 존재한다. 따라서 국어능력을 음운·형태·통사 차원의 문법적 능력, 텍스트(담화)의 구조·양식 차원의 텍스트(담화) 능력, 협력원리나 공손성원리 등과 같이 언어적 소통 과정에서 작동하는 원리 차원의 언어행위능력 등으로 구성요소를 정할 수도 있다.[6]

한편 국어능력을 구성하는 핵심 자질이 무엇인가 하는 점과 관련해서도 여러 의견이 있어 왔다. 국어활동의 근원에서 작용하는 지적 활동을 강조하면, 국어능력의 핵심을 텍스트 생산과 수용 과정에서 작용하는 사고라고 할 수 있다.[7] 우리는 흔히 국어능력은 말하기, 듣기, 읽기, 쓰기 능력으로 구성된다고 생각하지만, 말하기, 듣기, 읽기, 쓰기는 단지 겉으로 드러나는 언어활동의 양상 차이일 따름이며, 그 활동의 공통된 뿌리는 사고여서 그 사고의 차이에 따라 언어활동의 질도 달라진다는 것이다. 언어는 또한 인류가 만들어 낸 문화이며 언어행위는 문화행위이므로, 국어능력의 핵심은 문화적 실천 능력이라고 할 수도 있다.[8] 언어는 그 언어를 사용하는 공동

---

5 이 '능력'은 생득성의 의미가 강한 competence보다는 선천적·후천적 능력을 포괄하는 ability에 가깝다.

6 이강호(2002)에서는 이 세 가지를 '개별 언어적인 지식', '텍스트를 생산하는 지식', '말하기 혹은 화법에 대한 지식'이라고 하였다. 왕문용(2004:93)에서는 의사소통 능력을 '문법적 능력, 담화 능력, 사회언어학적 능력, 전략적 능력'의 네 가지로 나누었는데, 이중 '사회언어학적 능력'과 '전략적 능력'은 그 구분이 명확하지 않다.

7 이 관점에 대해서는 이삼형 외(2000) 참고.

1부 국어교육의 본질에 관하여

체의 환경이나 삶의 형식 안에서 작동한다. 따라서 언어능력은 문화능력이다. 아주 작게는 낱말의 의미도 문화적으로 결정된다. 가령 '꽃'에 대한 이슬람 어는 'zahrah'인데, 그러나 '꽃'을 'zahrah'로 번역하는 순간 그것은 우리 산하에 흐드러지게 피는 진달래가 아니라 사막에서 피고 지는 그런 꽃이 되는 것이다. 다시 말해 우리가 '꽃'에서 느끼는 이미지, 뉘앙스, 정서는 다른 언어로 번역되는 순간 다른 것으로 바뀌어 버린다.[9] 나아가 언어생활에서 지켜야 하는 윤리도 문화의 테두리 안에 포함된다. 언어예절을 비롯하여 내용의 진실성과 태도의 진정성 등이 언어의 윤리성과 관련되는 것들인데, 이들 또한 국어능력에서 배제할 수 없는 것들이다.

지금까지 국어능력의 구성요소와 관련된 여러 논의들을 살펴보았다. 그 과정에서 국어능력에는 지식, 기능, 태도, 전략, 문법능력, 텍스트능력, 국어행위 능력, 사고력, 문화능력 등 다양한 여러 요소가 포함됨을 확인하였다. 이것은 결국 국어능력이 다면성 혹은 입체성을 지니고 있는 개념임을 말해 주는 것이다.[10] 따라서 국어능력이 무엇인가 하는 것은 이들 구성요소 중 어느 것을 강조하느냐에 따라 얼마든지 달라질 수 있다.[11]

대상에 대한 이해에는 '그것이 어떻게 생겼는가' 하는 구성요소에 대한 이해뿐 아니라 '그것으로 무엇을 하는가' 하는 기능(機能)에 대한 이해의 방식도 있는데, 후자가 더 본질적이다. 가령, 비행기가 무엇인가라고 물을 때

---

8 이 관점에 대해서는 최인자(2001) 참고.
9 언어의 의미 분절 과정에 개입하는 문화 간 차이에 대해서는 이즈쓰 도시히코(2004:56-57) 참고.
10 이와 관련하여 이성영(2010)은 의사소통 능력, 언어를 통한 문제해결 능력, 언어활동에 대한 정의적 태도, 언어생활의 윤리성, 언어적 감수성 등이 국어능력에 포함되는 것으로 보았다.
11 국어능력에 대한 여러 관점과 견해들에 대해서는 윤여탁·신명선·주세형(2009:173-200)을 참고할 수 있다. 이 연구에서는 국어능력을 언어 기반 정의, 인지 기반 정의, 사회 기반 정의, 통합적 정의로 분류하여 제시하고 있다. 또 전문가들에게 델파이조사를 실시하여 국어능력의 개념 속에는 '소통'과 '문화', '규범'이 핵심적인 요소로 포함되어 있음을 지적하고 있다.

그것의 생김새와 구성요소도 중요하지만, 그보다 더 중요한 것은 '하늘을 나는 것'이라는 비행기의 기능이다. 이것을 도외시한 비행기에 대한 이해는 핵심에서 벗어난 것이다. 비행기의 외양이나 구성요소는 기술의 발전에 따라 얼마든지 바뀔 수 있지만, 하늘을 나는 비행기의 기능, 비행기의 본질은 바뀌지 않는다. 이는 국어능력에 대한 이해에서도 마찬가지이다.

이미 상식이 되어 있는 것처럼 언어는 의미를 소통하기 위해 존재하며, 따라서 국어능력이란 의미를 소통하는 능력이다. 이처럼 언어능력을 지녀서 복잡한 의미를 소통하는 것은 인간이 다른 동물들과 구별되는 가장 중요한 특성이다. 그런데 의미가 소통되기 위해서는 먼저 의미가 구성되어야 하는데, 이 또한 언어능력이 하는 일이다. 인간은 언어를 통해(혹은 언어능력을 활용하여) 세상을 인식한다. 그리하여 여름에 며칠째 비가 추적추적 내리는 것을 '장마'라고, 낮에 하늘에 떠서 세상을 밝히는 것을 '해'라고 인식하며, 나아가 '장마 중에 반가운 해가 나왔다.'고 인식한다. 다른 한편으로 의미의 소통은 곧 의미의 구성을 함의한다. 의미를 표현하기 위해서는 그러한 의미를 담고 있는 텍스트를 구성해야 하고, 반대로 누군가가 생산한 텍스트를 자기 나름으로 읽거나 듣는 것도 의미를 구성하는 일이다. 이처럼 인간은 언어능력을 통해 의미를 구성하고 소통할 수 있게 됨으로써 그가 살아가는 세상을 무한히 넓힐 수 있다. 물리적으로 실재하지 않는 의미 세계를 얼마든지 새로 구성할 수도 있고, 소통을 통해 타인이 구성한 의미 세계를 경험할 수도 있기 때문이다.

국어능력이 수행하는 기능을 의미의 구성과 소통 두 가지로 나누어 살펴보았지만, 이 두 가지는 서로 밀접하게 상호작용한다. 구성된 의미는 소통되어야 하고, 소통을 통해 의미는 더욱 확대되고 심화된다. 그리고 의미를 구성하는 능력과 소통하는 능력은 별개가 아니라 서로 중첩된다. 가령,

이 두 가지 능력의 공통된 바탕에는 논리화 능력, 형상화 능력 등이 자리잡고 있다. 이런 점에 주목하면 의미를 구성하고 소통하는 능력은 두 개의 독립 개념이 아니라 하나의 단일 개념으로서 '구성 · 소통력'으로 볼 수도 있겠다.[12]

국어능력의 핵심 기능은 의미의 구성 · 소통이라고 하였지만, 여기서 말하는 의미는 코드화된 언어가 전달하는 표층적인 의미로 제한되어서는 안 된다. 먼저 의미의 구성은 그것을 통한 주체 자신의 구성에까지 나아가야 한다. 언어로 세상을 인식하고 이해하여 그것을 자신의 인식 체계에 통합함으로써 자기 자신을 새롭게 구성하는 것, 소통을 통해 지식을 넓히고 생각을 확장함으로써 자신을 성장시키는 것으로 확대되어야 한다. 이것은 자신에게 필요한 의미(지식, 정보)를 수집하고, 정리하고, 평가하고, 취급하여 새로운 의미를 생산하고 소통하는 큐레이션 능력을 요구한다. 국어능력을 통한 자기 자신의 구성은 인지 차원에 한정되지 않는다. 언어로 다양한 정서를 경험하고 형성하고 조절하는 것 또한 자기 구성의 중요한 한 국면이다.

의미의 소통 또한 단순히 의미를 전달하고 수용하는 것으로 그쳐서는 안 된다. 소통을 통해 서로 공감하고 이해하고 합의하는 것, 친밀감이나 유대감을 형성하고 불신이나 거부감을 해소하는 등 관계를 조절하는 데에까지 나아가야 한다. 이를 위해서는 상대를 열린 마음으로 대하는 공감적 듣기, 상대에 대한 모든 선입견을 배제한 채 듣는 해체 경청(deconstructive listening)의 태도와 기술이 뒷받침되어야 하며, 다른 한편으로 상대나 상황에

---

12 국어과 교육과정은 의미 소통 기능에 초점을 맞추고 있다. 가령 '정보 전달, 설득, 친교, 정서 표현'이라는 용어는 의미 소통에 초점을 둔 명명법에 따른 것이다. 이들 각각에 대한 의미 구성 중심의 이름은 '인식(이해), 논증, 공감, 정서 형성' 등이 될 것이다. 국어과 교육과정이 언어능력의 의미 구성 기능에 소홀한 점이 없는지 살펴보아야 할 것이다.

따라 자아노출의 정도를 적절히 조절할 줄도 알아야 한다.

구성과 소통은 개인 차원뿐 아니라 사회 차원에서도 일어난다. 사회적 담론에 참여하여 여론을 형성하는 것이 그 대표적인 예이다. 사회적 합의가 필요한 주제를 포착하고 그것을 위한 논의에 참여하여 바람직한 공론을 만들어 가는 능력이 국어능력의 테두리 밖에 놓일 수 없다. 특히 디지털 매체 안으로 개인들이 파편화되어 가는 현대 사회에서 공동체적 언어를 만들어 가는 능력은 무엇보다 중요하다.[13] 그래야만 디지털 네트워크가 나르시시즘이 아니라 이웃사랑과 사회개선의 매체가 될 수 있다. 디지털 매체로 쇼핑만 하거나 기껏해야 남이 올린 글에 '좋아요' 클릭만 하는 소비자가 아니라, 공동체에 대한 책임의식을 갖고 진지하게 토론하는 건강한 시민으로서의 국어능력이 요구되는 것이다.

각종의 언어활동에 즐겨 참여하는 것도 구성·소통력에서 배제될 수 없다. 여가가 나면 운동을 하거나 영화를 보듯이, 취미처럼 여가 시간에 언어활동에 참여하는 것은 태도 차원에서의 중요한 능력이다. 예컨대 시간이 나는 대로 독서를 즐기는 것, 블로그에 유익한 정보나 자기 나름의 의견을 올리는 것, 간혹 일기장에 시랍시고 몇 자 끼적여 보는 것, 라디오 방송을 즐겨 듣고 가끔씩 자기 사연도 보내는 것, 친구들의 고민 상담에 기꺼이 임하는 것, 농담이나 유머를 즐기는 것 등이 이 범주에 속할 것이다. 그리하여 각자 자기 나름의 수준에서 비평가, 언론인, 작가, 상담가, 개그맨이 되어 언어생활을 향유하는 것 또한 국어능력이다.

국어능력의 기능과 관련한 지금까지의 논의를 간단히 정리해 본다. 국어

---

13 가상세계의 번성과 그에 비례하여 나타나는 실제세계의 쇠잔에 대한 풍자적 비판 의식에 대해서는 존 브록만 편, 이영기 역(2007:48-54) 참고.

능력이란 국어로 의미를 구성하고 소통하는 능력이다. 그런데 구성과 소통은 별개의 과정이 아니라 서로가 서로에게 영향을 미치고 의존하는 관계이다. 다시 말해 구성된 의미를 소통하고, 또 소통을 통해 의미를 구성하는 관계가 지속되는 것이다. 이러한 과정을 통해 개인이 성장하며, 더불어 사회 또한 성장한다. 또한 이 성장은 인식의 성장에 그치는 것이 아니라 개인의 정서와 대인적 관계를 형성하고 조정하는 능력, 더 나아가서는 사회적 담론에 참여하여 공동체의 언어를 형성하는 능력, 그리고 다양한 층위와 양상의 언어생활을 향유하는 능력도 포함된다. 한마디로 인간은 언어를 통해 의미를 구성하고 소통함으로써 끊임없이 자신을 새롭게 생성해 가는 존재인데, 이것을 가능하게 하는 것이 바로 언어능력이다.[14] 언어능력은 곧 삶의 능력이다. 사람의 삶은 인식하고 생각하고 전달하고 관계 맺고 설득하고 타협하고 표현하고 꿈꾸고 하는 등인데, 이런 일을 수행하는 것이 언어능력이기 때문이다. 하이데거가 '언어는 존재의 집'이라고 한 것도 같은 의미일 것이다.

2) 국어능력의 성격

앞 절에서 국어능력은 지식, 기능, 태도, 전략, 문법능력, 텍스트능력, 국어행위 능력, 사고력, 문화능력 등을 구성 요소로 갖는다는 점, 그리고 국어능력은 의미의 구성과 소통을 핵심으로 하지만 궁극적으로는 삶의 능력 그 자체라는 점을 밝혔다. 이러한 사실은 국어능력이 단지 순수하게 언어

---

14 환경과의 소통을 통한 자기생성이 인간을 비롯한 모든 생물의 본질이라는 것에 대해서는 움베르또 마뚜라나 & 프란치스코 바렐라, 최호영 역(2007) 참고. 이 책은 인간 의식의 뿌리를 생물학적으로 추적해 가고 있다.

와만 관련된 능력이 아니라 언어행위를 수행하는 주체의 전인격과 결부된 능력임을 뜻한다.[15] 국어능력이 뛰어나다는 것은 여러 차원에서의 구성·소통력이 뛰어나다는 뜻이고, 그것에는 풍부한 상식, 논리적이고 합리적인 판단력, 민감한 정서, 타인과 공감하고 소통하는 능력, 문화적 요구에 부응하는 능력 등이 두루 포함된다. 이런 점에서 국어능력은 인간이 갖추어야 하는 가장 중요하고 기본적인 소양, 곧 교양의 핵심이라고 할 수 있다. 학교 교육과정 체계 속에서 국어과가 상대적으로 중요한 교과로 인정받는 근거도 바로 국어능력이 전인격성 혹은 교양성을 지니기 때문이다.

예를 들어 국어과는 말하기 영역에서 대화 능력을 가르치는데, 그 대화 능력의 범위는 대단히 넓다. 거기에는 서로 다른 성격의 다양한 능력들이 총체적으로 작용하는데, 대화 주제에 대한 지식의 정도는 말할 것도 없고, 상대의 관심과 이해 수준에 대한 판단, 두 사람 사이의 관계나 대화가 오고 가는 상황의 성격에 대한 판단, 대화 예절, 공감적 듣기나 자아노출의 정도에 대한 판단, 차례받기를 포함한 상호작용의 조절, 표정이나 몸짓 등 비언어적 요소의 활용, 상대에 대한 인정이나 배려 등이 모두 관련된다. 이들은 언어 자체는 아니지만 그렇다고 이들을 대화 능력에서 제외할 수는 없다.

국어능력을 포함하여 모든 능력은 할 줄 앎, 곧 수행능력을 그 본질로 한다. 앞에서 살펴본 것처럼 국어능력은 그 사람의 전인격이나 교양 수준

---

15 호소야 이사오, 홍성민 역(2007:16-29)은 똑똑함 혹은 머리 좋음의 3가지 요소로 풍부한 지식(박식함), 대인 감성(재치), 지두력(地頭力, 사고능력 혹은 문제해결력)을 들고 있는데, 이들은 국어능력과도 높은 상관관계에 있다. 또 미국 대입 시험인 SAT의 언어검사는 수학검사보다 존스홉킨스대학교의 재능아를 위한 과학 강좌에서 더 나은 성공지표로 판명되었는데(조이스 반타셀-바스카 외, 이신동·김정렬·박진규 역, 2010:30), 이 또한 언어능력의 전인격성을 보여주는 사례로 판단된다.

과 관련이 있지만, 그것들이 국어 수행 과정에서 작용하지 않으면 무의미하다. 일반적으로 능력의 구성 요소로 지식, 기능, 태도를 들지만 이들이 통합되어 행위로 수행되지 않으면 진정한 의미에서 능력이 있다고 말할 수 없다(이종성 · 정향진, 2001:31 ; 김판욱 외, 2010:13-14). 이처럼 국어능력의 수행성을 강조하는 것은 최근 교육계에서 역량 개념이 부각되는 것과 호응한다. 이는 배우는 것(앎)과 행동하는 것(삶)의 괴리를 줄이고, 학습자의 요구나 필요가 아닌 주어진 교과목이나 교수자 중심의 교육내용이나 방법에 대해 반성하고, 성공적인 삶을 위해 지식뿐만 아니라 복합적이고 총체적인 능력의 필요성을 인정하는 것(진미석, 2014:189)이기 때문이다.

한편, 수행성을 특징으로 하는 국어능력은 비명시성도 동시에 지닌다. 오우크쇼트는 할 줄 앎과 관련되는 지식을 기법적 지식과 실제적 지식으로 구분하였다. 기법적 지식은 명제, 지침, 원리 등의 형태로 활동의 표면 또는 표층에 드러나 있는 지식을 가리키며, 실제적 지식은 그것의 이면 또는 심층에서 활동의 원천으로 작용하는 지식으로서 행위자의 마음속에 녹아 있는 지식 혹은 몸에 배어 있는 지식을 뜻한다. 이 실제적 지식은 인간 활동의 모든 분야에서의 정수, 다시 말해 최상의 기술과 능력과 안목과 관련되는 것으로서 가령 위대한 시인이 시를 창작하고 뛰어난 도공이 도자기를 만들 수 있게 하는 내면화된 지식이다. 그렇지만 이 실제적 지식은 딱히 말로 표현하기도 어렵고 설사 언어화가 가능하다고 해도 그것의 암기만으로는 체득할 수 없는 그런 암묵적인 능력이다.[16]

---

16 실제적 지식에 대해서는 차미란(2003:179-191) 참고. 댄 오버라이언, 한상기 역(2011:22-24)은 지식(앎)의 종류를 명제지(propositional knowledge), 익숙지(knowledge by acquaintance), 능력지(ability knowledge)의 세 가지로 나누었는데, 능력지는 수행성과 비명시성을 그 특성으로 한다. 국어능력은 능력지의 전형적인 사례로 볼 수 있다. 한편 엘리어트 아이즈너, 이해명 역(1983:149-150)은 교육적으로 중요한 가치들 중에는 언어로 서술하기 어려운 것들이 많다는

우리가 국어능력이라고 말하고 그것의 구성요소들을 이야기할 때, 그것들은 일반적인 능력으로서의 국어능력이다. 읽기 능력에는 주제와 구조를 파악하는 능력, 비판적으로 이해하는 능력 등이 포함되며, 쓰기 능력에는 개요를 작성하는 능력, 생각을 언어로 표현하는 능력 등이 포함된다고 할 때, 이들 능력들은 모두 누구에게나 해당되는 일반적 차원에서의 국어능력이다. 국어과 교육과정의 성취기준들도 말하자면 일반성 차원의 국어능력들로 볼 수 있다.

그런데 국어능력을 개별성 차원에서 바라볼 수도 있다. 이 경우 국어능력은 사람마다 다 달라진다. 읽을 때 수용적인 읽기를 잘하는 사람이 있는가 하면 비판적인 읽기를 잘하는 사람도 있다. 글을 쓸 때 전체적인 틀과 구체적인 서술 내용에 대한 계획이 완벽하게 짜여야 실제 집필에 들어가는 사람이 있는가 하면, 떠오르는 생각들을 먼저 닥치는 대로 서술한 다음 점차 수정·보완·조정해 가면서 글을 완성하는 사람도 있다. 이처럼 사람들은 저마다 개성적인 국어능력을 지니고 있다.[17] 이 국어능력은 그 사람의 인격, 성격, 개성, 취향, 가치관, 사고방식, 체험에서 나오는 것으로서, 객관적인 비교가 어렵다. 수용적 읽기를 잘하는 사람과 비판적 읽기를 잘하는 사람 중 어떤 사람이 더 잘 읽는 사람인가? 이는 그 사람의 저다움 혹은

점을 다음과 같이 설파했다. "우리가 원하고 또 가꾸려고 하는 것은 대부분 또는 거의 논리적인 형태로 표현할 수 없다. … 미묘한 경험, 인간의 감정, 질로 표현할 수밖에 없는 인식이나 이해의 방법 등을 표현하기에는 논리는 엄청나게 부족하다. 예지(insight)나 지각(perceptivity), 그리고 통합성(integrity) 또는 자긍심(self-esteem) 등을 무슨 말로 어떻게 표현할 수 있을까?"

17 개성적인 국어능력 혹은 국어능력의 개별성은 마이클 폴라니의 인격적 지식(personal knowledge)의 개념으로도 이해할 수 있다. 이것은 개인적 지식, 당사자적 지식 등으로도 번역되는데, 개인들 각각이 저마다의 경험이나 신념, 판단, 노력 등을 통해서 획득한 지식을 말한다. 여기에는 감각적 지식, 얼굴 인식 등과 같은 식별 지식, 신체적 기능 지식, 도구 이용 지식, 그리고 언어 수행 지식 등이 포함된다(오승훈, 2007:233-236).

1부 국어교육의 본질에 관하여

정체성과 관련이 있을 뿐 능력의 고저로 판정할 문제가 아니다.[18]

국어능력은 또한 고정성과 가변성이라는 상반된 성격을 동시에 지니고 있다. 일반성과 개별성이 개인 사이의 능력을 문제 삼는다면, 고정성과 가변성은 개인 내 능력의 편차에서 비롯되는 특성이다. 개인이 지닌 국어능력은 일정 기간 동안 어느 정도 고정되어 있다. 그래서 누구는 누구보다 국어능력(혹은 더 구체화해서 비판적 읽기능력)이 더 뛰어나다고 할 수도 있고, 그것이 어느 정도인지 측정하여 수치화할 수도 있다.

그런데 국어능력은 또한 가변성도 지니고 있다. 가변성은 두 가지로 나누어 볼 수 있다. 첫째는 교육 등을 통해서 잠재적인 능력이 장기간에 걸쳐서 조금씩 발전하는 것이다. 이러한 성질이 있기 때문에 교육이 성립한다. 둘째는 비교적 짧은 기간 안에서 상황이나 상태에 따라 실제 수행 능력이 편차를 보이는 것인데, 이 글에서는 특히 이 점에 더 주목한다. 새벽에는 글이 잘 되는데 낮에는 안 되기도 하고, 시간이 많을 때는 도통 안 쓰이던 것이 촉급해지면 잘 쓰이기도 한다. 또 국어능력은 상황뿐 아니라 그날그날의 컨디션에 따라 달라지기도 한다. 똑 같은 내용의 강의인데도 유독 잘 되는 날도 있고 아예 죽 쑤는 날도 있다.

이상에서 살핀 국어능력의 성격을 정리해 본다. 국어능력은 언어 주체의 전인격이나 교양과 관련되어 있지만, 그중에서도 특히 수행능력이 핵심인데 그것은 명확하게 말로 설명하기 어렵다. 또 국어능력은 모든 사람에게 공통되는 일반성과 함께 개인마다 서로 다른 개별성도 지니며, 동일인 안에서도 상황이나 상태에 따라 다르게 발현되는 가변성도 있다. 그렇다면 무엇이 국어능력으로 하여금 이러한 특성들을 가지게 하는 것일까? 이 글

---

18 물론 상황이 주어지면 그에 따라 어떤 읽기가 더 적절한지 판단할 수는 있다.

에서는 그것을 감이라고 본다.

3. 국어능력과 감(感)

1) 감의 정체

감은 일차적으로 감각을 뜻한다. 그리하여 전화 통화를 할 때 "감이 안 좋아."라고 하면 청각적 지각이 원활하지 못하다는 뜻이고 "이 천은 감이 좋은데."라고 하면 촉각의 느낌이 좋다는 뜻이다. 이러한 감각 차원의 감은 인간을 비롯한 모든 생물체가 환경으로부터 정보를 받아들이는 직접적인 통로의 역할을 한다.

그런데 감은 원초적이고 직접적인 감각의 뜻만 지니고 있지 않다. 가령 노련한 어부가 "오늘은 영 감이 안 좋아서 바다에 안 나가는 게 좋겠어."라고 했다면, 이때의 감은 딱히 어떤 특정한 하나의 감각에서 생긴 것이 아니다. 시각, 청각, 촉각, 후각 등으로부터 들어온 감각적 정보를 모두 통합하여 활용하였을 것이고, 그동안 쌓아 온 날씨와 바다의 상태에 대한 경험과 노하우도 작용했을 것이다. 이 감은 감각만으로는 얻을 수 없고 거기에다 일정한 수준 이상의 소양이 덧붙여져야 한다. "이 분야에서는 그 사람 감이 최고야."라고 할 때의 감, 작가나 장인 등 전문가들이 지니고 있는 감식력으로서의 감은 바로 이 차원의 감의 최고 형태로 볼 수 있다.[19] 이 밖에도 어떻게 문제를 해결할 것인가 골똘한 숙고 중에 느닷없이 나타나는

---

19 이른바 'blink' 혹은 '전문가 감'으로 알려져 있는 감인데, 이에 대해서는 말콤 글래드웰, 이무열 역(2005) 참고.

1부 국어교육의 본질에 관하여

섬광 같은 직관이나 통찰,[20] 다른 사람과의 공감이나 교감 등도 역량으로서의 감에 해당한다.[21]

역량으로서의 감[22]은 몸과 마음의 통합에 의해, 혹은 몸과 마음이 만나는 지점 어디에선가 생긴다.[23] 감은 우선 몸의 감각을 전제한다. 오감을 통한 외적 정보의 수용 경험이 없다면 감은 생기지 않는다. 와인 감별사가 와인을 정확히 식별해 내는 그 감은 무수한 미각 경험의 축적에서 출발한다. 정태적인 대상들을 판별하는 과정에 작용하는 감뿐만 아니라 동태적인 수행 과정에서 작용하는 수행의 감에서도 신체적 경험은 필수적이다. 글쓰기 경험의 축적 없이 글쓰기 요령의 감이 생길 리 없다. '이렇게 하면 잘 되더라.'라고 하는 수행의 일반적인 방법에 대한 감뿐 아니라, 하나의 단위 과제를 수행할 때 그 과제에 대한 수행의 자신감도 그 과제 수행을 위한 노력의 축적에서 나온다. 충분히 읽고 생각해서 그것들이 쌓여야 그때 비로소 '이젠 쓸 수 있겠다.' 하는 감이 온다.[24] 이처럼 감은 몸에 배어 있어서 거기서 우러나는 역량이다.

그러나 감은 마음의 작용 또한 필요로 한다. 감은 끔직한 것을 보았을 때 소름이 돋거나 가시에 찔렸을 때 통증을 느끼는 단순한 감각과는 다르다.

---

20 'flash' 혹은 '전략적 직관'이라고 하는 것인데, 이에 대해서는 윌리엄 더건, 윤미나 역(2008) 참고.
21 감 중에는 역량과는 다소 거리가 있는 것들도 있다. 분명 처음 보는 것인데 어디선가 본 듯한 느낌(기시감 혹은 데자뷰), 반대로 늘 보던 것인데 어느 순간 낯설게 느껴지는 느낌(미시감) 등이 그 예이다.
22 이후 감이라는 표현은 다른 특별한 설명이 없는 한 모두 역량으로서의 감을 뜻한다.
23 감이 생성되면 그것이 마음속에서 인식될 뿐 아니라 동시에 온몸에서 찌릿한 느낌을 동반하게 된다. 이런 점에서 감의 생성은 몸과 마음이 하나가 되어 서로 소통하는 과정이라 할 수 있다.
24 서양철학이 정신과 육체의 구분에 입각해 있는 것과는 달리 동양철학에서는 몸속에 정신과 육체가 통일되어 있는 것으로 보았다. 그래서 수심(修心)이 아니라 수신(修身)을 강조한 것이다. 정신과 육체, 이성과 감성의 통합체로서의 몸, 개인의 정체성으로서의 몸이라는 관점에 대해서는 정대현 외(1996:125-171) 참고.

감은 신체적 감각과 밀접하지만 그것만이 아니라 지각된 내용에 대한 마음의 의식적인 활동의 결과이다. 감은 외부 자극에 대한 즉각적인 반응이 아니라, 그 대상에 대한 의식적이고 능동적인 지향(志向)을 거쳐 나온다. 물론 그 과정이 찰나에 이루어지거나 자동화되어서 인식되지 않을 수도 있지만 본질적으로 감은 마음의 작용을 필요로 하는 지적 활동의 하나이다.

몸과 마음의 결합으로 생긴 감의 성질은 인지와 정의가 뒤섞인 그 무엇이다. 이것은 '감'의 한자 훈에서도 확인할 수 있는데, 감의 일반적인 뜻은 '느끼다'이지만 때로는 '감동하다(感動也)'나 '깨닫다(覺也)'의 뜻으로 쓰이기도 한다. '감동하다'가 정의적 차원의 감이라면 '깨닫다'는 주로 인지적 차원의 감에 해당한다. 그래서 "어떻게 보고서를 써야 할지 감 잡았어."라고 할 때의 감에는 쓸 내용에 대한 인지적인 판단뿐 아니라 그 내용에 대한 만족감이나 거기서 비롯되는 보고서 쓰기에 대한 자신감 등의 감성적인 느낌이 뒤엉켜 있다.

감이 몸과 마음의 결합에 의해서 감각과 의식 사이의 어딘가에서 생기는 것이라면, 그리고 그것이 실재하는 그 무엇이라면 우리 몸 안 어딘가에 그것의 생성을 담당하는 기관이 있음을 상정해야 한다. 나카무라 유지로, 양일모·고동호 역(2003:173-174)은 "우리 인간은 외부 감각과 아울러 내부 감각을 가지고 있다. 그리고 외부 감각이 소리나 색을 지각하는 것처럼, 내부 감각(내감)은 도덕적인 선과 악뿐만 아니라, 예술적인 아름다움과 추함도 식별하는 것이다. 이 내감은 외적인 오감을 초월한 것으로서 제6감이라고 불리며, 한층 인간적으로 통합된 내적 감정과 동일시되기도 한다."라는 허치슨(F. Hutcheson)의 견해를 인용하면서, 인간에게는 '공통감각(sensus communis)'이라는 것이 있다고 주장한다. 이 공통감각은 오감을 통해 들어오는 정보들을 통합하여 의미를 만드는 역할을 하는데, 이른바 건전한 판

단력이나 삶의 지혜라고 할 수 있는 상식(common sense)도 바로 이 공통감
각의 작용에서 비롯되는 것으로 보았다(나카무라 유지로, 양일모·고동호 역,
2003:242-243). 그것이 내감이 되었든 제6감이 되었든 아니면 공통감각이 되
었든 우리 몸 안에는 감의 생성을 담당하는 기관이 존재한다는 것이다.

한편 안토니오 다마지오, 임지원 역(2007)은 감의 신경생리학적인 근거를
제공한다. 그는 뇌의 특정 부분에 손상을 입은 사람들을 연구했는데, 그들
은 논리적 추론이나 기억력 등에는 아무런 문제가 없었지만 타인과의 공
감이나 상황의 분위기 감지 등에서는 문제가 있었고, 그 결과 그들은 사회
적 삶의 맥락에서 합리적인 판단이나 상식에 부합하는 행동을 하지 못하
더라는 것이다. 다시 말해 그들은 감을 생성할 수 없었던 것인데, 그것은
감의 생성을 담당하는 부분이 손상되었기 때문이다. 감의 생성을 담당하는
뇌의 특정 부위가 존재한다는 뜻이다.

2) 국어능력으로서의 감

감은 그것을 생성하는 담당 기관이 실재하며, 이 감은 몸과 마음, 감각과
의식의 통합에서 만들어진다는 점을 살폈다. 감은 그 사람 전체, 그 사람의
전인격에서 나오는 것이고 그 사람의 판단이나 행동 등 수행의 과정에서
작동하는 것이며, 인지와 정의가 엉켜 있는 상태라 명시적으로 기술하기도
어렵다. 이런 점에서 감은 전인격성과 교양성, 수행성과 비명시성을 갖는
다. 또 감은 상식이나 사회적인 통념 등과 같이 일반성뿐 아니라 그 사람
의 정체성과 관련된다는 점에서 개별성도 지닌다. 그리고 우리는 감이 좋
은 날과 그렇지 않은 날이 있음을 경험적으로 안다. 감은 고정성뿐 아니라
가변성도 지닌다는 뜻이다. 이렇게 보면 감은 앞에서 살펴보았던 국어능력

의 성격들, 다시 말해 전인격성과 교양성, 수행성과 비명시성, 일반성과 개별성, 고정성과 가변성을 고스란히 공유한다는 점을 발견하게 된다. 결국 국어능력이 그러한 특성들을 지니는 것은 국어능력의 근원에 바로 감이 자리 잡고 있기 때문으로 해석할 수 있다.

국어능력의 근원에 자리 잡고 있는 감을 언어적 감이라고 부른다면, 이 감은 길버트 라일, 이한우 역(2004:30-77)의 예지 개념에 가깝다. 그는 지성(intellect)과 예지(intelligence)를 구별하는데, 지성은 풍부한 지식을 갖춘 상태를 말하는 반면, 예지는 일을 지혜롭고 명민하게 잘 수행할 수 있는 능력이나 성향을 뜻한다. 예컨대 우리 주변에는 박식하지만 글을 잘 쓰지는 못하는 사람이 있는가 하면, 반대로 아는 것에 비해 신기하게도 글은 잘 써 내는 사람도 있다. 전자는 지성이 있는 사람, 후자는 글쓰기의 예지가 있는 사람이다. 이처럼 마음에 녹아 있고 몸에 배어 있는 총체적인 수행 능력으로서의 예지는 감과 크게 다르지 않다. 언어적 감이란 언어행위에서 작동하는 예지이다.

예지로서의 언어적 감은 단순히 언어 기호를 운용하는 과정뿐 아니라 언어행위의 전반에 걸쳐 작동한다. 언어행위를 할 때에는 먼저 그 행위를 할 것인지 말 것인지, 한다면 무엇에 대해 어떤 언어행위를 할 것인지 등에 대해 판단하고 선택해야 한다. 그런데 대개의 언어행위는 딱히 이래야 한다고 정답이 정해져 있지 않다. 말할 수도 있고 안 할 수도 있으며, 이것에 대해 말한다고 해서 큰일 날 일도 없지만 그래도 저것에 대해 말하는 것이 더 나은 것 같고, 그리고 저것에 대해 말하는 경우에도 그렇게 말하는 것보다는 이렇게 말하는 것이 좀 더 나아 보이는, 다소 막연하고 정답이 없는 경우가 많다. 따라서 특정의 맥락에서 어떤 화제를 선택할 것인지를 정하는 과정에는, 그리고 그 화제에 대해 자신은 어떤 행위태도를 지닐 것인지[25] 결정하는 과정에는 다양한 분야에 대한 풍부한 상식이 뒷받침되어야 할 뿐 아니라, 정해진 화제에 대한 지식, 인간사의 이치, 사람들의 심리, 상대와의 관계, 나아가 자신의 가치관이나 취향 등이 모두 작용한다. 이 과정에는 대개 엄격한 논리적 사고가 아니라 감이 작용한다. 물론 화제와 태도 혹은 목적이 결정된 이후에 그것을 위한 적절한 언어 표현을 선택하는 데에도 감이 동원되어야 한다. 가령 기도도 하고 담배도 피우고 싶다면 "기도할 때 담배 피워도 됩니까?"보다는 "담배 필 때 기도해도 됩니까?"가 훨씬 낫다는 감을 지니고 있어야 하는 것이다. 이처럼 언어적 감이 작동하는 범위는 언어행위 전체이다.

언어행위에 감이 필요한 것은 언어는 본질적으로 분절성(articulation)을 지니고 있기 때문이다. 기표와 기의가 결합된 기호로서의 언어는 세상을 분절하여 나타낸다. 따라서 사회적으로 코드화된 언어는 세상을 조각내어 보여줄 수밖에 없다. 따라서 사람들은 인식 혹은 이해 과정에서 이 조각난 언어 의미들을 모아서 조각나지 않은, 분절되지 않은 총체적 의미 세계를 구성해야 한다. 이 과정에는 필연적으로 감이 작동하여야 한다. 그 감은 사람마다 지니고 있는 전인격이 관여하기 때문에 모두에게 달리 생성되며, 또한 가변성으로 인해 같은 사람 안에서도 때에 따라 다르게 작용한다. 경전의 구절이 담고 있는 명제적 내용은 변함이 없건만, 그것을 읽는 사람마다, 그리고 그것을 읽을 때마다 조금씩 다른 깨달음이나 느낌을 갖게 되는 것이다. 분절된 기호 체계와 총체적 의미 사이에 존재하는 간극으로 인해 라캉의 그 유명한 "기표는 기의에 닿지 못하고 끊임없이 미끄러진다."는

---

25 사회적으로 논란이 되는 문제에 대해 말할 때 단순히 자기 생각을 피력하고 말 것인지 아니면 상대를 설득할 것인지에 대해 판단하는 것이 이에 해당한다.

말이 성립하게 되며, 다양한 비유적 표현들은 그 간극을 메우기 위한 한 방편으로 이해할 수 있다. 이처럼 분절된 언어로 총체적 의미를 구성하거나 소통하는 능력이 바로 국어능력이며, 그 과정에는 어쩔 수 없이 감이 작용하지 않을 수 없다.

국어능력으로서의 감은 최근 문법교육계에서 주목 받고 있는 '국어의식'과의 친연성도 높다. 국어의식을 강조하는 문법교육에서는 대체로 음운론, 형태론, 통사론 등 좁은 의미의 국어 지식뿐 아니라 언어의 본질과 존재 양상, 언어의 사회적이고 심리적인 기능 등 언어에 대한 포괄적인 이해를 강조한다. 그리고 인지적이고 명제적인 지식뿐 아니라 국어에 대한 감정이나 태도, 지각과 감수성, 의지와 마음가짐 등에도 주목한다. 또 교육 방법과 관련해서는 객관화된 지식에 대한 맹목적인 암기보다는 학습자들의 능동적인 탐구 활동을 강조하는데, 이는 주체적인 탐구 과정 속에서 언어나 언어행위에 대한 의식이 자연스럽게 형성된다고 보기 때문이다.[26] 이렇게 보면 국어의식이라는 것도 감과 그리 멀리 떨어져 있는 것이 아님을 알 수 있다.[27]

3) 언어적 감의 실현 양상

국어능력으로서의 감은 국어행위와 관련되는 모든 차원에 존재한다. 작게는 발음을 어떻게 할 것인지, 어떤 낱말을 선택할 것인지에서부터 크게는 어떤 화제에 대해 어떤 태도로 말할 것인지에 이르기까지 모든 선택 과정

---

26 국어의식 개념의 출현 배경이나 인접 용어들(가령, 국어인식, 언어인식 등)과의 개념적 차이, 그리고 이 접근법이 강조하는 점 등에 대해서는 김은성(2005), 남가영(2006), 고춘화(2013), 정지현(2013) 등을 참고할 수 있다.
27 chomsky가 말한 언어능력(language competence), 다시 말해 모어 화자들이 지니고 있는 문법에 대한 암묵적 지식도 언어적 감의 일종으로 볼 수 있다.

1부 국어교육의 본질에 관하여

에 감이 개입한다. 가령, 발상의 감, 화제 선택의 감, 주제 파악의 감, 구조나 내용 전개의 감, 설명이나 설득의 감, 어순 선택의 감, 비유적 표현의 감, 낱말 선택의 감 등등이다. 이들 이외에도 좀 더 정서적 차원이 부각되는 친밀감 형성이나 관계 조정의 감,[28] 공감을 일으키고 울림을 이끌어내는 감[29] 등도 중요한 언어적 감이다. 의사소통에는 이성 차원만이 아니라 감성 차원도 있으며, 자연언어를 통한 의사소통은 이성의 보편성보다 감성의 공동성에 기초하는 부분이 더 크기 때문이다(나카무라 유지로, 2003:195-196). 나아가어떤 표현이 바른지, 이 말은 어떻게 해서 생긴 말인지, 이 표현은 왜 재미있는지 등 늘 말에 관심을 가지는 것, 주어진 언어 과제에 모든 감각을 동원하여 집중하는 것 등 태도 차원이 강조되는 언어적 감도 배제할 수 없다.[30] 이처럼 우리가 국어능력이라고 부르는 모든 것에는 예외 없이 감의측면이 존재한다.

언어행위를 수행할 때에는 언제나 언어적 감이 작동한다는 점은 일상에서 늘 경험하는 일이다. 어떤 내용으로 글을 써야 하는지 통 감이 잡히지않아서 끙끙거리고 있는 중에 불현듯 괜찮아 보이는 어떤 생각 혹은 느낌의 덩어리가 솟아오르는 것을 느낀다. 이른바 영감이 떠오른 것이며, 발상의 감이 생긴 것이다. 실제로 글을 써 가는 과정에서도 감은 늘 등장하는데, 어떤 내용이, 어떤 순서가, 어떤 표현이 더 나은지 딱히 말로 설명할 수

---

28 한두 마디 대화로 낯선 사람과 금방 친해지는 사람이 있는가 하면, 자주 만나는 사람에게도 늘 서먹서먹해 하는 사람도 있다.
29 전달하려는 핵심 내용은 같지만 청중을 빨아들여서 감동의 도가니로 몰아가는 사람이 있는 반면 하품만 나오게 하는 사람도 있다. 그런데 묘한 것은 가끔은 같은 사람인데도 때에 따라 감이 잘 살아나기도 하고 그렇지 않기도 한다는 점이다. 감의 가변성 때문이다.
30 가령 글쓰기 과제가 주어지면 모든 감각의 촉을 세워서, 보고 듣고 읽는 모든 것을 그 과제와 연결 지어 보는 상태가 여기에 해당한다. 이처럼 과제에 예민하게 촉을 세우고 있는 상태에서 통찰이나 영감이 생긴다.

는 없지만 감은 있어서 그에 따라 글을 써 간다. 그리고 글을 다 쓴 다음에는 '완벽해.'라는 만족스런 느낌이 들 때도 있지만, 간혹 뭔가 미진한 감이 들어서 다시 들여다보기도 한다.

글을 읽고 이해하는 것도 감 잡는 일이다.

내려갈 때 / 보았네 / 올라갈 때 / 보지 못한 / 그 꽃

(고은, 「그 꽃」 전문)

이 시를 읽으면서 우리는 각자 이 시와 관련한 여러 가지 의미를 감지한다. '그 꽃'은 크고 화려한 꽃이 아니라 풀숲에 숨어 있는 작은 야생화이리라 막연히 생각도 해 보고, '그 꽃'을 "내가 그 이름을 불러주기 전에는"으로 시작하는 김춘수 시인의 '꽃'과 연관되는 듯한 느낌을 갖기도 하고, 등산복 차림으로 꽃을 가만히 바라보는 작가를 머릿속에 그려보기도 하고, '그 꽃'이 생물로서의 꽃에서 그치지 않고 뭔가 가치 있는 것을 함축하는 말일 수도 있겠다 생각도 해 보고, 그렇다면 '올라갈 때 보지 못한' 것을 '내려갈 때 보았'다는 표현은 아마도 목표 달성을 위해 혹은 경쟁에서 이기기 위해 아등바등 살 때는 몰랐는데 그것을 내려놓고 보니까 가치 있는 것들이 보이기 시작했다는 뜻이겠구나 하고 자기 나름으로 시의 깊은 의미를 감 잡아도 보는 것이다. 나아가 "'내려갈 때'가 '욕심을 내려놓을 때'의 뜻이라면 오히려 '내려올 때'가 더 나은 것 같은데. 그래야 욕심이 없는 상태가 본래 상태고 그 상태로 '되돌아온다'는 뜻이 살아나니까." 하고 자신의 언어 감각을 살려서 나름의 비평도 해 볼 수 있다. 그뿐 아니라 '중요하고 무거운 내용을 간결한 형식으로 참 멋지게 담아냈구나!' 하는 탄복의 감도 가져보고, '그래, 내려놓는 게 맞는 것 같아……'라는 정도의 막연한 공감도 하고 다

짐도 해 보는 것이다. 이런 경험이 쌓여서 조금씩 자신만의 언어적 감이 여러 차원에서 성장해 가는 것이다. 나아가 공감의 경험은 가치관, 삶의 태도, 정서에도 영향을 미쳐서 그 사람의 정체성 형성에 작용하게 되고, 이는 다시 언어적 취향으로 돌아온다. 이처럼 언어적 감은 실제적 언어행위의 경험에서 형성되는 것이며, 그의 정체성, 전인격과 밀접하게 연관되어 있다.

언어적 감은 시와 같은 정제된 텍스트뿐 아니라 일상적인 소통 텍스트에서도 작용한다. 필자는 '테?'라는 문자 메시지를 받고는 곧 '네!' 하고 답을 한 적이 있다. '테?'는 테니스 할 수 있는지 물어보는 것이고 그에 대한 '네!'는 기꺼운 승락을 뜻한다. 이런 의미를 '테? - 네!'라는 간결하면서도 호응하는 언어형식으로 완벽하게 소통을 한 것이다. 여기서 오는 쾌감과 만족감은 언어적 감에 다시 피드백된다.

어린이들도 그들 나름의 언어적 감을 활용하여 언어생활을 한다.

그러면 모하냐

4월이 끝나고 5월이 다가온다.
5월은 참 좋다.
쉬는 날이 많기 때문이다.

그러면 모하냐

중간고사가 있다. (가평초 6년 유○○)

이 시의 묘미는 '그러면 모하냐'를 통해 의미를 확 전복시킨 데 있다. '5월은 쉬는 날이 많아서 좋지만 중간고사가 있어서 싫다.'는 평범한 명제적 내용을 찌릿한 전율을 느끼게 하는 멋들어진 시로 만들어 낸 것이다. 이 과정에는 문장형식, 행과 연의 가름 등에 대한 감도 작용했겠지만, '그러면 모하냐'라는 시니컬한 어투로 실망감을 잘 표현해 낸 것이 특히 이 시의 압권이다. 담임교사에 따르면 이 어린이는 공부를 잘 해서 '뭐'를 '모'로 쓸 정도의 수준이 아니라고 한다. 그러니까 일부러 '뭐해'가 아니라 '모하냐'를 선택해서 글맛(혹은 말맛)을 살린 것이다. 나아가 '그러면 모하냐'가 이 시의 생명이라는 것을 본인도 느꼈기에 그것을 제목으로 끄집어냈다. 탁월한 언어적 감이라 하지 않을 수 없다.

다음은 한 4학년 어린이가 수업 시간에 교과서 학습활동으로 쓴 글이다. 이 활동은 자기가 잘 아는 대상을 골라서 그것을 친구들에게 소개하는 글을 쓰는 것이었다.

> ○○아 안녕? 우리 선생님에 대해서 얘기해 줄게. 우리 선생님은 남자분이셔. 얼굴도 무척 잘 생기셨고 키도 대나무 같이 크셔서 항상 고개를 들고 바라보아야 해. 그리고 우리 선생님은 노래도 잘 부르셔서 내 생각에는 음악 시간을 좋아하시는 것 같아. 우리 선생님이 화나실 때는 호랑이 같이 무서워. 기다랗고 굵은 매를 보면 내 가슴은 덜컹 내려 앉는단다. 하지만 우리 선생님은 자상하실 때가 더 많아. 난 우리 선생님이 웃으시는 모습만 보면 난 너무 기분이 좋아. 다음에도 편지 할게. -안녕- ◇◇이가.

이 학습활동의 지시문에는 소개하는 글을 쓰라고만 했지 편지 형식으로 쓰라는 말은 없었다. 그래서 다른 어린이들은 모두 자기가 고른 대상을 소개하는 내용으로만 글을 썼는데, 유독 이 어린이는 편지 형식에 맞추어 글을 썼다. 이로 보아 이 어린이는 글은 특정의 장르 형식에 맞추어 써야 한다는 것, 친구에게 소개하는 글은 편지 형식이 알맞다는 것 등 장르에 대한 감이 잘 형성된 어린이로 볼 수 있다. 또 이 어린이는 표현의 감 또한 잘 발달되어 있다. 가령 4학년 보통 아이들이라면 '키도 크셔.'로 표현할 것을, '키도 대나무같이 크셔.'로도 만족하지 않고 '키도 대나무같이 크셔서 항상 고개를 들고 바라보아야 해.'로 표현하였다. 소개하는 내용의 배열순서도 주목할 만하다. 이 어린이는 선생님에 대해 '성별 → 외모 → 특기 → 성격'의 순으로 소개하고 있는데, 그 순서가 외현성의 정도를 기준으로 하고 있다. 물론 이 어린이가 글을 쓰는 과정에서 '아, 나는 소개하는 내용의 배열을 겉으로 드러나는 정도에 따라야지.' 하고 의식하지는 않았을 가능성이 크다. 그러나 그 기준이 무엇인지는 모르지만 이런 순서가 자연스럽다고 느껴져 그렇게 글을 썼을 것이고, 그 과정에는 내용 배열에 대한 감이 작동한 것으로 볼 수 있다. 마지막으로 이 글에서는 독자 고려의 감각도 엿볼 수 있다. 짐작컨대 선생님은 무서우신 분이다. 그래서 그렇다고 썼지만 혹시 선생님께서 이 글을 읽을 수도 있기 때문에 긴급히 수습에 나서서 자상하실 때가 더 많다고 한 것이다.

이처럼 언어적 감은 언어행위의 모든 국면에 작용하는 것으로서, 우리가 국어능력이라고 부르는 모든 것에는 언어적 감이 동반된다.

4. 나가며

이 글의 내용을 간단히 요약해 본다. 국어능력의 구성요소는 지식, 기능, 태도, 전략, 문법능력, 텍스트능력, 언어행위능력, 사고력, 문화능력 등을 들 수 있는데, 이들 중 어떤 것을 강조하느냐에 따라 국어능력은 다양하게 정의될 수 있다. 그리고 국어능력은 기능 측면에서 의미의 구성과 소통을 핵심으로 하는데, 이 과정에는 온갖 능력이 관여하기 때문에 삶의 능력 그 자체라고도 할 수 있다. 또 삶의 능력으로서의 국어능력은 전인격성과 교양성, 수행성과 비명시성을 지닐 뿐 아니라 일반성과 개별성, 고정성과 가변성이라는 성격도 갖는다. 그런데 국어능력이 이러한 특성을 갖는 것은 국어능력의 근원에 감이 자리 잡고 있기 때문이다. 감은 몸과 마음의 결합에 의해서 감각과 의식 사이의 어딘가에서 생기는 것인데, 우리 몸 내부에는 이것의 생성을 담당하는 기관이 실재한다. 국어행위 과정에서 작용하는 감을 언어적 감이라고 부를 수 있는데, 이 언어적 감은 역량 혹은 예지의 성격을 띠는 것으로서, 분절된 언어로 총체적인 의미를 구성하는 과정에서는 언제나 이것이 동원되어야 한다. 언어적 감은 국어행위의 모든 국면에 작용하기 때문에 우리의 일상적인 언어생활 속에서 그 구체적인 실현 양상을 확인할 수 있으며, 나아가 어린이들의 언어에서도 찾을 수 있다.

이 글의 핵심 내용은, 국어능력은 감의 성격을 지닌다는 것이다. 이처럼 감이라고 하는 것을 도입하는 취지는 우리 국어교육계에 팽배해 있는 데카르트적 신화를 극복하기 위함이다. 그동안 우리는 데카르트를 따라서 마음과 육체, 이성과 감성을 엄격히 구분한 다음, 육체나 감성을 도외시한 채 마음과 이성 중심의 국어교육을 해 왔다. 그리하여 국어능력을 객관적 지식, 명료한 수행 격률로 명시화하여 그것을 직접 가르치려고 노력해 왔지만, 결과는 만족스럽지 못했다.[31] 국어능력의 근원에는 감이 자리 잡고 있

---

31 명시적인 지식이나 격률 차원에서만 접근하는 것은, 국어능력 중에는 명시화가 어려운 것이 더 많다는 점에서도 문제이고, 그것이 성공한 경우에도 학습한 대로만 교조적으로 국어활동을 수행하게 한다는 점에서도 문제가 된다. 이른바 '지식의 저주'(데이비드 G. 마이어스, 이주영 역, 2008:146) 현상이 발생하는 것인데, 예를 들면 내용생성전략으로 마인드맵만 활용한다든지, 문단의 중심내용을 언제나 첫 문장이나 끝 문장에서만 찾으려고 하는 경향 등이 이에

으며, 그러므로 대개의 국어능력은 직접 가르칠 수 있는 것이 아니라 잘 생기도록 도와주어야 하는 것이기 때문이다.[32] 감의 생성에는 마음과 이성뿐 아니라 육체와 감성도 함께 작용하며, 지식과 경험, 성향과 태도 등이 총체적 연관된다. 따라서 국어능력을 감이라고 하는 창으로 바라보는 것은, 분절된 요소 기능에 대한 고립되고 메마른 학습이 아니라 생생하게 살아 있는 실제 맥락 속에서 그의 전인격이 동원되는 총체적 학습으로 국어교육의 방향을 전환하는 디딤돌이 될 수 있지 않을까 한다. 나아가 이 관점은 최근 강조되고 있는 창의 · 인성 교육, 정체성(혹은 개성) 교육을 위한 이론적 토대로도 기능할 수 있을 것이다. 창의성의 핵심은 직관이나 영감이며 인성의 핵심은 타인에 대한 공감 능력인데, 이들이 모두 감의 성격을 갖기 때문이다. 그리고 감은 지식이나 격률처럼 객관화가 어렵고 또 각자의 삶의 이력이나 전인격에 따라 달리 생성되기 때문에 정체성이나 개성과의 연관성도 깊다. 이런 점에서 언어적 감 향상을 위한 교육 방안, 창의 · 인성 교육 및 정체성(개성) 교육과 언어적 감의 관계 등에 대한 더 깊은 연구가 뒤따라야 할 것이다.

▌이 글은 『한국초등국어교육』 56집에 같은 제목으로 실린 것을 수정한 것이다.

해당한다.
32 국어능력에 대한 이런 관점은 일찍이 이성영(2003)에서 피력되었다.

참고문헌

고춘화(2013), 「'국어 의식'의 개념화와 교육적 해석」, 『국어교육학연구』 47, 국어교육
학회, 153-185면.

교육인적자원부(2007), 국어과 교육과정, 고시 제2007-79호[별책 5].

구영산(2013), 「특성화고 학생들을 위한 국어 능력의 한 가지 정의 방식에 대한 연
구」, 『국어교육』 143, 한국어교육학회, 349-380면.

길버트 라일, 이한우 옮김(2004), 『마음의 개념』, 문예출판사.

김은성(2005), 「외국의 국어지식 교육 쇄신 현황: '언어 인식'을 중심으로」, 『선청어
문』 33, 서울대학교 국어교육과, 429-466면.

김판욱·이규욱·김희필·손주민·임완성(2010), 『능력 중심 교육과정의 이해와 개
발』, 양서원.

나카무라 유지로, 양일모·고동호 역(2003), 『공통감각론』, 민음사.

남가영(2006), 「국어 인식활동의 경험적 속성」, 『국어교육학연구』 27, 국어교육학회,
337-373면.

댄 오브라이언, 한상기 역(2011), 『지식론 입문』, 서광사.

데이비드 G. 마이어스, 이주영 옮김(2008), 『직관의 두 얼굴』, 궁리.

말콤 글래드웰, 이무열 옮김(2005), 『2초의 힘—블링크』, 21세기북스.

안토니오 다마지오, 임지원 옮김(2007), 『스피노자의 뇌: 기쁨, 슬픔, 느낌의 뇌과학』,
사이언스 북스.

엘리어트 아이즈너, 이해명 옮김(1983), 『교육적 상상력』, 단대출판부.

오승훈(2007), 「덕(德) 인식론과 마이클 폴라니의 인격적 지식」, 『동서철학연구』 45,
한국동서철학회, 223-245면.

왕문용(2004), 「국어 능력과 삶의 질」, 『국어교육』 113, 한국어교육학회, 79-101면.

움베르또 마뚜라나 & 프란시스코 바렐라, 최호영 옮김(2007), 『앎의 나무—인간 인지 능력의 생물학적 뿌리』, 갈무리.

윌리엄 더건, 윤미나 옮김(2008), 『제7의 감각—전략적 직관』, 비즈니스맵.

윤여탁·신명선·주세형(2009), 『교사의 국어 능력 실태조사』, 2009-01-56, 국립국어원.

이강호(2002), 「세 가지 언어능력과 지양」, 『텍스트언어학』 13, 한국텍스트언어학회, 407-434면.

이삼형·김중신·김창원·이성영·정재찬·서혁·심영택·박수자(2000), 『국어교육학과 사고』, 도서출판 역락.

이성영(2003), 「생태학적으로 타당한 독서교육을 위하여」, 『한국초등국어교육학』 22, 한국초등국어교육학회, 123-156면.

이성영(2010), 「국어생활로 측정하는 국어능력」, 『새국어생활』 20-1, 국립국어원, 63-77면.

이종성·정향진(2001), 『능력 중심 교육과정 개발 연구』, 기본연구01-40, 한국직업능력개발원.

이즈쓰 도시히코, 이종철 옮김(2004), 『의미의 깊이』, 민음사.

이천희(2005), 「국어 능력의 개념 정립을 위한 시론」, 『국어교육』 118, 한국어교육학회, 5-30면.

정대현·임일환·박정순·이승환·허란주·허라금·이상화·김상봉·이진우·임홍빈(1996), 『감성의 철학』, 대우학술총서, 민음사.

정지현(2013), 「'국어 의식'과 '국어 인식'의 교육적 개념화를 위한 방향 탐색」, 『문법교육』 19, 한국문법교육학회, 389-419면.

조이스 반타셀-바스카 외 편저, 이신동·김정렬·박진규 옮김(2010), 『언어영재교육론』, 박학사.

존 브록만 편, 이영기 옮김(2007), 『위험한 생각들』, 갤리온.

진미석(2014), 「대학생 핵심역량으로서의 한국어 의사소통역량 진단과 특성」, 『한국어교육학회 277회 학술대회 자료집』, 한국어교육학회, 187-213면.

차미란(2003), 『오우크쇼트의 교육이론』, 성경재.

최인자(2001), 『국어교육의 문화론적 지평』, 소명출판.

호소야 이사오, 홍성민 옮김(2007), 『지두력』, 이레.

국어교육에서 실제성과
가상성의 관계

이성영

1. 들어가며

교수·학습의 방법은 흔히 기법(technique), 모형(model), 방향(approach)의 세 차원으로 구분한다. 이중에서 기법이 가장 낮고 구체적인 차원의 교수·학습 방법이고, 방향이 가장 높고 추상적인 차원의 것이며, 모형은 그 중간쯤에 해당한다.

그동안 국어교육계에서도 이들 세 가지 차원 각각에서 눈에 띌 만한 것들이 제안되어 왔다. 기법 차원에서는 생각그물 만들기(mind-mapping)나 사고구술법(thinking-aloud) 등이, 모형 차원에서는 직접교수법, 반응중심학습법, KWL 등이, 방향 차원에서는 학습자 중심 국어교육, 과정 중심 글쓰기(읽기) 등이 그러한 사례에 해당한다.

근래에 국어교육계에서 실제성(authenticity) 있는 국어교육이 강조되고 있는데, 이것은 방향 차원의 제안에 해당하는 것으로 볼 수 있다. 이 실제성 개념은 국어교육뿐 아니라 한국어교육에서도 매우 중요한 개념으로 논의되고 있고(박민선, 2008 ; 우형식, 2011 ; 전은주, 2011), 교육 일반에서도 학업 성취도나 학습 동기에 영향을 미치는 중요한 요인으로 인식되고 있다(강명희·김나리, 1999 ; 홍후조, 2002 ; 강명희·윤희정·김지심·김혜선, 2008 ; Gulikers, Bastiaens & Martens, 2005 ; Woo, Herrington, Agostinho & Reeves, 2007).

국어교육계에서는 문서 교육과정에서도 그 중요성이 강조되어 왔다. 2007 국어과 교육과정의 '성격' 부분에서, "'듣기', '말하기', '읽기', '쓰기' 학습을 <u>실제 상황에서의 주체적인 국어활동을</u>[1] 강조함으로써 비판적이고 창의적인 국어 능력이 향상되게 한다."(교육인적자원부, 2007:1)가 바로 이런 맥락에서 서술된 것이다. 나아가 '내용 체계'에서는 '실제'를 제일 상위 위

---

1 밑줄은 필자가 넣은 것임.

치에 둠으로써 국어교육을 통해서 궁극적으로 학생들에게 길러주고자 하는 능력은 구체적인 맥락 속에서 텍스트를 생산하고 수용하는 실제 능력임을 명시하였다.[2]

이 글은 국어교육에서 추구하고 있는 실제성이 어떤 것인지, 실제성을 지향하는 국어교육이 언제나 정당한지 등을 검토해 볼 것이며, 이를 바탕으로 국어교육에서 실제성과 그것의 상대 개념인 가상성을 어떻게 자리매김해야 할 것인지에 대해 살펴보기로 한다.

2. 실제성의 정체

1) 실제성의 이론적 배경

국어교육에서 실제성이 강조되게 된 배경에는 구성주의와 총체적 언어교육이 영향을 미친 것으로 보인다. 구성주의는 원래 인식론의 한 가지로서 객관주의의 상대 개념이었지만, 교육계에서 이를 교육관의 하나로 차용한 것이다. 지식은 인식 주체와는 별개로 객관적으로 존재하기 때문에 교육이란 그 객관적 지식을 학생들에게 주입시켜 주어야 한다는 것이 객관주의 교육관이라면, 지식이란 각자의 인식 주체들이 구체적인 삶의 맥락 속에서 스스로 구성하는 것이기 때문에 학습자들 각자가 지니고 있는 문제와 욕구 등을 스스로 탐색하고 해결할 수 있도록 도와줌으로써 그 과정에서 자연스럽게 참된 학습이 이루어지도록 해야 한다고 보는 것이 구성

---

2 국어과 교육과정의 '내용 체계'에서 사용된 '실제'에는 authenticity 이외에 이론이나 지식에 대응되는 개념으로서의 practicality도 포함되어 있는 것으로 보인다. 국어교육계 곳곳에서 사용하고 있는 '실제'라는 용어의 엄밀한 개념을 점검해 보는 것이 필요하다.

주의 교육관이다. 따라서 구성주의에 입각한 교육에서는 실제적인 삶의 맥락에서의 학습, 구체적인 문제 해결 상황에서의 학습을 강조함으로써 학습자가 실제적으로 활용할 수 있는 지식을 구축해 나갈 것을 의도한다(이성영, 2001:67-69 ; 강명희 외, 2008:24).

총체적 언어교육(whole language)도 실제성과 관련이 깊다. 총체적 언어교육은 언어교육에 대한 하나의 관점 혹은 철학이다(이재승, 2005:125-147). 학습 요소나 영역을 최대한 분절하여 단계적이고 집중적으로 가르쳐야 한다는 교육공학적 패러다임을 거부하는 언어교육 운동으로서, 언어가 인간의 개인적이고 사회적인 삶에서 작동하는 본래 모습 그대로를 가르쳐야 한다고 본다. 언어는 쪼개서 가르칠 것이 아니라 언어가 존재하고 작동하는 모습 그대로인 총체성을 살려서 가르쳐야 언어학습이 실제의 언어생활에 기여하게 될 것이라고 믿는다. 총체적 언어교육이 총체성을 강조하는 것은 총체성을 지닌 언어가 바로 실제성을 지닌 언어라고 보기 때문이다.

2) 실제성의 구인(構因)과 개념

위에서 실제성 개념을 산출토록 한 배경 이론을 살펴보았거니와, 이를 통해서 실제성을 구성하는 요인들을 추출할 수 있다. 이 글에서는 그것을 맥락성, 주체성, 총체성의 세 가지로 파악한다.

첫째, 실제성은 맥락성을 함의한다. 실제성을 추구하는 국어교육에서는 무엇보다 구체적이고 실제적인 삶의 맥락에서의 학습을 강조한다. 언어의 구조나 체계에 대한 지식, 언어활동을 수행하는 절차나 원리에 대한 추상적이고 객관화된 지식보다는 실제적인 삶의 맥락 속에서 구체적인 목적을 달성하기 위해 수행하는 맥락 의존적이고 유목적적인 실제 언어활동에 무게 중심을 둔다. 실제 맥락에서 수행되는 활동을 통해 언어가 사람들 사이에서 어떻게 기능하는지, 언어를 어떻게 운용해야 하는지를 체득하게 된다는 것이다. 실제로 사용되는 언어는 비규칙적이며 상황 의존적이다. 가령, 어떻게 말하는 것이 더 설득적인가 하는 물음에 대한 어떤 경우에나 적용되는 정답은 없다. 그것은 누가 누구에게 하는 말이며, 그들 사이의 관계가 어떠하며, 어떤 시공간 속에서 하는 말이며, 어떤 목적으로 하는 말인가 등에 따라 모두 달라지게 마련이다. 이런 점에서 실제성을 추구하는 국어교육은 맥락성을 고려하지 않을 수 없다. '실제'를 강조한 2007 국어과 교육과정에서 내용체계에 '맥락' 범주를 새로 만든 까닭도 여기에 있다.

둘째, 실제성은 주체성을 포함한다. 실제성 있는 언어활동이 주체성을 지닌다는 것은 언어활동의 수행 여부나 방법을 결정하는 주체가 학습자들 자신이라는 것을 뜻한다. 이것은 맥락성과도 관련이 있는데, 개별 학습자들이 언어활동을 수행하는 까닭은 제각각이며, 그러므로 학습자들은 각자 자기 나름의 문제 상황과 목적의식 속에서 저다운 방법으로 언어행위를 수행한다. 따라서 실제적이고 주체적인 언어활동에서는 비록 외형적으로는 유사해 보여도 그 실제 과정은 모두 제각각 주체적인 선택에 의한 것이며, 그 결과로 구성하게 된 지식은 개별성을 지니게 된다.

셋째, 실제성은 총체성을 함의한다. 실제의 언어는 분절되지 않은 채 총체적으로 작용한다. 우리는 글을 읽을 때 낱말 뜻만 파악하거나 문장의 구조만 파악하거나 비유적인 표현의 의미만 파악하거나 중심 문장만을 파악하거나 필자의 숨겨진 의도만을 파악하거나 하지 않고 이들을 동시에 수행한다. 또한 우리는 실제의 언어생활에서 읽기만 하거나 쓰기만 하거나 말하기만 하지 않고 대개는 읽어서 쓰고, 써서 발표하고, 함께 읽고 토의한 다음 보고서를 꾸리고 프리젠테이션을 활용하여 발표하기도 한다. 나아가 우리는 글을 쓰는 동안에 계획만 하거나 아이디어 생성만 하거나 조직만 하거나 고쳐 쓰기만 하지 않고 이 모두를 아울러 수행한다. 따라서 언어 학습 또한 총체적으로 이루어져야 하며, 그래야만 실제 상황에서의 적용력이 높아진다는 것이다. 2011 교육과정에 따라 새로 편찬되고 있는 초등 국어교과서는 기존의 '듣기·말하기', '읽기', '쓰기'처럼 영역별 분책 체제를 버리고 영역이 통합된 '국어'와 '국어활동'의 두 권 체제로 바뀌었는데, 이 또한 언어활동의 총체성을 살림으로써 실제성 있는 국어교육을 도모하고자 한 의도가 반영된 것이다.

이처럼 실제성 있는 국어교육은 맥락성, 주체성, 총체성을 추구한다. 그래서 '실제성 있는 국어활동은 개개의 학습자들이 실제적인 맥락 속에서 구체적인 목적을 달성하기 위해 주체적이고 능동적으로 참여하여 언어활동을 총체적으로 수행하는 것'으로 정의할 수 있다. 따라서 이러한 실제성 있는 국어활동은 대개 실제적인 문제를 해결하기 위한 상황 중심 혹은 과제 중심의 프로젝트 학습의 형태를 띠기 쉽다. 프로젝트 학습은 "학습자가 학습의 전 과정에 주도성을 지니고서 주제, 제재, 문제, 쟁점 등에 관한 탐구 활동과 그 결과에 대한 표현 활동을 하며, 그 결과 만들어가는 교육과정의 성격이 나타나는 학습"(홍후조, 2002:161)으로서, 자연히 많은 시간과 다양하고 복잡한 활동을 요구하게 된다.

3) 실제성이 작용하는 차원

지금까지 국어활동의 실제성이라고 하여 두루뭉술하게 이야기했지만, 실제성이 작용하는 차원은 몇 가지로 구체화할 수 있다. Gulikers, Bastiaens & Martens(2005)는 학습의 실제성을 크게 네 가지로 나누었는데, 과제의 친밀성, 유의미성, 전이가능성 등으로 구성되는 '과제의 실제성', 학습 활동에서 활용하는 매체나 자료가 얼마나 적절하고 실제적인가 하는 것과 관련되는 '자원의 실제성', 학습자들 각자가 책임감을 갖고 협력적인 태도로 활동에 임하는 것과 관련되는 '활동의 실제성', 그리고 적절한 평가 기준을 제시한 다음 결과물뿐 아니라 학습 과정 전체에 대해 다양한 방법으로 평가하는지 여부와 관련되는 '평가의 실제성'이 그 네 가지이다(강명희 외, 2008:37). 이중에서 여기서는 주로 과제와 자원의 실제성에 관심을 갖는다. 활동의 실제성은 과제나 자원의 실제성에 상당 부분 의존하기 때문이고, 평가의 실제성은 이 글의 관심 밖이기도 하거니와 평가의 실제성을 높이기 위해서는 교수·학습 활동과의 연계성을 높일 수밖에 없는데 이는 다시 과제나 자원의 실제성으로 회귀되기 때문이다. 학습 동기나 학업 성취도에 대한 예측 변인으로까지 작용하는 것은 학습 과제의 실제성과 자원의 실제성 두 가지라는 연구 결과(강명희 외, 2008:44-45)도 참고가 된다.

실제성이 높은 국어교육이라는 것은 대개 학습 과제가 실제적이라는 것을 뜻한다. 뒤에서 소개할 가평의 모 초등학교 사례도 교사가 교과서 과제 대신에 실제성 있는 과제로 바꿈으로써 비롯된 것이다. 실제성이 높은 것으로 인식된 학습 과제는 그렇지 않은 과제에 비해 학습 동기와 성취도를 높여 준다(강명희·김나리, 1999 ; Herrington & Oliver, 2000). 학습 과제의 실제성이 높을 때 학습을 통해 획득한 지식과 경험을 실제 상황에 더 직접적으로 연결 지을 수 있을 뿐 아니라 유의미한 지식의 습득 정도가 높아지며, 다양한 상황에의 전이 또한 쉬워진다(Woo, Herrington, Agostinho & Reeves, 2007).

자원의 실제성은 학습에 동원되는 교재와 교구가 얼마나 실제적인가 하는 점이다. 이중에서 국어교육에서 특히 중요한 것은 언어자료의 실제성인데, 이는 교수·학습에 동원되는 언어 텍스트가 자연언어의 특징을 지니고 있는 정도, 다시 말해 언어 텍스트가 현실 생활에 사용되는 실제 자료와 얼마나 유사한가 하는 정도(Richards etc., 1992:27)를 나타낸다. 더 구체화하면 실제 존재했던 텍스트인가 하는 문제와, 그것을 있는 그대로 제시했는가 아니면 이독성이나 목표 달성의 효율성 등을 감안하여 수정을 했느냐 하는 문제로 나눌 수 있다.[3]

4) 실제성 높은 국어활동의 사례와 효용

필자가 들은 실제성이 높은 국어활동의 사례를 소개한다. 가평의 모 초등학교 6학년 교실에서 있었던 일이다. 당시 6학년 '말하기·듣기·쓰기' 교과서에는 문제-해결 구조로 글을 쓰는 능력을 기르도록 구성된 단원이 있었다. 물론 그 단원에는 문제-해결 구조로 글을 쓰는 여러 활동들이 제시되어 있었지만, 담임선생님은 그것 대신에 실제 우리 학교의 문제를 찾아서 그 해결 방안을 제시하는 글을 써 보자고 제안하였다. 이에 따라 어떤 문제가 있는지를 탐색하기 위한 학급 회의가 열렸고, 그 결과 학교 식수 문제가 최종적으로 선정되었다. 그에 따라 학생들은 학교 식수에 대한 수질 검사 자료 및 그와 관련되는 내용들을 찾아 읽기도 했고, 여러 차례에 걸친 회의가 소집되기도 했으며, 그러한 과정을 거쳐 최종적으로 학교 식수에 문제가 있으니 정수기를 설치해 달라는 건의서를 작성하여 군청에 보냈다. 이 건의는

---

3 국어교과서에 실린 텍스트의 수정 문제를 다룬 국내 연구로는 천경록(1997:133-135)이 대표적이다. 이 연구에서는 논항 반복이나 신·구 정보의 일치 등을 통한 텍스트의 수정은 일반적으로 이해도를 향상시켰으나 수필 등과 같은 제재글들은 수정한 글이 원 텍스트보다 이해도가 더 낮았다고 보고하고 있는데(133-135), 이를 신뢰할 수 있다면 국어과 교재 개발에 시사하는 바가 크다.

수용되어 마침내 학교에는 정수기가 설치되었다.

이 사례는 학습자들 자신이 직면해 있는 실제 문제를 해결하기 위한 과제였다는 점에서 맥락성을 갖추고 있고, 그 문제를 해결하기 위해 구성원 각자가 맡은 역할을 수행하기 위해 능동적으로 참여하였다는 점에서 주체성도 갖추었고, 말하고 듣고 읽고 쓰는 활동이 통합적으로 이루어졌다는 점에서 총체성을 갖춘, 그래서 실제성이 강한 국어활동이라고 할 수 있다. 이러한 실제적인 문제 해결의 과정 속에서 학습자들은 자연스럽게 실제적인 국어능력들, 가령 읽고 토의·토론하고 쓰는 능력, 설득력을 높이는 요령, 협력적으로 과제를 수행하는 방법 등을 학습하게 되며, 나아가 사람들이 서로 부대끼며 살아가는 사회 속에서 언어가 어떻게 작동하며 어떤 기능을 하는지에 대한 인식 또한 체득하게 된다.

3. 실제성 중심 국어교육의 한계

앞 장에서 실제성이 있는 국어활동은 여러 면에서 효용이 있다는 점을 살폈다. 이는 자연스럽게 국어 수업은 가급적 실제성이 높은 국어활동이 이루어지도록 기획하여야 한다는 것을 뜻한다. 그런데 이 지점에서 던질 수 있는 질문은, 그렇다면 실제성 있는 국어교육은 언제나 선(善)인가 하는 점이다.

현재 우리의 국어 수업에서 실제성이 온전히 실현되기는 어렵다. 그 까닭은 크게 두 가지이다.

첫째는 실현 난해성이다. 이것은 현대의 교육 시스템과 관련이 있다. 현대의 교육은 대개 현장이 아니라 교실에서 이루어진다. 학습할 내용(능력)

이 실제로 작동하는 현장에서 그것을 직접 관찰하고 수행하는 과정에서 학습하는 것이 아니라 교실에서 이론적, 탈맥락적으로 학습이 이루어진다. 이 현상은 특히 교양교육을 표방하는 초중등학교 시기에 더욱 강화된다.4 따라서 교실에서 이루어지는 국어교육에서 실제성을 살리기란 쉽지 않다. 그것은 무엇보다 교실 수업에서는 언어가 사용되는 다양하고 복잡한 실제 맥락이 극히 제한적으로만 허용되기 때문이다. 교실 교육의 맥락적 한계는 조희정(2007:502)에서 이미 정확하게 포착된 바 있다. "학습자들이 처한 교실 현장 내 글쓰기 교육의 장면에서 학습자들이 다양한 수사적 상황에 직면하고 있다고 보기는 어렵다. 학습자들이 일상생활에서 실제로 쓰고 있는 글의 독자는 선생님이거나 부모님과 가족, 그리고 친구인 경우가 대부분이라는 점에서 학습자들이 직면한 수사적 상황은 차라리 특정 국면에 국한되어 있다고 보는 것이 보다 정확하다."

둘째는 비효율성이다. 실제성이 높은 국어활동을 실현할 수 있다고 하더라도 그것이 반드시 효율적인가 하는 의문이 생길 수 있다. 이 의문은 우선 실제의 평범성 혹은 저급성에서 비롯된다. 실제의 일상은 대부분 밋밋할 뿐 아니라 경우에 따라서는 비루하기까지 하다. 그러므로 평범한 일상적 언어를 굳이 가르쳐야 하는가 하는 의문이 드는 것이다. 일상적 언어는 사실 의도적인 교육이 개입하지 않아도 저절로 학습된다. 그리고 평범한 일상적 언어는 학습자들의 학습 의욕을 이끌어내기도 어렵다. 학습 실제성이 학습 동기에 영향을 미치지 못한다는 연구 결과도 있는데(Gulikers,

---

4 홍후조(2002:159, 170)는 유치원과 직업교육 시기에는 상대적으로 실제 맥락 속에서 생활 학습이 강조되는 반면, 초중등 학생을 대상으로 하는 학교 학습기에는 탈맥락적인 이론 수업이 중심이 되며, 따라서 초중등학교 시기에는 실제 경험보다는 가상 경험이 더 큰 비중을 차지하게 된다고 한다.

Bastiaens & martens, 2005),[5] 이는 아마도 매력적이지 않은, 평범한 실제가 과제로 제시되었기 때문일 것이다.

나아가 실제성의 추구는 현재를 고착화하고 발전을 가로막는 요소로 작용할 개연성도 있다. 학습자들로 하여금 현재적 세계에 머물러 있도록 하는 역효과를 유발할 수도 있다는 것이다. 이런 점에서 보면 학습 과제를 학습자들 스스로 선택하게 하는 것은 어쩌면 자기 세계 안에 갇힌 편협한 학습으로 흐르게 할 가능성도 없지 않다. 가령 자신의 일상사를 휴대전화 문자 메시지로 보내는 것이나 인터넷 뉴스에서 연예인 가십거리를 찾아 읽는 것은 실제적인 국어활동들이지만, 자기 세계에서 벗어나 더 큰 세계로 나아가게 하는 교육적인 기능은 거의 수행하지 못한다. 교육의 임무는 현재의 세계에서 탈피(脫皮)하여 더 나은 가능성의 세계로 진입하도록 도와주는 것이다. 이를 위해서는 평범하거나 비루한 실제를 그대로 제공하기보다는 교육적 유용성(viability)을 기준으로 선택되고 정련된 것들을 제공하여야 한다. 따라서 학생들이 책을 읽으려고 하지 않고 기껏 읽어 봐야 연애 소설이나 추리 소설, 베스트셀러류와 같은 흥미 본위나 인기 위주로 책을 선택해서 읽는 것이 현실이지만(김명순, 2008:136), 그래도 우리는 인류의 지혜를 담고 있는 고전이나 명작을 읽으라고 권해야 한다. 국어교육의 목표가 단지 생활인을 기르는 것이라면 그들의 언어, 실생활의 언어로 족할 수 있겠지만, 교양인을 기르기 위함이라면 그들이 현재 누리고 있지 않은, 장차 도달하고자 하는 더 높은 차원의 언어를 제공해 주어야 한다.

다른 한편으로 실제의 언어는 난해해서 학습자들의 수준에 부적합하기 때문에 비효율성을 낳기도 한다. 단순하게 말하면, 초중등학교에서의 국어

---

5 강명희 외(2008:25)에서 재인용.

1부 국어교육의 본질에 관하여

교육은 교양 있는 사회 구성원으로서 국어생활을 원만하게 수행할 수 있는 사람을 기르는 것을 목표로 한다. 이 수준의 언어는 교양 있는 성인들이 일상에서 사용하는 언어이다. 그런데 문제는 학습자들의 수준은 다양하며, 일상에서 접하는 이 언어를 그대로 제시하는 경우 학습자들의 현재 학습 능력으로는 감당하기 어려운 경우가 많다는 점이다.

학습 과제나 텍스트의 실제성 추구가 수준 적합성과 상충하는 현상은 한국어교육에서도 흔히 나타난다. 최근 한국어교육계에서 특히 텍스트의 실제성을 문제 삼는 연구들이 많이 나오고 있다. 가령 박민신(2008:18)에 따르면, 현재 한국어시험이나 한국어 교재에 제시되는 듣기 텍스트는 대부분이 말차례를 규칙적으로 주고받는 것으로만 구성되어 있어서 실제 언어에서의 다양한 말차례 규칙을 확인하기 어렵고, 화제 전환은 끼어듦이나 방해가 없이 정제되어 있으며, 맞장구 양상은 전혀 나타나지 않는 등 실제성이 매우 떨어진다고 비판한다. 그러나 실제성을 살리기 위해 초급 한국어를 배우는 학습자들에게 한국어를 모어로 하는 화자들의 난해한 실제 텍스트를 그대로 들려주는 것은 바람직하지 않다. 그것을 제대로 감당할 수 없는 학습자들에게 좌절감만 안겨 줄 것이기 때문이다. 국어교육에서도 마찬가지이다. 실제성의 논리에 충실하려면 초등학교 저학년 아이들에게도 일반 어른용 텍스트를 제시해야 한다. 그들의 목표 언어가 바로 그것이기 때문이다. 그러나 그 목표 언어로 가는 과정에서 효율성을 기하기 위해 아동들이 처리 가능한 낮은 수준의 텍스트를 제시하는 것이다. 학습 과제 또한 마찬가지이다. 학습 가능성을 높이기 위해 맥락의 양상이나 활동의 조건을 단순화하기도 하고, 과제 해결의 과정을 나누어서 일부 과정만을 수행하도록 함으로써 학습 활동의 부담을 경감시켜 주어야 한다. 학생들을 학년으로 나누어 가르치는 현재의 교육 시스템에는 이미 일정 부분 교육적 조작이 전제되어 있다.

4. 가상성의 특성과 유형

1) 가상성의 개념

실제성을 추구하는 국어교육은 그 나름의 장점이 있는 반면 약점도 있음을 살펴보았다. 실제성이 지닌 약점을 보완하는 방안은 그것의 반대 성향을 지향하는 것이다. 실제성의 상대 개념은 아무래도 가상성이 아닌가 한다. 실제성이 실제 상황에서의 활동이라는 의미를 갖는다면, 가상성은 가상 상황에서의 활동이라는 의미를 지닐 것이기 때문이다.

그런데 가상성이라는 말에는 여러 가지 의미가 들어 있다. '표준국어대사전'에서 '거짓 가(假)'자가 들어 있는 낱말(동음이의어)은 네 가지이다. '가상(假相)' 이 그 첫째인데, 이는 불교에서 쓰는 용어로 '겉으로 나타나 있는 덧없고 헛된 현실 세계'를 뜻하는 말로서 반대말은 '진여(眞如)'이다. 이 개념에 따르면, 우리가 살고 있는 이 세상은 가상(의 세계)이고, 우리는 진여를 깨닫기 위해 수련해야 한다. 이 경우 우리가 여태 '실제'라고 해 왔던 것들이 모두 '가상(假相)'이 되어 버리기 때문에 이 글에서는 취하기 어렵다.

다음으로 '가상(假想)'이 있는데, 그 뜻은 '사실이 아니거나 사실 여부가 분명하지 않은 것을 사실이라고 가정하여 생각함'이다. 간단히 말하면 '가정하여 생각하는 것'으로서, 이 글에서의 가상성과 가장 가까운 뜻으로 판단된다. 가상 상황에서의 활동은 결국 가정하여 생각하는 것이 그 핵심일 것이기 때문이다. 가상(假想)하는 힘은 여타의 동물들이 지니지 못한 인간만이 지닌 능력으로서, 상징을 통한 소통이나 추상적 사고, 상상, 유추, 동일시, 공감 등의 바탕으로 작용한다.

이 밖에도 '가상(假象)'과 '가상(假像)'이 더 있는데, 이 둘은 유사하면서도 미묘한 뜻 차이를 지니고 있어서, 가상(假想)의 종류를 구별하는 데 도움이 된다. '가상(假象)'은 '주관적으로는 있는 것처럼 보이나 객관적으로는 존재하지 않는 거짓 현상'이라는 뜻을 갖는데, 반대말은 '실재(實在)'이다. 신기루나 환영 등이 가상(假象)의 예이다. 국어활동의 경우로 치환하면, '투명인간이 된다면'(쓰1-2, 18)[6]은 가상(假象)의 대상을 가정한 가상(假想) 활동이다. 판타지를 바탕으로 한 활동들은 모두 이 범주에 속하는 것으로 볼 수 있다. 교구 차원에서는 '글자 나무'(읽1-1, 35)나 '생각이 자라는 나무'(읽3-2, 112)라든지 '글자 낚시판'(쓰1-1, 20) 등이 여기에 해당한다. 이에 비해 '가상(假像)'은 '실물처럼 보이는 거짓 형상'이라는 뜻을 지니는데, '유사', '사이비', '모조' 등의 의미와 관련이 깊다. 따라서 실제 상황 그 자체는 아니지만 그것과 유사한 상황을 만들어 활동을 하는 경우가 바로 가상(假像) 상황에서의 활동이라고 할 수 있다. '역할 정하여 배려하는 말 주고받기'(듣말쓰6-1, 160) 등이 이 범주의 구체적인 사례가 되겠다.

정리해 보면, 실제성(實際性)의 상대 개념은 가상성(假想性)이며, 가상(假想)의 구체적인 양상은 현실에는 존재하지 않는 가상(假象)적 대상이나 상황에 대한 것과 현실에 존재하는 것과 유사한 가상(假像)적 대상이나 상황에 대한 것으로 구분된다.

---

6 '쓰기' 교과서 1학년 2학기 18쪽이라는 뜻이다. 이하 같은 방식임.

2) 가상성의 필요성

국어교육에서 가상성이 필요한 까닭은 앞에서 살펴본 대로 실제성이 한계를 지니고 있기 때문이다. 우선 실제성은 현대의 학교 교육 체제에서는 온전히 실현하기 어렵다. 만약 100% 완벽하게 실제적인 교육을 원한다면 학교는 필요 없고, 교과서도 필요 없다. 실생활에서 직접 배우면 될 일이기 때문이다. 학교 교육 체제를 인정하는 한 가상성을 띤 교육은 필연적이다. 이런 점에서 학교 학습은 군대의 가상훈련과 유사하다. 전쟁 기술은 전쟁 상황에서 가장 잘 학습할 수 있겠지만 전쟁이 일어나기 전에 전쟁을 대비해야 하는 군대로서는 가상 상황에서 훈련할 수밖에 없다. 현장이 아닌 교실에서 학습해야 하는 현재의 교육 역시 가상 상황에서 학습할 도리밖에 없다. 물론 이 경우에도 실제성을 조금이라도 높이기 위한 노력은 유효하다. 듀이 식의 경험(노작) 교육, 최근의 프로젝트 학습 등은 가상성 중심의 교실 교육 체제 하에서 그 약점을 보완하기 위한 노력으로 이해할 수 있다.

가상성은 실제에 기반을 둔 교육 활동이 지닐 수 있는 비효율성을 보완하는 역할을 할 수도 있다. 불필요하거나 낭비되는 요소를 제거하고 꼭 필요한 요소들만으로 수준을 고려하여 정밀하게 조직된 교육 활동은 비록 실제성은 떨어져도 교육 효과는 클 수 있다. 사실상 교과서 활동을 비롯한 모든 기획된 교육 활동은 바로 이를 위한 것이다. 가령, 모든 교과에서 흔히 이용되는 역할놀이 역시 모든 상황이 아니라 교육적으로 의미가 있는 상황만을 추출하여 가상적으로 역할을 맡아서 놀이를 하게 하는 것이다. 역할놀이는 역할 및 행동, 상황, 사물을 가작화하여 수행된다는 점에서 가상성을 바탕으로 한다. 그러나 아동들은 이러한 역할놀이를 통해 사물과 행동을 상징적으로 다룰 수 있는 능력, 다른 사람들의 생각에 공감하는 능력, 상호 작용을 통해 대화하고 협상하는 능력, 협력적으로 문제를 해결하는 능력 등을 기를 수 있다(지성애 외, 2007:406).

조희정(2007:529)은 누가, 어떤 상황에서, 누구에게, 어떤 목적으로 글을 쓰는지 그 수사적 맥락을 스스로 정하여 글을 쓰는 '가상 맥락에서의 글쓰기'를 제안한 바 있는데, 이 활동을 통해 학습자들은 자신의 수사적 상황을 분석하는 연습을 하는 동시에 무엇보다도 수사적 상황 속 관련 요소들을 선택하고 결정하는 연습을 수행할 수 있다. '가상적 내러티브 꾸며 말하기'는 실제로 존재하지 않는 사건을 꾸며서 말하는 것으로서, 이를 통해 어휘력이나 문장 구성력, 문장 연결력 등을 기를 수 있고, 이야기 줄거리를 만드는 능력과 인물에 대한 묘사 능력, 장르의 특성에 맞게 구성하는 능력, 인용하는 능력, 여러 가지 표현으로 강조하는 능력, 의도 및 목적 그리고 심리적 상태 등을 표현하는 능력, 사건이나 인물에 대해 평가하는 능력 등을 기를 수 있다(이영자·오진희, 2008:104-105).

이들 가상적인 언어활동은 활동 과정에서 학습자 자신이 처해 보지 않은 상황을 체험해 보고 자신의 내부와 외부를 상상하고 공감하여 타자에 대한 상상력을 확장시키는 데 기여한다. 이를 통해 언어활동의 맥락 혹은 수사적 상황을 고려하는 능력을 체득할 수 있을 뿐 아니라, 공감적 이해력, 상상력 등과 같은 인문학적 교양을 기르는 데에도 효과적이다(박진숙, 2010:267-271, 278-279). 나아가 허구적 이야기는 실재 세계를 정교하게 재구성함으로써 실재로 실현되는 사례들의 경우의 수를 능가하여 개연성 높은 다양한 상황을 연출해 낼 수 있다. 이런 점에서 교육 활동에서 허구적 이야기를 이용하는 것은 유용한 지식을 구조화하여 제시하려는 교육과정의 의도와 잘 부합하게 된다(서상문, 2010:331-332).

3) 인간의 본질로서의 가상성

가만히 생각해 보면, 가상성은 인간의 본질이라는 점을 알 수 있다. 인간은 현재의 실세계에서만 사는 것이 아니라 머릿속에서 과거 경험을 반추하여 성찰하거나, 미래를 설계하고 꿈꾸거나, 전혀 근거 없는 상상의 세계를 꾸미서 펼치는 등 가상의 세계에서도 산다. 인간의 뇌는 실제적 현상이나 문제에 대해서만 생각하는 것이 아니라, 상상, 몽상, 가정, 잡념 등 끊임없이 가상의 문제를 탐한다. 그리고 이렇게 가상적으로 사고하는 것만으로도 인간은 가슴이 뛰거나 뭉클해지고, 얼굴이 붉어지거나 화끈 거리는 등 실제 세계에서 경험하는 것과 같은 정서적 · 신체적 변화가 촉발된다.

인간에게는 가상적 경험이 실제 경험과 별 차이가 없다는 점은 이른바 '픽션의 역설(paradox of fiction)'이 잘 보여 준다. 픽션의 역설이란 존재하지 않는다는 것을 잘 알고 있는 허구적 대상에 대해 픽션 감상자가 실제와 다름없는 정서적인 반응을 나타내는 현상을 가리킨다. 감상자들은 픽션에 나오는 인물이나 사건이 허구라는 사실을 잘 안다. 그럼에도 불구하고 그 인물이나 사건들이 지니고 있는 구체적인 면모들을 믿고 그에 대해 판단하고 평가하며, 그에 기초하여 정서적 감정을 생성한다. 이 감정은 비록 그것을 유발한 대상이 허구라고 해도 실제적 감정과 다르지 않은 온전한 감정이라는 것이다(김혜련, 2003:112, 129). 이처럼 인간은 가상적 대상이나 상황에 대해서도 진지하게 이해하고 판단하며, 진한 정서적 반응을 보일 수 있다.

더 나아가 픽션과 같은 가상물은 실제보다 더 효율적으로 기능하기도 한다. 최근 출판 · 독서계의 큰 흐름을 형성하고 있는 '누가 내 치즈를 옮겼을까'나 '마시멜로 이야기'와 같은 셀픽션(selfiction)이 그러한 예이다. 셀픽션은 우화형 자기계발서를 뜻하는 말로서 '자기계발(self-helf)'과 '픽션

(fiction)'의 합성어이다. 셀픽션은 복잡한 서사 구조보다는 우화나 알레고리와 같은 짧고 간단한 이야기 형식을 선호하는데, 그것은 자기계발의 메시지를 불투명하게 할 위험성을 최소화하면서도 독자들의 흥미를 유발할 수 있기 때문이다(김종태·정재림, 2011:13). 원래 자기계발서는 실제의 삶을 개선하기 위한 현실적 목적으로 쓰고 읽는 글로서 설명적이거나 설득적인 성격을 갖는 글이다. 그런데 셀픽션은 허구적 이야기 형식을 채용한다. '마시멜로 이야기'가 허구라는 사실이 필자가 주장하는 내용의 신뢰성을 떨어뜨리지 않는다. 오히려 이야기 형식으로 구성된 자기계발의 내용은 필자가 펼치는 주장의 신뢰성을 높일 뿐만 아니라 독자의 호기심과 흥미를 충족시키기까지 한다(김종태·정재림, 2011:16).

가상적 사고가 인간됨의 본질 중의 하나라는 것은 유아의 사회극놀이에서도 확인할 수 있다. 사회극놀이에서 나타나는 언어는 크게 역할 배정이나 놀이 규칙 등에 대한 '계획언어'와 가상의 세계에서 자기가 맡은 역할을 수행하는 '가장언어'로 구성된다. 아이들은 2세 말 경이 되면 누가 가르쳐 주지 않아도 자기들 스스로 가상의 세계를 창출하여 놀이를 즐길 수 있게 되는데, 이 능력은 나이가 들어가면서 여러 단계를 거쳐 차츰 발달해 간다(신은수·강의정, 2003:149, 154). 유아들이 지니고 있는 이러한 가작화 능력은 인간의 본성에 뿌리를 둔 선천적인 것이라고 보지 않는 한 설명이 어렵다.

가상적 사고는 심지어 객관성을 생명으로 하는 과학 활동에서도 중요한 역할을 담당한다. 자연 현상에 대해 가설을 수립하고 모델을 형성하는 것, 직접적으로 관찰할 수 없는 대상에 대해 유추적인 사고를 수행하는 것, 문제해결을 위한 잠정적 아이디어들을 구상하는 것 등에도 가상적 사고가 핵심 요소로 개입하게 된다.

이처럼 인간은 실세계에서뿐 아니라 가상 세계에서도 살고 있으며, 이것이 인간을 다른 동물과 구별 짓는 본질적 특성 중의 하나이다. 따라서 치밀하게 구성된 문학적 허구를 통해 미적 정서나 윤리적 가치를 유발하는 것처럼, 잘 기획된 가상적 활동을 통해서 효율적인 국어교육을 수행할 수 있다.

4) 가상적 활동의 유형

국어교육에서 어떤 가상적 활동들이 가능한지 그 양상을 유형화할 수 있다면 국어교육을 기획하고 실천하는 데 여러 모로 유용할 것이다.

이미 우리는 현실에서 존재하기 힘든 대상이나 상황에 대한 활동이냐 아니면 현실에 존재하는 것과 유사한 대상이나 상황에 대한 활동이냐로 나눌 수 있음을 살펴보았다. 다시 말해 '판타지성'을 기준으로 하여 그것이 강한 가상(假象)적 활동과 판타지성이 약한 가상(假像)적 활동으로 구분할 수 있다. 그런데 가상(假象)과 가상(假像)은 그 음이 같아서 불편한 점이 있으므로, 판타지성 가상 활동과 비판타지성 가상 활동으로 명명하여 구별하는 것이 어떤가 한다.

다음으로 학습자가 가상의 상황에서 활동을 수행하는 '위치'에 따라서 구분할 수도 있다.[7] 이 기준에 따른 첫 번째 유형은 '가상 세계 안에서 놀기'이다. 가상 세계에 등장하는 인물이 되어 활동을 하는 유형으로서, '--가 되어 --해 보자.'나 '내가 --라면 어떻게 했을지 --해 보자.'와 같은 형태로 학습

---

7 조희정(2007:511)은 구체적인 용어는 사용하지 않았지만 비슷한 취지로 구분을 시도했다. 여기에서는 '인물에게 글쓰기', '인물이 되어 글쓰기', '인물이 인물에게 글쓰기'의 세 가지로 나누었는데, 글쓰기에 한정한 탓도 있겠지만 지나치게 단순화되어 있어서 가상 활동의 여러 양상을 두루 포괄하지 못하는 점이 있다.

과제가 주어진다. 초등 국어교과서에는 이 유형의 활동이 무수히 많아서 일일이 예를 들 필요도 없다. 개별 과제가 아니라 단원 전체가 이 유형으로 구성된 경우도 있다. '읽4-1, 5단원'은 정보를 찾는 방법을 학습하는 단원인데, '세린'이라는 가상의 캐릭터가 박물관에서 열리는 보물찾기 대회에 참가하여 거기서 제시된 과제인 무령왕릉의 특징 조사하기, 전통 놀이에 대해 조사하기, 서울의 궁궐에 대해 소개하는 편지 쓰기 등과 같은 활동을 하는 것으로 구성되어 있다.[8] 따라서 학습자들은 각자 자신이 세린이가 된 것으로 가정하여 그 활동들을 수행해야 한다. 역할놀이처럼 어떤 상황 하에서 주어진 역할을 수행하는 활동들도 이 유형에 속한다. 글을 읽은 다음 '무엇이(누가) 되어(Role)', '무엇(누구)에게(Audience)', '어떤 형식으로(Format)', '무엇에 대해(Topic)' 쓸지 가상적으로 정하여 글을 쓰는 RAFT(Vacca & Vacca, 2008:269-270)도 무언가가 되어 글을 쓴다는 점에서 가상 세계 안에서 놀기 유형에 속한다.

두 번째 유형은 '가상 세계 밖에서 놀기'이다. 이것은 학습자가 가상 세계 밖에 머물면서 활동을 수행하는 것이다. 이 유형의 대표적인 것이 '인물에게 말 걸기'이다. 초등 국어교과서에는 '--에게 하고 싶은 말을 해 보자(편지로 써 보자)'와 같은 과제로 나타난다. '필자 되기'도 이 유형에 해당한다. 이 유형에서 학습자들은 마치 자신이 필자가 된 것처럼 이야기에 손을 댄다. 뒷이야기 이어 꾸미기, 결말 이어 쓰기, 후속편 쓰기, 시공간적 배경이나 인물의 성격, 사건 등을 바꾸어 이야기 새로 꾸미기 등이 모두 이 유형에 속한다. '다른 독자 되기'도 이 유형에 포함된다. 시대나 지역, 계층, 성별, 연령, 직업 등의 측면에서 가상의 다른 독자가 되어 새로운 시각으로

---

8 쓰기1-1의 2단원과 3단원도 비슷한 형식으로 구성되어 있다.

글을 읽는 활동이다. 이성영(2010:241-243)은 '처럼읽기'라는 읽기 지도 방안을 제안하였는데, 그 구체적인 유형인 '대변인처럼 읽기', '탐정처럼 읽기', '판사처럼 읽기' 등도 다른 독자 되기의 한 종류로 볼 수 있다. '인물에게 말 걸기'에서는 독자의 위치가 고정되어 있지만, '필자 되기'나 '다른 독자 되기'에서는 학습자들이 자신의 위치를 바꾸는 차이가 있다. 그러나 세 가지 모두 학습자가 가상 세계 안으로 들어가지 않고 밖에 머물러 있다는 점에서 공통된다.

세 번째 유형은 '가상 세계 안과 밖에서 놀기'이다. 이 유형에서 학습자들은 가상 세계 안으로 들어가기도 하고 밖에 머물기도 하면서 쌍방향의 활동을 수행한다. '인물 초대석'(말2-2, 82)이나 '가상 인물 인터뷰'(듣말쓰6-1, 113)가 이 유형의 대표적인 활동이다. 이 활동에서 학습자들은 한편으로는 가상의 인물이 되어 인터뷰에 응하기도 해야 하고 다른 한편으로는 현실의 학습자가 되어 인물에게 묻기도 해야 한다.9 '별난 대결'(듣말쓰3-1, 230)도 이 유형에 귀속시킬 수 있다. 이 활동은 서로 다른 작품에 등장하는 인물들끼리 대결을 시키면 누가 이길지 생각해 보게 하는 활동인데, 작품 속으로 들어가서 그 인물에 대해 이해해야 할 뿐 아니라 작품 밖에서 그들 상호간의 우열을 비교하여 평가하기도 해야 한다.

앞에서 본 것처럼 가상성은 과제 차원뿐 아니라 자원, 그중에서도 특히 언어자료 차원이 중요하다.10 국어교육에서 가장 큰 비중을 차지하는 언어

---

9 가상 인터뷰는 책을 편찬하는 방식으로도 활용된다. 대표적인 예로는 『작가와의 대화』(김윤식, 문학동네, 1996), 『문학의 전설과 마주하다』(장영희 외 24인, 중앙북스, 2010) 등이 있다.
10 여기서 따로 다루지는 않지만, 교과서에는 언어자료 이외에도 가상성을 바탕으로 조작된 것들이 많다. 앞에서 살펴본 '글자 나무', '글자 낚시판' 등과 같은 학습 교재류들뿐 아니라, 저학년 교과서에 많이 등장하는 의인화된 동물 캐릭터들, 얼굴이 몸통보다 더 큰 사람 등도 모두 가상적 사고를 바탕으로 만들어진 것들이다.

자료는 읽기 학습에서의 제재글과 듣기 학습에서의 대본글이다. 우선 이 언어자료들이 판타지류인가 아닌가에 따라 가상성 여부가 갈린다.

판타지성과 함께 언어자료의 가상성과 관련되는 중요한 면이 바로 조작성이다. 국어교과서에는 실재하지 않았던 조작된 글들이 다수 실린다. 친구에게 사과하는 쪽지, 부모에게 고마움 전하는 편지, 생일날 친구에게 보내는 초청장 등과 같이 학생들의 소소한 일상을 담은 생활글들이 그 대표적인 유형이다. 이들은 가끔 실제의 학교문집 등에서 가져오는 경우도 있지만, 여의치 않아서 대개는 교과서 집필자가 단원의 학습 목표에 맞게 새로 만들어 수록한다. 고쳐쓰기 연습을 위한 자료글도 학습 요소를 골고루 포함하여야 하기 때문에 의도적으로 다양한 유형의 오류를 포함한 글로 조작하여 수록하는 경우가 많다. 그리고 교과서에 실린 광고도 조작된 것이 많다. 교과서에 실제 상품이나 회사 이름을 그대로 노출할 수가 없기 때문에 가상의 상품이나 회사를 가정하여 새로 제작하여 수록할 수밖에 없다. '참 좋은 쓱쓱 연필'(읽5-2, 63), '딸랑이 장난감 가게'(읽5-2, 66) 등이 바로 이런 사례에 해당하는데, 비판적 광고 읽기를 학습할 수 있도록 의도적으로 과장이나 거짓 정보를 담고 있는 광고를 조작하여 만든 것이다. 전적으로 조작된 글이 아니라 원래 있던 것을 가져온 경우에도 대개는 이런저런 다소간의 수정을 거쳐서 실리게 되는데, 이런 점에서 보면 교과서의 모든 언어자료는 미미한 수준이라도 가상성이 어느 정도는 가미되어 있다고 볼 수 있다.

5. 실제성과 가상성의 관계

지금까지 실제성과 그것의 상대 개념인 가상성에 대해 살펴보았다. 그런데 이들은 서로 어떤 관계에 있을까?

실제성과 가상성이 서로 상대 개념이라는 것은 이 두 가지가 '역방향(逆方向) 관계'에 있다는 것을 뜻한다. 굳이 묘사를 하자면 하나의 일직선이 있고, 실제성과 가상성은 그 직선의 서로 다른 방향을 향하는 관계라는 것이다. 따라서 이 관점에 서면 실제성과 가상성은 상쇄(trade-off) 관계에 놓일 수밖에 없다. 어느 한쪽을 강조하면 할수록 다른 쪽은 거기에 비례해서 포기해야 하는 관계라는 것이다. 물론 이 경우에도 가상성과 실제성은 정도의 문제로 파악할 수 있다. 적당히 가상적이고 적당히 실제적인 상태가 이론적으로 가능하기 때문이다.

그런데 실제성과 가상성을 이런 역방향의 관계로 보았을 때에는 설명하기 어려운 경우가 발생한다. 실제성과 가상성이 모두 약한 활동도 있고 두 가지 모두가 강한 활동도 있는데, 이 둘의 위치를 구별할 수가 없다는 점이다. 역방향의 관계이므로 실제성이 약하면 가상성 쪽으로 가야 하고 가상성이 약하면 실제성 쪽으로 가야 하므로 실제성과 가상성이 모두 약한 활동은 굳이 자리를 잡자면 중앙에 위치할 것이다. 반대로 실제성이 강하면 실제성 쪽으로 가야 하고 가상성이 강하면 가상성 쪽으로 가야 하므로 두 가지 모두가 강하면 그것 역시 중앙에 위치할 수밖에 없다. 따라서 전혀 다른 성격의 두 유형이 같은 위치에 놓이게 되는 모순이 생기게 된다.

이 문제를 해결하는 방법은 실제성과 가상성이 같은 차원에서 서로 다른 방향으로 나아가는 관계가 아니라, 별개의 차원에서 서로 공존하는 관계로 보는 것이다. 이처럼 '별차원(別次元)의 관계'로 보면 앞에서 발생한 문제가 쉽게 해결된다. 이 관계에서는 실제성을 높이기 위해서 반드시 가상성을 포기해야만 하는 것도 아니고 역으로 가상성을 높인다고 해서 언제나 실제성이 희생되는 것도 아니다. 경우에 따라서는 실제성과 가상성이 동시에 강할 수도 있고 동시에 약할 수도 있다. 이를 그림으로 나타내면 다음과 같다.

가상성

유형Ⅲ 실제성 약함 가상성 강함	유형Ⅳ 실제성 강함 가상성 강함
유형Ⅰ 실제성 약함 가상성 약함	유형Ⅱ 실제성 강함 가상성 약함

실제성

유형Ⅰ은 실제성과 가상성이 모두 약한 경우이다. 국어교과서에 제시된 대다수의 활동들이 이 범주에 해당한다. 주어진 글(말)의 형식이나 내용을 이해하고 분석·평가하기 위한 여러 가지 활동들이 대표적인 경우이고, 그 밖에도 국어에 대한 지식이나 기초적인 국어능력을 기르기 위한 활동들도 여기에 해당한다.

유형Ⅱ는 실제성은 강하지만 가상성은 약한 경우이다. 프로젝트 학습, '불편 신고 엽서 쓰기'(쓰2-2, 39), '기사 써서 학급신문 만들기'(듣말쓰3-1, 207), '학급 누리집에 소식 올리고 댓글 달기'(듣말쓰5-1, 79)와 같이 교과서에서 벗어나 삶의 실제적인 문제를 다루는, 실제성을 추구하는 국어활동들이 이 범주에 해당한다.

유형Ⅲ은 실제성은 약하고 가상성이 강한 경우이다. 판타지적 상황에서의 활동은 대개 이 범주에 해당하는데, 학습 동기나 창의적 사고를 유발할 목적을 지니는 경우가 많다. '치타처럼 빨리 달릴 수 있다면'(쓰1-1, 68)이나 '투명인간이 된다면'(쓰기1-2, 18) 등과 같은 비현실적 상상 활동들, 교과서 곳곳에 제시된 이어질 이야기 상상하기나 배경·성격·사건 바꾸어 다른 이야기로 꾸미기, 이야기 속 인물이 되어 말하기 등이 이 유형에 속하는 활동들이다. 내러티브 형식이 아닌 것으로는 '인물 초대석'(말2-2, 82), '김구와의 가상 인터뷰'(듣말쓰6-1, 113), '학용품 중 하나가 되어 자기 자랑하기'(읽2-2, 103), '어떤 새를 왕으로 뽑아야 할지 의견 주고받기'(읽3-2, 116) 등과 같은 것이 있다.

유형Ⅳ는 실제성과 가상성이 모두 강한 경우이다. 주로 무미건조한 실제적인 활동에 재미를 가미하기 위한 목적이나 완전한 실제성을 확보하기 어렵기 때문에 유사한 가상 상황에서 학습할 수 있도록 하기 위한 목적으로 구성된다. '우리 반 최고 전기수 뽑기'(듣말쓰5-1, 22)는 실제 경험을 실감나게 들려주는 힘을 기르는 것을 목적으로 하는 활동으로서 최고 전기수 선발대회라는 가상의 게임 상황을 도입함으로써 흥미를 유발하고 있다. 그러나 유형Ⅳ에 속하는 대다수는 학습자의 현실에 변화가 생긴다면 어떻게 할지를 묻거나 아니면 현실과 유사한 가상의 상황을 설정한 다음 학습자가 그 상황의 인물이라면 어떻게 할지를 묻는 것이다. '외국에서 온 이웃이 생긴다면 어떤 일을 해 보고 싶은지'(읽1-2, 68), '내가 학생 대표로 공청회에 나간다면 어떤 의견을 제시할지'(듣말쓰5-1, 111), '내가 회장에 당선된다면 어떤 인사말을 할지'(듣말쓰6-1, 81), '지언이가 되어 부탁하는 글 쓰기'(쓰2-2, 34), '주어진 상황에 알맞게 예절 지키며 전화 대화하기'(듣말쓰3-2, 76), '역할 정하여 배려하는 말 주고받기'(듣말쓰6-1, 160) 등이 그러한 예이다.

이처럼 실제성과 가상성을 서로 다른 차원에서 존재하는 것으로 봄으로써 국어활동의 다양한 양상들을 무리 없이 포괄할 수 있다. 특히 이 관점은 역할놀이처럼 실제성과 가상성이 동시에 높은 활동이 어떻게 가능한지를 잘 설명해 주는 장점이 있다. 실제성을 살리기 위해서 가상성을 끌어들였기 때문이다. 그런데 여기서 한 가지 주의해야 할 것은 실제성이 높다고 해서(유형Ⅱ) 혹은 가상성이 높다고 해서(유형Ⅲ), 아니면 실제성을 높이기 위해 가상성을 도입했다고 해서(유형Ⅳ) 그것 자체가 좋은 활동임을 보장하는 것은 아니라는 점이다. 같은 역할놀이(유형Ⅳ)라도 상황에 따라 그 교육적 가치는 천차만별일 수 있다.11

6. 나가며

이 글은 국어교육에서 강조되고 있는 실제성에 대해 반성적으로 검토해 보고자 하는 목적에서 출발하였다. 구성주의와 총체적 언어교육을 배경으로 해서 탄생된 실제성은 맥락성, 주체성, 총체성을 함의하며, 특히 학습 과제와 자원 차원에서 작용한다. 그리고 실제성 있는 국어활동은 학습 동기나 성취도를 높여주는 효용이 있지만, 교실 수업에서 그것을 실현하기가 어려울 뿐 아니라 비효율적이라는 약점도 있다. 실제성이 갖는 이러한 한계를 보완할 수 있는 가능성은 가상성에서 찾을 수 있다. 가상성은 인간이 지닌 본질적 특성 중의 하나로서, 가상적 활동은 제한 없이 구성할 수 있을 뿐 아니라 효과 또한 높기 때문이다. 가상성은 판타지성 여부에 따라,

---

11 이 글에서는 현실 세계와 가상 세계를 개념적으로 구별하였지만, 학교는 학생들의 실존적 삶의 한 공간이라는 점에 초점을 맞추면 학교에서 일어나는 모든 학습 활동은 학생들에게 실제성을 지닌다는 생각도 가능하다.

학습 주체의 위치에 따라, 조작성 여부에 따라 그 유형을 구분할 수 있다. 그런데 실제성과 가상성은 상쇄 효과를 낳는 역방향의 관계에 있는 것이 아니라 서로 공존 가능한 별차원의 관계에 있다. 따라서 실제성이나 가상성 중 하나만 강한 활동과 두 가지 다 강하거나 약한 활동 등이 다양하게 존재할 수 있다.

이상의 논의에서 우리가 새겨야 할 것은 국어교육에서 실제성이 언제나 선(善)은 아니라는 점, 그러므로 '실제성의 숭배(cult of authenticity)'에 빠져서는 안 된다는 점이다. 실제성이 지닌 실현 난해성이나 비효율성은 가상성을 통해서 극복할 수 있다. 가상성은 실제성과 공존할 수 있을 뿐 아니라 실제성이 지니지 못한 그 나름의 미덕을 지니고 있기 때문이다. 그 미덕은 허구적 이야기의 그것에 비견 가능하다. 인류가 태고 이래로 쉽고 재미있는 허구적 이야기를 통해서 가치를 전승해 온 것처럼, 우리는 잘 기획된 가상 활동을 통해서 국어교육적 가치를 더욱 잘 실현할 수 있다. 이 미덕을 '허구적 진실'에 빗대어 '가상적 효용'이라 부를 수 있지 않을까.

┃이 글은 『독서연구』 28집에 같은 제목으로 실린 것을 수정한 것이다.

참고문헌

강명희·김나리(1999), 「학습과제의 실제성 인식 수준에 따른 학습동기와 성취도 변화」, 『교육공학연구』 15, 한국교육공학회, 25-42면.

강명희·윤희정·김지심·김혜선(2008), 「웹기반 프로젝트 학습에서 학습실제성, 학습동기, 성취도 간의 관계 규명」, 『교육공학연구』 24-3, 한국교육공학회, 23-51면.

김명순(2008), 「학교 독서 문화의 진단과 이해」, 『국어교육학연구』 33, 국어교육학회, 103-141면.

김종태·정재림(2011), 「셀픽션의 서사 구조와 서사 방법에 관한 연구」, 『한국문예비평연구』 36, 한국현대문예비평학회, 7-27면.

김혜련(2003), 「픽션의 역설과 인지주의 감성론」, 『미학』 35, 한국미학회, 109-150면.

박민신(2008), 「한국어 듣기 평가 텍스트의 진정성 연구―대화형 텍스트의 상호작용적 측면을 중심으로」, 『한국어교육』 19-1, 국제한국어교육학회, 1-20면.

박진숙(2010), 「교양교육으로서의 대학 글쓰기 교육의 의미―가상 글쓰기를 중심으로」, 『작문연구』 11, 한국작문학회, 263-283면.

서상문(2010), 「교육과정/교육현상의 구성을 위한 Recoeur 이야기의 교육해석학」, 『교육철학』 41, 한국교육철학회, 301-347면.

신은수·강의정(2003), 「사회극 놀이에서의 가작화 수준에 따른 의사소통전략 연구」, 『사회과학연구』 9, 덕성여대사회과학연구소, 147-170면.

우형식(2011), 「한국어 읽기 텍스트의 실제성과 단순화에 대한 반성적 접근」, 『우리말연구』 28, 우리말학회, 285-314면.

이성영(2001), 「구성주의적 읽기 교육의 방향」, 『한국초등국어교육』 18, 한국초등국어교육학회, 57-79면.

이성영(2010), 「초등 읽기 지도의 한 방안 : '처럼읽기'를 중심으로」, 『독서연구』 23,

한국독서학회, 229-256면.

이영자·오진희(2008), 「유아의 어휘력, 읽기 발달, 이야기 이해 능력과 가상적 내러티브 발달 수준과의 관계」, 『유아교육학논집』 12-6, 한국영유아교원교육학회, 103-125면.

이재승(2005), 「총체적 언어 교육에 대한 몇 가지 오해」, 『청람어문교육』 30, 청람어문교육학회, 125-147면.

전은주(2011), 「한국어 말하기·듣기 교육에서 '실제성 원리'의 적용 층위와 내용」, 『새국어교육』 89, 한국국어교육학회, 553-575면.

조희정(2007), 「가상 맥락을 도입한 글쓰기 교육 연구」, 『국어교육학연구』 30, 국어교육학회, 501-537면.

지성애·정현주·이영선·박유영(2007), 「유치원과 초등학교에서의 역할놀이 현장 활용 비교」, 『유아교육연구』 27-1, 한국유아교육학회, 405-430면.

지현숙(2009), 「실세계 접근을 통한 학문 목적 한국어 듣기 교재의 설계 방안」, 『우리어문연구』 33, 우리어문학회, 583-614면.

천경록(1997), 「읽기 교재의 수정 방안에 관한 연구」, 한국교원대학교 박사학위 논문.

홍후조(2002), 「학습의 실제성 증진과 프로젝트 학습 : 간접·가상 경험과 직접·실제 경험의 효과적인 연계 방식으로서 프로젝트 학습」, 『교육과정연구』 20-1, 한국교육과정학회, 155-182면.

Gulikers, J. T. M., Bastiaens, T. j. & Martens, R. J.(2005), The Surplus value of an authentic learning environment. *Computers in Human Behavior,* 21, pp. 509-521.

Herrington, J. & Oliver, R.(2000), An instructional design framework for authentic learning environments. *Educational Technology, Research and Development,* 48(3), pp. 23-48.

Richards, J. C., John, J. & Platt, H.(1992), *Dictionary of Language Teaching and Applied Linguistics,* Longman Group LTD.

Vacca, R. T. & Vacca, J. A. L.(2008), *Content Area Reading : Literacy and learning Across the Curriculum(9th).* Allyn & Bacon.

Woo, Y., Herrington, J., Agostinho, S. & Reeves, T. C.(2007), Implementing authentic tasks in web-based learning environments. *EDUCAUSE Quarterly,* 30(3), pp. 36-43.

사회적 소통을 위한 국어교육

정재찬

1. 들어가며

이 글은 다음의 두 가지를 목적으로 한다. 첫째, 사회적 소통과 관련하여 언어는 어떤 존재로 보아야 하는지를 밝히고 그로부터 국어과교육과 사회과교육이 어떤 시사와 함의를 얻을지 논해 보는 것이 그 하나. 이를 위해 국어과와 사회과가 공유하는 특성 가운데 비판적 사고력의 신장과 언어문화의 사회문화적 의미를 살피는 데에 초점을 두고자 한다.

다른 하나는, 그러므로 그 바람직한 사회적 소통을 위하여 국어과교육과 사회과교육이 어떻게 연대할 수 있을지 그 방향지(方向知)를 밝혀 보는 것. 이를 위해 국어과교육의 도구적 가치를 재개념화해 본 다음, 연대의 축을 국어교육으로 삼아 국어를 통한 교육, 국어와 함께 하는 교육의 견지에서 사회과교육과의 접합을 시도해 보고자 한다.

이 두 가지 목적을 해결하는 과정에서 언어는 의사소통의 도구이므로 사회적 소통과 밀접하게 연관된다는 식의 견해, 혹은 기능주의적 접근에 관해서는 상식적으로 취급하거나 아예 생략하고 논의를 진행하였다. 기능적 측면에서만 보자면, 소통만 잘 되면 언어에는 아무 문제가 없는 것이 되기 때문이다. 한국인이라면, 가령 '남자'란 단어의 뜻이 무엇인지 알기 위해 굳이 사전을 찾아보아야 할 필요는 없을 것이다. 적어도 우리는 그것이 '여자'의 상대어라는 것만 알면 족한 법이다. '여자'란 어휘 역시 '남자'라는 상대어를 통해 그 의미를 갖게 됨은 물론이다. 하지만 '남자'의 의미를 '여자'의 상대어, 곧 대등적인 관계에서 단지 의미만 대립하는 것으로 이해하는 것은 생물학적으로는 옳을지 몰라도 우리의 언어 현실의 구체적 맥락으로 볼 때는 반드시 그렇지만은 않다. 우리의 언어현실로 보면, "남자니까 네가 참아라."는 말과 "여자니까 네가 참아라."는 말은 그 내포가 현저히 다르다. 전자가 "남자는 우월한 존재이니 그 만한 일은 참아야 한다."
는 의미, 곧 참으면 더 좋다는 의미를 함축하고 있다면, 후자는 "여자는 열
등한 존재이니 무조건 참아야 한다."는 의미, 곧 참지 않으면 안 된다는 당
위의 의미를 깔고 있기 때문이다. 이러한 현실이 과연 옳으나 그르냐 하는
것이 아니라 단지 소통의 기능성만 문제 삼는 것이라면 우리의 논의는 더
이상 전개할 필요가 없어진다. 하지만 우리가 바라는 것은 사회적 소통의
바람직한 모습이다.

아직까지도 '여교수'라는 말은 있어도 '남교수'란 말은 없다. '여류 작가'
는 있어도 '남류 작가'는 없다. 남성 우위의 시대에서 교수나 작가는 대부
분이 남자들이었기 때문이다. 그러나 요즘은 '여교수'나 '여류 작가'란 말이
사라지는 추세이다. '간호원'이나 '운전수'란 명칭이 그들의 의식적 노력의
결과로 '간호사', '운전기사'로 바뀌게 된 사실도 같은 예에 속한다. 만일
이 같은 의식적이며 의도적인 노력 일체를 불가능하고 무의미한 것으로
돌린다면, 국어 순화 운동 역시 설자리를 잃을 것이다. 언어의 사회성이 반
드시 언어의 사회적 존재 구속성, 곧 언어의 불가역성(不可易性)만을 의미하
는 것은 아니다. 언어는 사회를 바꾸기 때문에 사회적인 것이기도 한 것이
다. 이 글은 이런 시각에서 출발한다.

2. 사회적 소통을 위한 국어교육

1) 언어와 비판적 사고

> **# 사례 1 : 언어는 투명하지 않다.**

<보기>는 일본어의 잔재인 ⓐ <u>잔업</u>을 ⓑ <u>시간 외 일</u>로 순화해야 하는 이유를 밝힌 글이다. <보기>와 같은 관점이 적용된 것은?

> ───── < 보기 > ─────
>
> '잔업(殘業)'을 글자 뜻 그대로 '남은 일'로 바꾸게 되면, 노동자가 근무 시간 안에 해야 할 일을 다하지 못했다는 의미를 함축하게 된다. 그러나 '잔업'은 노동자의 처지에서 볼 때 사실상 초과 근무를 뜻하기 때문에 '시간 외 일'로 바꾸어 쓰는 것이 바람직하다.

① 스탕달의 소설 제목 『적과 흑』은 일본식 번역이므로 『적색과 흑색』이라고 번역하는 것이 옳다.

② '한 해를 잊는다.'는 뜻의 '망년회(忘年會)'보다는 '한 해를 보낸다.'는 뜻의 '송년회(送年會)'로 바꾸는 것이 바람직하다.

③ '동학란'은 민중들의 저항을 반란으로 본 지배층의 시각을 반영한 것이므로 '동학 농민 운동'이라 부르는 것이 바람직하다.

④ 모차르트의 오페라 제목 『마적(魔笛)』은 '말 탄 도적 떼'인 '마적(馬賊)'으로 오해할 가능성이 높으므로 『요술 피리』로 바꾸는 것이 좋다.

⑤ '엑기스'는 '뽑아내다'는 뜻의 네덜란드어 'extract'에서 일본인들이 'ex-'만 취하여 '에키스'라고 부르는 데 연유한 것이므로 '진액(津液)'이라고 바꾸어 쓰는 것이 옳다.

위의 문항은 2003년도 대학수학능력시험 모의고사 언어영역에서 실제로 출제된 것이다. 이 문제는 일본어의 잔재로 알려진 '잔업'이란 단어를 순화하는 과정에서 '남은 일'이라는 순수 우리말 대신 굳이 '시간 외 일'로 바꾼 이유를 추론하고 이러한 관점을 다른 상황에 유추 적용할 수 있는 능력을 요구하는 문제이다. 물론 정답은 ③이다.

그런데 이 문제를 풀기 위해 동원한 당신의 사고는 과연 어떤 것인가? 언어적 사고인가, 사회적 사고인가? 아니, 이런 구분이 가능하기는 한 것인가? 일반적으로 이를 비판적 사고라 이름 하거니와, 이는 국어과와 사회과 교육과정 양자 모두에, 그것도 매우 비중 있게 등장하는 용어임에 주목할 필요가 있다.[1] '잔업'과 '시간 외 일', '동학란'과 '동학 농민 운동'이라는 단어의 의미와 뉘앙스의 차이를 모르면 답할 수 없고, 반면에 그것의 사회적 의미를 제대로 이해하지 못하면 문제의 의도조차 알 수 없게 된다. 아닌 게 아니라 이런 문제는 사회과에서 출제해도 그 나름대로의 의미를 지니지 않을까 싶기도 하다. 이것은 단순한 용어의 문제가 아니기 때문이다. 국어과와 사회과 어느 쪽이든 이렇듯 어휘 차원에서조차 비판적 사고가 요구되는 것은 그만큼 언어가 투명하지 않은 데에 기인한다.

(1) 함축적 의미의 추론과 비판

페쇠(Michel Pêcheux)에 따르면 언어 체계가 동일하다 하여 모든 사람들이 그것을 동일한 방식으로 사용하는 것은 아니며 각기 다른 종류의 담론을 가질 수 있다고 한다.[2] 그러니까 여기서 말하는 담론이란 동일한 언어 체계를 서로 다르게 사용하는 방식을 일컫는다. 예컨대 '자유'라는 단어를

---

1 사회과교육은 사고력을 강조해 온 긴 전통이 있다. 사회과교육 도입기부터 듀이의 반성적 사고력이 강조되었으며, 제 3차 교육과정기부터는 탐구와 합리적 의사결정 능력이 강조되었고, 최근에는 고급 사고력(high-order thinking)인 비판적 사고, 창의적 사고, 문제해결력, 의사결정력, 메타 인지 등이 강조되고 있다. 차경수(2000) 참조.
2 페쇠에 관한 소개로는 다이안 맥도넬(1992) 및 로잘린드 코워드·존 엘리스(1994)를 참고할 것.

1부 국어교육의 본질에 관하여

놓고 보면 이 단어는 부르주아나 프롤레타리아에게나 동일한 언어 기호로서 주어지지만 그것을 사용하는 입장에 따라 전자에게는 '착취의 자유'를, 후자에게는 '노조 결성의 자유'를 의미할 수 있다는 것이다(강내희, 1992: 33). 이 말은 곧, 언어는 원래 의미를 갖고 있지 않으며 담론이 의미를 생산한다는 말이 되기도 한다. 언어 기호가 그것을 사용하는 사람의 입장에 따라 의미가 결정된다면 언어 기호에는 원래 고정된 의미라는 것이 없다는 말이 되기 때문이다.[3]

같은 단어가 다른 함축을 낳는 것과 마찬가지로, 동일한 사안에 대해 단어를 달리 하는 경우도 있다. 앞의 사례처럼 '동학 농민 운동'을 '동학란'이라 불렀던 시절도 있었고, '광주 민주화 운동'의 초기 명명이 '광주 사태'이었음을 생각해 보면 된다. '유신(維新)'이 결코 '새로운' 시대가 아니었고, '정의 사회'가 전혀 정의롭지 않았으며, '보통 사람'이 전혀 보통 사람이 아니었음 또한 이제는 안다.

문제는 단지 이와 같은 단어의 의미 차이에 그치지 않는다. 예를 들어 한 '자유주의' 국가의 정치 지도자가 우리에게 "자유세계를 수호하기 위해서는 가공할 핵무기의 위력이 필요하다고 생각하지 않으십니까?"라는 질

---

3 이러한 예는 무수히 들 수 있다. '자유'의 예를 들었지만, 그것이 비단 부르주아와 프롤레타리아 집단 사이에서만 차이가 발생하는 것이 아니다. 사전적 정의에 따르면 자유주의자(libera)란 "민주적 개혁과 특권 폐지에 찬성하는 사람"이다. 그러나 지난 날 남아프리카에서 자유주의란 필시 정치 선동가라는 함축을 갖는 것이었다. 이에 반해 영국에서 정치적 성분이 급진적 좌파에 속하는 사람은 이를 무력한 온건파라고 제쳐버릴 것이다. '민주적(Democratic)'과 같은 단어도 마찬가지이다. 대립적인 두 정치 체제에서는 서로들 자기네 체제가 민주적이고 상대편 체제가 비민주적이라고 주장할 것이다. 비교적 객관적인 의미를 품고 있을 듯한 단어도 이러하므로, '미국인' 같은 단어가 집단의 문화에 따라 다르게 비치리라는 것은 전혀 이상할 리 없다. 즉 '미국인'이라 하면 미국에서 태어났거나 자라났고 미국 국적을 가진 사람임에 분명하지만 그 감정적인 내포 의미는 각자의 경험에 따라 다른 연상을 낳는다. 아마도 한 편의 연상은 "미국인들은 뻔뻔스럽고 거만하고 물질주의적"이라 하고 다른 한 편의 연상은 "미국인들은 마음이 트이고 너그럽고 공평하며 사무적"이라고 할 것이다(제프리 리이취, 1990: 18).

문을 제기했다고 가정해 보자. 이 말에는 은밀한 전제가 깔려 있는데, 그것은 곧 자유롭지 않은 세계로부터 위협을 받는 '자유세계'라는 것이 존재한다는 것, 그리고 그들의 세계가 유일한 '자유세계'라는 것이다(올리비에 르불, 1994: 33-34). 그런데 일반적으로 우리는 이러한 숨어 있는 전제에 민감하지 못하다. 단순한 언어적 표현이나 이해가 아니라 거기에 깔린 사고를 문제 삼는 한, 언어교육에서 이데올로기의 문제를 지나칠 수 없는 까닭이 여기에 있다.

예컨대 또 다음과 같은 문장을 생각해 보라. "나폴레옹은 오른쪽 진에 위험이 있음을 알아차리고 자신의 부대를 적진을 향해 이끌었다." 이 문장에는 두 가지의 사유가 들어 있다. 하나는 나폴레옹이 오른쪽 진에 위험이 있음을 알아차렸다는 것이고 다른 하나는 나폴레옹이 자신의 부대를 이끌고 적진을 향했다는 것이다. 그런데 이 두 사유만으로는 이 문장은 제대로 이해되지 않는다. 나폴레옹이 위험을 알아차린 것과 그가 군대를 진격시킨 것 사이의 관계를 만들어 주는 그 무엇이 개입해야 이해가 가능하기 때문이다. 이 지점에서 이데올로기가 작동한다. 이 문장에는 다른 사람이 아닌 나폴레옹이 주어로 나온다. 이는 곧 이 문장의 의미 구성에서 보통 군인이 아닌 영웅 나폴레옹에 대한 선입견이 작용하고 있음을 의미한다. 그래서 이 문장은 나폴레옹 정도 되는 영웅은 자기 군대에 위험이 닥치는 것을 보면 그것에 대처해서 당연히 군대를 진격시킬 것이라는 관념이 작용하고 있는 것이다. 이런 것은 문장 외부의 판단이 문장에 들어와서 의미를 규정하고 있다는 것을 보여주는 예이다(강내희, 1992: 39). 따라서 이런 문장의 문법적 구조나 표면적 의미만 문제 삼는 것으로 국어과 교육이 제 소임을 다했다고 할 수는 없는 것이다. 그 이면을 가르치는 것은 결코 언어 외적인 것을 가르치는 것이 아니다. 그것이야말로 언어를 가르치는 것이다.

(2) 문법 형식의 의미 추론과 비판

실제로 문장의 형식 자체가 이데올로기를 함축할 때도 있다. 우리는 흔히 영어에서 피동문을 능동문으로 바꾸는 일이, 의미는 동일하고 형태만 바꾸는 수준의 기계적인 활동으로 배우곤 했지만 실제는 그렇지 않은 경우가 허다하다. 가령 미국의 신문에서 기사의 표제를 "소요 흑인들 경찰에 의해 사살"이라고 뽑았다 가정해 보자. 일단 단어의 차원에서 볼 때, '소요'라는 단어의 선택은 결국 경찰의 개입을 정당화하는 서술에 기여하게 된다. 소요란 일종의 치안 교란 행위이고 이에 대해서는 경찰의 행동이 당위적으로 요청되기 때문이다. 그러나 핵심적 기제는 단어보다 문장 형식의 선택에 있다. 수동태를 씀으로써 살해 행위의 의미론적 주체인 경찰은 초점에서 멀어지고 소요 사태만이 부각되기 때문이다. 즉 경찰이 사살했다는 사태보다 소요 사태의 심각성이 더 부각되는 것이고, 소요인 이상 경찰의 개입은 정당화되는 것이다(토니 트리우, 1993: 239-240).

우리의 경우, 심지어는 조사(助詞) 하나의 차이가 엄청난 차이를 불러올 때가 있다. 공무원의 봉급 체계를 다루는 기사에서 고위직과 하위직의 급여 차이를 놓고 당시 신문 기사의 표제는 "3배밖에 차이 안 나"로 뽑혀 있었다. 보는 이의 관점과 이해관계에 따라 그것은 "3배나 차이 나"로 진술될 수도 있는 것이었다. 위정자들이 즐겨 사용하는 소위 끝자리 수 정책이나 광고문의 경우는 그렇다 하더라도, 이는 신문 기사조차도 사실의 문제가 아니라 해석의 문제임을 보여주는 예라 하겠다.4 이러한 시각에서 지금

---

4 이와 관련하여 최인자(2001)의 연구는 흥미롭다. 그는 '씨랜드 화재 사건'을 다룬 당시 KBS와 MBC 뉴스 보도의 담론을 비교 분석하면서 이 문제와 관련한 다양한 시사점을 제공해 주고 있다. 또 텔레비전 드라마 <아줌마>에 나오는 작중 인물의 스피치 패턴을 분석하면서 '정체성'의 문제를 다루고 있는데 이러한 연구물들은 사회과 교육에도 직접적으로 원용될 수 있을 것

당장이라도 눈앞의 신문을 펼치고 이러한 예들을 찾아보라. 그다지 어렵지 않게 발견할 수 있을 것이다. 이렇기 때문에 이른바 NIE는 국어시간과 사회시간을 통합해 주는 좋은 예가 된다.

(3) 문학적 수사(修辭)의 추론과 비판

한편 바흐친은 형식주의자들과는 달리 문학과 문학외적인 담론의 총체를 구분하는 것에 반대하였다. 문학어와 일상어 사이에 분명한 경계는 없다. 그것들은 기호라는 점에서 모두 동일하다. 문학어 역시 개인적인 언어가 아니다.

은유를 예로 들어 보자. 과거에 은유는 종종 언어의 표현적 기능이라는 측면에서만 연구되었다. 그러나 이제 그것은 말의 본질적인 조건 중의 하나로 이해되고 있다. 데리다의 차연의 예에서 보듯, 모든 언어는 어떤 종류의 실재에서 다른 종류의 것으로 옮겨감으로써 작용한다. 따라서 언어는 본질적으로 은유인 것이다.

흔히들 과학 언어는 은유적이지 않다고 하지만, 은유적 표현은 언어 자체에 뿌리내리고 있다. 예를 들어 우리는 습관적으로 '위아래'라는 용어를 사용하여 친족 간이나 조직 사회에서 그 구성원의 관계를 표현하지만 이것은 바로 인간관계를 공간에 비유한 것이다. 은유는 이처럼 우리의 말에 너무 밀접하게 잠재되어 있기 때문에 우리는 그것이 은유인지조차도 망각해 버리기 쉽다. 은유는 속담이나 격언에서도 자주 발견된다. 예컨대 "시간은 돈이다."와 같은 말을 생각해 보자. 이것이 인간이 시간을 개념 지을 수 있는 유일한 방법인 것만은 아니다. 이런 것들은 단지 우리 문화의 산물일

이다.

뿐이다. 시간이 이러한 것들로 비유되지 않았던 문화도 있었다(마단 사럽, 1991: 41). 하지만 이러한 사실을 알아차리기란 쉽지 않은 법이다. 정치, 경제는 물론, 상업적 광고에서도 이런 은유는 강력하게 작동하고 있다. 광고에서 사용되는 성적(性的) 은유는 그 대표적인 예이다.

이처럼 은유는 가장 시적이며 그래서 가장 위험한 것이 된다(올리비에 르불, 1994: 154). 은유는 아무런 역할을 하지 않는 단순한 미사여구가 아니다. 언어의 수사학적 내지 자의식적 사용은 현실로부터 분리되어 있는 것이 아니라 현실을 구성하는 것이다. 은유의 힘은 오히려 직설법 이상의 힘을 갖는다. 짐짓 아무렇지도 않게 은유를 담화에 이끌어 들이면서 사실은 아무런 증명이나 설명도 필요로 하지 않는 힘을 갖게 되는 것이다. 은유는 상당한 정도까지 우리가 상상할 수 있는 범위를 규정해 주고, 사물을 어떻게 상상하는가에 영향을 미치며, 세계관을 형성 유지하게 해 준다.

이른바 완곡어법에 대해서도 이와 유사한 설명이 가능하다. 이는 동일한 지시물에 대한 의미 연상을 변화시키고자 하는 방법 가운데 하나이다. 시니피에는 동일함에도 이 완곡어법에 의해 대치된 시니피앙은 언어적 금기에 해당하는 것들이다. 성·신체·생리 현상·죽음·질병·범죄와 같은 화제를 다룰 때에도 불유쾌한 연상들이 피할 수 없이 따른다.

그러나 그러한 영역에서만 완곡어법이 쓰이는 것은 아니다. 사회적이고 정치적인 주제에서도 즐겨 사용되는 것이다. 전쟁에서의 패퇴를 '작전상 후퇴'라 일컫는 것도 완곡어법이며, 실질적인 회담의 결렬을 일컬어 "의견이 다름에 일치했다."라는 식의 표현도 그러하며, '감옥'에서 '형무소'를 거쳐 '교도소'에 이른 과정에도 완곡어법이 작용하고 있다. 집단수용소(con-centration camp)도 원래는 완곡어법이었으며, 후진국(backward), 미개국(undeveloped)이니 하던 말이 개발도상국(developing countries), 저개발국(less developed countries)이라고 하게 된 과정에도 마찬가지로 완곡어법이 작용하고 있다. 실제로 알제리 전쟁 기간 동안 프랑스의 공식 담화는 전쟁이라는 단어를 사용하기 꺼렸다. 전쟁이라는 단어는 알제리가 하나의 국가라는 것을 의미하는 것이었고, 이렇게 되면 프랑스가 싸워 지키고자 하는 원칙 자체를 저버리게 되는 것이기 때문이었다(올리비에 르불, 1994: 79). 우리가 6·25를 우리 스스로 한국 '전쟁'이라 표현하길 꺼리게 됨도 같은 사연이라 할 수 있다.

완곡어법은 사물의 성질상 완화제이지 치료제는 아니다. 단어의 불쾌한 함축은 결국 단어 자체가 아니라 그 단어가 가리키는 대상의 탓이다. 그러므로 본래의 말을 바꿔치는 완곡 표현은 어차피 똑같이 지저분해지고 그래서 대체된 시니피앙은 자주 다른 시니피앙으로 바뀌게 된다. 그렇기 때문에 변소를 가리키는 완곡어법이 그렇게도 많은 것이다. 이처럼 완곡어법은 일종의 주술적 방법이라 할 수 있다. 즉 그것은 사람들 사이에 친교적 기능을 발휘하는 한편으로 무언가를 언어의 힘에 의해 왜곡시키고 은폐시키고자 하는 기능을 행하고 있는 것이다. 말할 것도 없이 그것은 정치적이고 신화적이다.

이러한 수사(修辭)의 힘은 전통적으로 정치와 외교에서 극적으로 구사되어 왔다. 일본이 우리에게 과거사(過去事)를 사과하는 의미로 사용한 '통석(痛惜)의 염(念)'이 바로 그 같은 경우이다. 우리에게 그 한자어는 뼈저린 반성을 의미하지만 일본인에게는 그저 애석하다는 정도를 의미하는바, 이는 적어도 일본의 입장에서는 대내외의 딜레마를 해결하는 묘책이 되었을 것이다.

이처럼 언어란 의사소통의 단순한 도구—망치처럼 공구함에 얌전히 들어 있는, 누구나 공평히 쓸 수 있는, 가치중립적인 도구—에 지나지 않는 것이 결코 아니다.[5] 언어는 주체가 사용하는 도구에 지나지 않는 것이 아니라 주체를 형성하기도 하는 것이기 때문이다.

하지만 필자 세대의 경우 이러한 것들을 고등학교 시절까지 학교에서 배워 본 적이 전혀 없었던 것 같다. 국어 시간에는 교과서만 나가느라 바빴고, 사회 시간이나 역사 시간에는 교사와 교과서에 의해 정리된 사실 (fact)을 사실로만 배웠지 그것이 해석인 줄은 몰랐으며 그 원전에 해당하는 텍스트를 직접 다루어 본 적도 없기 때문이다. 역사로 말하자면, 삼국유사를 본 적이 없고, 조선왕조실록을 읽은 적이 없으며, 일제 강점기 하의 신문 기사를 다룬 적이 없다. 기미 독립 선언문은 국어 시간에, 그것도 온갖 주석으로 가득 채워 억지로 읽었을 뿐이다. 역사 시간에는 역사적 사실 (해석)만 있고 텍스트 분석이 없었고, 국어 시간에는 텍스트 분석만 있고 역사적 사실은 없었다.

(4) 담론 분석과 비판적 사고

이상에서 살펴보았듯이, 자명한 담론이란 없다. 말이나 글로 실현된 언어인 담론은 그 자체가 이미 하나의 해석이다. 따라서 담론 분석을 한다는 것은 해석에 대한 해석을 하게 되는 것이며 이미 해석된 것을 재해석하는 것이다.

---

5 이 문장의 문장 형식도 주목을 요한다. 이 문장은 이중부정문이다. 이중부정은 강한 긍정으로 알려져 있다. 그러나 그것은 지나치게 형식적이고 탈맥락적이다. 이 형식이 정치적 수사로 쓰일 경우에는 오히려 초점을 흐리는 형식적 장치가 될 수 있다. 미국의 Cheney 부통령이 사냥을 가서 오발 사고로 친구를 다치게 한 일이 있었다. 부통령의 advisor인 Mary Matalin은 이렇게 말했다. "He was not careless or incautious (and did not) violate of any of the (rules). He didn't do anything he wasn't supposed to do." 모두 부정의 부정에 관한 표현인데 이에 관한 논란이 많았다. 두루뭉술하게 말함으로써 혼란을 가중시키는 책임회피의 정치적 수사요, 문법적으로도 맞지 않는다는 것이었다. 임귀열(2006) 참조.

그런데 담론 분석을 하기 위해서는 사회 분석의 차원이 요구된다. 물론 이 둘은 상호의존적이고 복합적인 것이어서 이러한 구분은 개념의 이해를 위한 것이지 계기적으로 분리된 단계로 이해될 수는 없다. 쉽게 말해 사회 분석 없이 담론 분석 없고 그 역도 참인바, 바로 이 지점에서 비판적 사고 능력 신장을 위한 국어과교육과 사회과교육이 서로 만나게 된다.

사회 분석의 차원에는 먼저 행위의 수준, 다음으로 제도의 수준, 구조의 수준 등이 존재한다.[6] 행위의 수준이란 행위자들이 자기 목적을 추구하는 행위와 상호 작용의 맥락을 식별하는 것을 위미한다. 행위와 말의 실현은 상황에 따라 달라지므로 행위와 상호 작용의 시 공간적 맥락을 파악하고 분석하는 것이 제일 먼저 요구되는 것이다. 두 번째 수준은 제도와 관련된다. 제도는 행위와 상호작용의 상대적으로 안정된 틀을 이룬다. 이러한 제도의 조직적 측면과 시공간적 특성에 따라 제도들을 재구성하는 일, 가령 대중 매체의 제도를 분석하는 일 등이 이 단계에 해당한다. 세 번째 수준은 제도 자체가 아니라 제도들을 조건짓거나 구성하는 구조적 요소들과 관련된다. 구조적 요소들의 재구성은 사회 분석의 핵심적 차원이다.

담론 분석에도 몇 가지 수준이 있다. 첫째는 어떤 논리를 드러내는 이야기(narrative)에 초점을 두는 것이다. 어떤 현상을 미화하고 정당화하려는 줄거리들이 이야기 속에 어떻게 담겨 있는지 추출하고 분석해 내는 것이다. 이 이데올로기 분석은 공식적인 정치 담론의 신화들만이 아니라 일상생활의 이야기, 스포츠 선수의 성공담 등에도 적용될 수 있다. 둘째는 담론의 논쟁적 구조와 관련된다. 담론 분석을 통해 해당 담론 속의 은폐된 모순과 불일치, 불리한 것은 묵살하고 자기에게 유리한 것만 끌어내는 등 그 논리

---

6 이하 사회 분석과 담론 분석은 이병혁(1998)을 정리한 것임.

적 구조와 설득적 구조를 파헤치는 것이다. 셋째는 구문론적 구조에 초점을 맞추는 것이다. 즉 일련의 문법적 수사적 형식적 장치들의 의미화 실천을 분석해 내는 것이 이에 해당한다.

가령 국어나 사회 수업 시간에 새만금 간척 사업이라든지, 사형제도 폐지라든지, 자립형 사립고 문제라든지 하는 것을 쟁점으로 토론 수업을 한다고 하자.[7] 이러한 쟁점에 대해 시공간적 맥락을 초월해 오로지 논리적으로만 접근하는 것은 타당하지 않다. 김왕근(1993)이 비판한 것처럼, 사회과 교육에서 강조하고 있는 듀이의 반성적 사고, 세이버의 법리 모형, 뱅크스의 의사결정 모형, 그리고 넬슨의 사고 과정 모형 등은 사고 내지 합리성이라는 일종의 능력을 전제하여 그에 대응하는 어떤 한정적인 활동이나 내용이 아니라 일반 능력을 추구하며, 따라서 형식 자체에 매달린 나머지, 형식을 위한 형식을 추구하는 형식 관심에 치우치게 된다. 그래서 이러한 형식적 탈맥락적 사고에는 이른바 '주지주의의 신화'가 내포되어 있어 실천적 사고와는 괴리가 존재하게 된다(박상준, 2002)는 지적이 나오게 된다.[8] 물론 국어과의 토론 수업도 이와 다를 리 없다.

그러므로 새만금 간척 사업을 단순히 개발 대 환경의 문제로 다룰 것이 아니라 그 구체적인 맥락, 그곳에 사는 사람과 살지 않는 사람들의 이해관계, 시대에 따른 정치권의 권력 구도 변화, 매스컴 보도의 위상, 언론 기관의 이해관계, 등등 다양한 사회적 층위를 분석하고, 아울러 정치인, 환경단체, 일반시민의 다양한 담론 텍스트와 보도문, 신문사설, 텔레비전 토론 등

---

7 실제로 이 주제들은 이순재(2003)에서 다룬 쟁점들이다. 하지만 이 논문은 쟁점 수업 모형이 강의 수업 모형보다 비판적 사고력 신장에 효율적이라는 것을 통계적으로 입증하는 것이 주목적이어서 그 구체적인 토론 과정에 관한 질적인 접근은 이루어지지 않았다.
8 이러한 반성에서 장원순(2003)이 담론적 합리성에 주목한 것은 의미 있는 시도로 보인다.

의 담론 텍스트를 분석하는 일이 요구된다 하겠다. 어떻게 어떤 수준으로 접근하게 할 것인가 하는 문제는 현장의 과제로 넘기겠거니와, 여기서는 다만 국어과든 사회과든 비판적 사고가 결여된 상태에서 사회적 의사소통 기능의 신장이란 허위, 왜곡, 허구, 기만을 가져올 우려도 있다는 것, 따라서 올바른 사회적 소통을 위해서도 국어과의 텍스트 및 담론 분석 전통과 사회과의 사회 분석 전통이 한데 어울릴 수 있는 방안을 진지하게 모색해야 한다는 것을 재삼 강조하고자 할 따름이다. 이는 결국 국어과와 사회과 모두 함께 지향하는 목표인 민주 시민 양성과 밀접한 연관이 있기 때문이다.

2) 언어문화와 사회문화

사례 2-1 : 말은 힘이다.

필자의 경험담 하나. 학부 시절 내내 가까이 지내던, 지금은 유력 일간지의 중견 기자로 있는, 전라도 출신 친구가 있었다. 졸업이 얼마 남지 않은 어느 날, 그 친구가 내게 매우 조심스럽게, 하지만 은근한 자부심이 담긴 목소리로, 이렇게 물었다.

"나 이제 사투리 거으 안 쓰지?"

정말 안쓰러웠다. '거으' 빼고는 거의 완벽했다. 하지만 난 그가 4년 동안 얼마나 애썼는지 잘 안다. 1980년대의 일이다.

반면에 문학을 전공하는 경상도 출신의 한 선배는 아직도 슬픔과 그리움을 모른다. 여전히 그는 '설펌'과 '거리움'을 노래할 뿐이다.

지금도 필자는 이것이 음성학, 혹은 방언학의 주제라기보다는 사회학적 주제라고 굳게 믿고 있다. 영남 방언의 특질 때문에 영남 출신 화자가 표준어를 구사하지 못한다는 견해는 부분적으로만 타당하다. 언어적 특질로만 따지자면 제주 방언을 따라갈 것이 없는데도 정작 제주 출신 화자들은 오히려 웬만한 서울 화자보다 표준어를 더 잘 구사하기 때문이다. 따라서 이것은 화자가 느끼는 표준어 구사 필요성의 절감 정도, 즉 방언이라는 소수 비주류 지방어 사용자가 다수 주류 서울말을 익혀야 할 필요의 절실함 정도에 비례한다고 보아야 한다. 적어도 1980년대까지만 해도, 영남 방언은 표준어에 버금가는 권력이 있었다. 특히 영남 남성 화자의 방언은 (이때까지만 해도 바람직한 의미로 쓰인) 남성성을 표상하기까지 했다. 정치적 경제적 문화적으로 영남 방언은, 적어도 호남 방언에 비해서는 그다지 꿀릴 일이 없었던 셈이다. 표준어의 주제는 역시 권력이다. '서울'의 권력이고, '교양'의 권력인 것이다.

사례 2-2 : 글은 힘이다.

프랑스 유학시절에 유명한 교수가 한 분 계셨다. 기호학을 강의했다. 옷이라곤 한 벌뿐인지 사시사철 같은 옷이었고 청색인지 흑색인지 분간키 어려운 바지엔 항상 분필가루가 허옇게 묻어 있었다. (…) 그리고 강의가 시작되면 "지난 시간에 이어서 오늘은 제2부 제3장 다섯 번째 문단부터입니다."하는 식으로 예고한다. 마치 무슨 인쇄된 교과서가 교수와 학생들의 눈앞에 펼쳐져 있어서 그 진도를 가리키는 것 같지만, 그것은 오직 교수 자신의 머릿속에만 있는 강의 내용의 총체적 질서에 따른 것일 뿐이었다. (…) 그 분은 약간 정신을 차려서 한 번 텍스트를 읽으면 한 페이지 정도는 통째로 사진처럼 기억 속에 찍어둘 수 있다고 해서 나를 절망시켰다.

그런데 어느 날 나는 그 교수의 집을 방문하게 되었다. (…) 현관에 들어서자마자 나는 눈이 뚱그레지고 말았다. 방에 놓인 침대, 서재의 책상과 의자를 위한 공간을 제외하고는 온 집안이 문자 그대로 책뿐이었다. (…) 더군다나 내 눈에 보이는 이 수많은 책들보다도 더 빽빽한 책들이 그 교수의 머릿속에도 가득 들어차 있을 것을 생각하니, 어서 이곳을 빠져나가야겠다는 생각이 위기의식처럼 다가들었다.

내가 처음으로 대학 강단에 섰을 무렵 이미 졸업이 가까운 나이 많은 학생이 하나 있었다. 그는 거의 학교에 나오지 않고 무슨 무역회사를 차려서 사업을 한다고 했다. "어제는 외국 바이어가 찾아와서 그 사람을 접대하느라고……" 운운하는 것이 긍지의 일부를 이루던 시절이었다. 그가 내게 찾아와서, 그 동안 강의에는 거의 나오지 못했지만 졸업이 다 되었으니 그냥 '레포트'만 내도록 하고 학점을 받을 수 없겠느냐고 간청했다. 나는 거절했다. 그래도 그는 다행히 졸업을 할 수 있었는지 사은회라는 데를 나왔다. 장래의 포부를 말하는 순서가 되자 그는 일어서서 말했다. 지금 하고 있는 사업에 기반이 잡히면 만년에는 사방의 벽을 가득 메우는 서가에 멋있는 불어책들을 가득히 꽂아 두고서 음악 같은 것을 들으며 지내고 싶다고 했다. 지금 그가 옛날의 꿈을 이루었는지 어떤지 그 뒤 아무 소식도 듣지 못했다.

— 김화영(1994)에서—

대개 이런 대비는 사태를 단순화하는 경향이 있다. 그리하여 프랑스와 근검절약과 독서의 미덕이 살고 한국과 졸부근성과 무교양의 악덕이 참담한 죽음을 맞이한다. 하지만 대비의 초점을 교수와 학생으로 삼으면, 그것도 주경야독하는 산업 근로 학생으로 삼으면 이 서사의 의미는 조금 변할 수 있다. 그 학생에 대한 애증(愛憎) 가운데 '증(憎)'은 변화할 게 없지만 '애(愛)'도 조금은 생겨난다는 뜻이다. 사업을 통해 괜찮은 사회적 지위를 획득하고서도 그는 왜 대학 졸업장이 필요했으며, 성공한 이후에도 그는 왜, 설령 폼이라 하더라도, 책과 음악 같은 교양으로 자신을 포장해야 한다고 여기는 걸까? 그 역시 교양이라는 상징적 폭력의 희생자는 아닐까? 물론 이 글에 깔린 교양주의와 인문주의 정신에 대해 필자가 어찌 모르겠는가만, 혹여 그 바닥의 또 바닥쯤에 혹시 상놈의 출세를 영 마땅해 하지 못하는 양반네의 심사 같은 것이 자리하고 있는 것은 아닌지 의심해 본다면, 그것은 또 필자의 지나친 폭력이 될까? 문자깨나 아는 것은, 아니 안다고 간주되는 것은 여전히 이 시대에도 요구되는 힘이요, 권력이다.

(1) 언어문화와 권력

이데올로기란 '자본주의', '공산주의'와 같은 거대한 담론에만 해당하는 것이 아니다. 정치적, 계급적, 성적, 인종적 이데올로기가 있는가 하면, 종교적, 교육적, 지역적 이데올로기 같은 것도 있다. 이데올로기는 우리의 사고 전반에 스며들어 있는 것이다.[9]

결국 이데올로기는 권력의 문제이다. 이데올로기는 말에 대하여 '의미'는 말할 것도 없고 '힘'까지도 부여한다. 그 힘이란 곧 정당화의 힘과 축출 또는 배제의 힘을 말하는 것이다. 이때 권력이란 것 역시 정치권력과 같은 것만을 말하는 것이 아니다. 대화 상대자 중에도 대화의 주도권을 쥐는 자가 담론의 권력을 행사한다. 교사와 학생, 의사와 환자, 변호사와 의뢰인의 관계에서는 늘 전항에 속하는 자들이 권력을 행사하게 마련이다. 권력은 숨어 있는 경우도 많다. 대중 매체의 담론은 그 대표적인 예가 된다.

언어는 진공 속에 있지 않으며 그러므로 투명하지 않음을 우리는 보았다. 바흐친의 관심은 개인주의와 거리가 멀다.[10] 물론 언어학이 사회 내의 기호를 연구하는 것이어야 한다는 소쉬르의 생각에는 동의한다. 그러나 기호의 속성이나 사회 내의 역할에 관한 논의에서는 상당 부분 그와 의견을 달리한다. 언어와 이데올로기를 개인의 의식에 자리매김하는 소쉬르의 개인주의적 접근에 반대하면서 바흐친은 어떠한 언어 행위도 전체 사회 내

---

9 이러한 예는 집단만이 아니라 한 개인의 사고 측면에서도 쉽게 발견된다. 굳이 이데올로기가 아니라 하더라도 언어가 스키마로 작동해 사고가 영향 받는 경우를 생각해 보면 된다. Robert J. Sternberg, Edward E. Smith(1992)를 참고할 것.
10 바흐친의 언어관에 대해서는 여홍상(1995) 및 이득재(1992)를 참고함.

의 물질적 기반으로부터 유래하는 것으로 파악되어야 한다는 언어관을 편다. 인간 개인의 의식은 지극히 사회적인 것이며 언어 행위를 통한 기호의 생성도 결국 개인과 다른 사회 구성원들 간의 교호 작용을 통한 결과로 보기 때문이다. 그래서 랑그와 파롤의 이분법적 구분조차 사회와 개인의 구분을 재생산하는 것에 지나지 않는 것으로 그는 이해된다.

사실 우리가 자아를 구축하는 것은 남의 이야기를 듣고 배우는 과정이라고 해도 별로 지나치지 않다. 우리 삶의 과정은 대화의 과정이다. 학교에서의 배움도 대화이며, 소설을 읽거나 텔레비전을 보는 것도 다 대화에 해당한다. 대화는 언어를 주고받는 행위이다. 그런데 언어가 곧 사고라면 대화는 사고를 나누는 행위이다. 그렇다면 우리의 성장은 결국 남의 이야기와 자신의 이야기가 서로 섞이는 상호 교차적인 대화의 과정인 셈이라 할 수 있다. 우리 자신 내부에서의 이데올로기적 발달이라 함은 이러한 다양한 제도에서 흘러나오는 여러 가지 가치나 관점 등이 우리 내부에서 패권을 확보하기 위해서 끊임없이 싸우는 과정의 결과라 볼 수 있는 것이다. 따라서 바흐친에 따르면 언어에 관한 연구는 궁극적으로 이데올로기에 관한 연구가 되며 역으로 이데올로기에 관한 연구의 영역은 결국 기호의 영역과 겹친다.

의미란 언어적인 형식에서 생성되는 것이 아니라 의사소통 행위, 곧 담론적 실천을 통해 발견되는 것이다. 담론들은 상호 경쟁한다. 바흐친이 말하는 다중언어성이란 특정 상황 하에서 다양한 담론들이 자신의 목소리를 얻기 위해 노력하는 담론적 실천을 의미한다. 언어가 점차 분화되어 전문 용어가 생기고 관료적인 뜻 모를 말들이 나타나는가 하면, 민중의 은어 등이 등장하여 서로 우위를 차지하려 경쟁하는 모습도 이에 해당한다. 이렇듯 다중언어란 다양한 여러 세계관, 이데올로기적 신념 체계, 사회적 경험을 규정짓는 양식 등이 존재함을 보여 주는 것이다. 바꾸어 말하면 하나의 언어 공동체는 하나의 언어를 공유하기는 하지만 다양한 사회분파들이 그 공동 언어를 다양하게 해석하고 이용하는 것이다.

나아가 언어를 통하지 않은 정치적 투쟁은 없다. 우리처럼 단일어가 통용되는 사회에서도 그러한 다중 언어적인 현상이 발생한다. 방언과 같은 언어적 차이는 말하는 사람의 사회 내의 위치를 상징하기도 하고, 때로는 그러한 위치를 만들어 주기도 한다. 또 페미니즘적 관점에서 보면 가부장적인 억압과 그에 대한 저항도 역시 언어를 통해 이루어진다. 억압은 일상의 대화에서, 환자를 대하는 의사의 거만한 말투에서, 생활 보호 대상자에 대한 공무원의 관료적인 어투에서, 공식적인 장소에서만 행해지는 직장 상사의 느닷없는 경어투에서 이루어지며, 그에 대한 저항도 거기에서 이루어진다.

이러한 관점에서는 표준어가 갖는 의미도 다르게 해석될 수 있다. 표준화 과정 자체는 다양한 기능을 수행한다. 그것은 다른 공동체들로부터 구성된 공동체를 분리시키는 동시에 더 큰 공동체 안에 개인과 집단을 통합시킨다. 그러므로 그것은 어떤 유형의 동일성 즉 지역적, 사회적, 종족적, 종교적 동일성 등을 반영하고 상징화하는 데 이용될 수 있다. 하지만 표준화란 어떤 기준에 의해 하나의 지방어를 선택하는 것을 뜻하는바, 그 기준 여하에 따라 다른 변이형, 다른 기준, 그리고 이러한 변이형을 사용하는 사람들을 약화시키게 된다. 그런데 선택된 기준은 결국 권력의 소유 및 권력의 부족과 관계가 있게 마련이다. 지배 세력과 관계있는 변이형이 선택되는 것은 어쩌면 자연스런 일이다. 표준화된 변이형들은 화자들에게 권위를 주도록 사용될 수 있으며, 그것을 사용하는 사람과 그렇지 않은 사람을 구별해 준다. 그러므로 표준화된 변이형은 그렇지 않은 사람들에게 언어 행위에 대한 일종의 목표로 사용될 수 있다. 문제는 태도이다. 강렬한 연대의식을 느끼는 집단은 기준을 설정하는 데 있어 커다란 언어학적 차이점을 기꺼이 극복하려고 하는 반면에, 이런 감정을 갖고 있지 않은 집단은 상대적으로 사소한 차이점을 극복할 수 없고 유일하게 선택된 그 변이형과 기준에도 동의할 수 없을 것이다. 그러나 그들의 동의 여부는 표준화 정책에 걸림돌이 되지 못한다.

표준어는 지방어만 제한하지는 않는다. 우리의 표준어 규정에 제시되어 있는 '교양 있는'은 계층이나 계급을 직접적으로 지시하지는 않지만 무관하지도 않아 보인다. 불행히도 필자는 우리 표준어와 계급 간의 관계에 관한 실증적 사회적 연구가 있는지 알지 못한다. 서구의 사례[11]를 우리에게 적용할 수 있을지의 여부에 대해서도 많이 주저하게 되는 것이 사실이다. 우리의 경우, 한편으로는 앞서의 사례에서 보인 것처럼 표준어의 권력을 현실적으로도 인정하지 않을 수 없지만, 방언 간의 차이도 별로 크지 않고,

---

11 외국의 연구 사례에 따르면, 가령 영국의 경우 표준화란 자본주의 사회의 출현과 결부된 경제적 정치적 및 문화적 통일이라는 훨씬 더 폭넓은 과정 가운데 하나로 보아야 한다. 표준화는 의사소통을 개선하는 직접적인 경제적 중요성을 갖고 있다. 그것은 또한 민족의식의 확립이란 측면에서 거대한 정치적 문화적 중요성을 갖는다. 민족 국가는 자본주의에 호의적인 체제이다. 실제로 표준 영어로 발전하게 된 사회적 방언은 중세 말기 런던의 상인 계급과 연관된 동중부(東中部)방언이었던 것이다. 이렇듯 표준화는 봉건주의로부터 자본주의로의 전환기에 있어서의 근대화, 혹은 중산 계급의 성장한 권력과 분리하여 생각할 수 없다. 표준 영어의 발전은 라틴어와 불어만이 아니라 '비표준적'인 사회적 방언들을 희생한 대가로 이루어졌다는 사실에 주목해야 하는 것이다(Fairclough, 1989: 56-57).

프랑스의 경우는 르네 발리바르가 라포르테와 함께 수행한 프랑스 어의 형성과정에 대한 연구에서 잘 드러난다. 발리바르는 민족어로서 프랑스 어가 등장하는 계기를 두 가지 측면에서 찾고 있다. 그 하나는 구체제의 담화 구성체들, 곧 귀족의 언어, 부르주아지의 언어, 일반 대중들의 언어라는 세 가지 이질적인 담화 구성체를 하나의 단일한 부르주아지의 언어로 재구성하고자 하는 시도 속에서 이루어졌다고 주장한다. 그리고 이러한 시도는 또 다른 계기인 군주제 시기의 다양한 유형의 학교를 부르주아지의 단일 학교로 만들어야 한다는 긴급한 요청 속에서 단일한 담화 구성체의 형성, 곧 민족어로서의 프랑스 어가 비로소 성립하기에 이른다. 즉 민족어의 부르주아적 관점에서의 통일이 이루어진 것이다(김상욱, 1996: 300-302).

1부 국어교육의 본질에 관하여

역대 대통령들이 표준어를 구사한 사례가 거의 없으며, 표준어 정책 자체도 그다지 엄격하지 않은 편으로 보이기 때문이다. 하지만 적어도 텔레비전 오락 프로그램이나 영화의 예에서 보듯 방언 사용자는 여전히 희화화의 대상이 되고 있는 것을 보면—그들은 언술 내용과 무관하게 언술 형식만으로도 웃음을 유발한다.— 우리도 지방성만이 아니라 계층성이 표준화에 반영되어 있음을 감지할 수 있다.

이제 우리 교육도 일상의 담론에 눈을 돌릴 필요가 있다. 사회과교육은 방언처럼 억압된 다양한 소수자의 목소리에 귀 기울여야 하고, 국어과교육은 그 목소리가 담긴 일상의 텍스트와 문학 텍스트를 제공해 주어야 한다. 사회적 소통이란 것도 문화의 소산이다. 우리 일상생활과 문화에서, 대중매체에서, 교사와 학생의 대화에서, 남성과 여성의 대화에서 권력이 어떻게 작동하며 어떻게 우리의 다양한 목소리들이 억압당하고 또 저항하는지에 대해 구체적이고도 실천적으로 우리 학생들이 탐구해 볼 필요가 있다. 이러한 교육의 목적이 사회 내 여러 소수자(minorities)의 목소리를 포함한 다성성(多聲性)의 추구와 실현에 있다면, 그것은 그 자체로 종의 다양성 회복이란 측면에서 생태 친화적이며, 민중의 다양한 목소리를 담는다는 점에서 민주적인 동시에, 여러 목소리가 한데 어울려 심포니를 울려 퍼지게 한다는 점에서 문화적인 것이 아닐 수 없다.

(2) 언어문화와 상징적 폭력

학교는 문화유산을 전수하는 곳이다. 국어과와 사회과는 특히 이 점으로부터 전혀 자유롭지 못하다. 그런데 문화라는 것, 교양이라는 것 따위는 언제나 논쟁적인 것이었고 시간과 공간에 따라 늘 변화를 겪어 왔던 것들임을 우리는 안다. 그러면서도 우리는 그것이 자명한 실체인 것처럼 전수하는 데 익숙해져 있다. 사실, 이것은 참 다루기 까다로운 문제이기도 하다. 인문사회계 교육에 몸담은 이로서 누가 교양주의, 인문주의로부터 자유로우며 누가 그 이면의 폭력성을 모를 것인가?

국어과교육, 특히 문학교육의 경우를 예로 들어 말해 보자. 문학교육에서 다루는 이른바 정전(canon)이란 우리 사회의 지배적 담론이 자신에게 유의미한 선택과 배제의 과정을 통해 구성한 '문화적 자의물(cultural arbitrariness)'12일 따름이라고 볼 수도 있다. 실제로 이것은 이데올로기적 근거를 은폐하는 중립성의 이름으로 위장된다. 따라서 그 자명성이 해체되고 그 자의성이 폭로되며, 그 결과 그 담론에 저항하는 사태가 벌어지지 않는 한, 그것은 계속적으로 '상징적 폭력'13을 행사하게 되며 그를 통해 문화의 재생산이 이루어지게 될 것이다.

부르디외의 문화 재생산론을 문학교육의 정전 문제에 적용한 존 길로리에 의하면, 문학 교육 과정은 지배 문화적 지식이 유포되는 수단으로서의 제도적 형식이며, 그것은 곧 언어 자본과 상징적 자본을 구성한다고 한다. 이 때 특히 상징적 자본이란 지식 자본의 일종으로서 그 소유 자체가 그에 대한 이해보다도 우위에 설 수 있는 것, 그로 인해 그 소유자로 하여금 교양인이라는 문화적 물질적 보상을 허여해 주는 것을 의미한다. 아울러 그

---

12 Bourdieu(1977)의 용어로서, 지배계급이 자신들에게 의미 있는 것으로 간주되는 것을 규범화함으로써 자신들의 힘을 행사하는 방식을 가리킨다.

13 이는 그람시의 헤게모니 개념에 가까운 것으로, 종속계급들이 사실상 그들 자신의 이익에 반대되는 관념과 실제를 '자연스러운 것' 또는 '상식적인 것'으로 취급하게 되는 교묘한 과정을 뜻한다. 이는 불평등이란 오히려 필연적이고 불가피한 것으로 간주되도록 하기 위해서 학교가 어떻게 상징적 권력을 행사하는가를 나타내 준다. 그러나 학교가 자율적인 것으로 간주되기 때문에 학교의 실질적인 비중립성이 효과적으로, 그리고 합법적으로 은폐되기에 이른다고 부르디외는 주장한다.

1부 국어교육의 본질에 관하여

는 문학 작품들의 '이데올로기적 내용'보다도 그 자본의 효과란 측면에서 이 두 가지 종류의 자본이 궁극적으로 더 사회적인 의의를 갖는 것이라 간주한다(Guillory, 1993: ix).

그런 면에서 본다면 우리 교육 현장도 상징적 폭력을 행사하고 있다고 볼 수 있다. 가르쳐야 하고 전수되어야 하는 것은 전통적으로 꾸준히 고급 문화로 존재해 왔던 것이라고 여겨지게 되고 이 문화를 소유한다는 것은 하나의 특권처럼 정당화되기 때문에, 문화 그 자체가 쟁점의 대상이 된다는 것은 의문에 붙여지지 않게 되는 것이다. 문학적으로 정전에 해당하는 작품들은 단지 보편적이고 항구적으로 판단될 뿐만 아니라 오로지 사회적 지위 획득이라는 견지에서도 반드시 따라야 할 전범으로 여겨졌을 법하다(Gossman, 1990: 29).[14] 하지만 정전이란, 단지 거기에 존재하기 때문에 우리가 끊임없이 다시 올라가야만 할 지적 세계가 아니다. 텍스트 선택 자체가 이미 이론적 기획의 산물이기 때문이다. 그런데도 그 기획이 꾸준히 지속되어야 한다면 그 이유는 문화의 재생산 욕구로밖에는 설명되기 힘든 것이 사실이다.

더구나 그 문화적 자의물이 객관적이고 타당한 지식으로 교육 현장에서 변모하는 것처럼, 그 지식이 소비되는 과정에서 또 한번 은폐의 과정을 거친다는 데에 또 하나의 중대한 문제가 놓여 있다. 즉, 그 지식은 일반적으로 의사소통이라기보다 주입의 과정을 통해 전달되게 마련인데, 사태의 심각

---

14 한편 부르디외는 이를 문화 자본의 개념으로 설명하고 있다. 이 개념은 학생의 환경을 동질적인 것으로 가정하는 모든 논의들의 기만적 성격을 비판하려는 것으로서, 그에 따르면 예컨대 지배사회에 의해 고도로 그 가치가 인정된 문화 자본 형태에 익숙하지 못한 가정의 학생들은 결정적인 불이익에 처하게 된다고 한다. 즉, 그는 학교를 지식과 가치를 포함한 문화자본의 생산, 분배, 교환, 소비가 이루어지는 일종의 문화 시장으로 파악하였으며, 학교교육이 문화자본의 일상적 운동과정을 정당화함으로써 자본주의 사회의 계급적 지배구조와 사회적 불평등을 재생산하는 기능을 하고 있다고 주장하였던 것이다.

성은 그 주입이라는 형식에 그치는 것이 아니라, 실제적으로는 주입인 것이 학생들의 의식상에서는 의사소통을 통한 합의의 성격으로 존재하게 된다는 점이다.15 그것은 정보의 차단과 왜곡에 의해 마치 학생들이 스스로 생각해 보아도 그러한 가르침의 내용이 정말 자명한 이치인 것처럼 여겨질 정도로 전해지고 그와 동시에 일종의 합의를 거둔다는 점에서, 즉 특정한 가치체계를 아무런 의문 없이 내면화하게 함으로써 일정한 문화적 재생산을 가능케 하고 있는 것이다. 상징적 폭력의 체계는 피억압자들에게 기계적으로 부과되는 것이 아니라 최소한 부분적으로는 피억압자들 스스로에 의해 재생산되기 때문이다. 그 까닭은 습성(Habitus)들이 실천의 창의적 작용에 제한을 가하고 그것을 지배하는 데에 연유한다. 다시 말해서 학교나 가정과 같은 객관적 구조는 습성을 생성해 내는 경향이 있고 이것은 역으로 똑같은 구조를 재생산하는 사회적 경험을 구성하는 것이다. 이는 곧 헤게모니의 문제에 직결된다.

이런 설명은 대단히 그럴 듯하게 들린다. 문학의 고전을 읽고, 서양 클래식 음악을 들으며, 영화보다는 연극이나 뮤지컬을 즐기는 것은 확실히 천민 자본가보다 더 높은 자본적 지위를 표상한다. 아마 골프의 표상도 이와 유사할 것이다. 많은 경우, 이러한 상징적 자본 획득의 기초에는 경제적 자본의 소유가 놓여 있기는 하지만, 상징적 자본 역시 자본으로서의 상대적

---

15 어느 사회든지 지식과 신념, 사회적 관계, 그리고 사회적 정체성이란 관점에서 실천의 일치성과 공통성을 획득하는 메커니즘이 존재하기 마련이다. 첫째, 다른 대안을 생각할 수 없는 것처럼 보이기 때문에 보편적으로 따르고 필연적으로 받아들여지는, 그래서 일치된 지식과 신념, 사회적 관계, 사회적 정체성을 그 속에 확립하는 실천과 담론 유형이 있을 수 있다. 둘째, 일치성은 권력의 작용 속에, 대부분 숨겨진 양식으로 부과될 수 있다. 이러한 두 가지 경우의 메커니즘을 주입(inculcation)이라 부를 수 있을 것이다. 셋째, 일치성은 합리적 의사소통과 논쟁의 과정을 통하여 도달될 수 있다. 이러한 메커니즘을 의사소통(communication)이라 부를 수 있을 것이다 (Fairclough, 1989: 75).

자율성을 갖기도 한다. 그래서 이를 소유하기 위해 자본가도 고생을 겪고 별도의 투자를 해야 하는가 하면 자본을 소유하지 못한 순수 애호가들은 그것을 소유하기 위한 자본을 갖기 위해 또 고생을 겪어야만 하는 것이다.

　그러나 우리나라가 정말 그런가? 부르디외의 재생산이론은 경제주의적 재생산이론과 구별하기 위해 문화재생산이론이라 불리거니와, 그에 의하면 자본주의 사회는 꾸준히 변화하고 있는데 기존의 자본가 계급 말고 문화적 자본가 계급이 존재하며 더구나 후자가 점점 더 지배적인 위치를 차지한다고 한다(박태준, 1998: 64). 그리고 학교는 문화적 자본을 배분하는 정치적이며 경제적인 차별 전략의 장(場)이 된다. 하지만 우리나라의 중고생들을 보면 상징적 자본을 획득하기 위해 문학을 공부하거나 소유하려는 것 같지는 않다. 경제적 자본이 튼튼한 계층의 자녀일수록 그들은 문학 공부를 과업으로 여길 뿐 소유를 지향하지는 않으며 그 소유가 그렇게 그들의 지위를 높여주는 데 기여하지도 않는 것 같다. 오히려 문예반 활동을 통해 교과서 밖의 시인들을 사숙하고 문학을 소유하고자 하는 학생들의 경제적 지위는 그다지 높아 보이지 않는다. 경제적 자본의 소유 대신 문화적 자본을 추구하는 것, 그것이 그에게 더 손쉬운 지위 향상의 상징을 가져다 줄 것이다. 그런 점에서 문학은 상징적 자본의 역할을 하는 것이 맞는다고 볼 수 있다. 하지만 그가 문화적 자본가가 되고 그것이 기존의 자본가보다 지배적인 위치를 점하게 될 것 같지는 않다. 서구 이론의 잣대보다 우리 현실 사회에 대한 실증적인 연구가 요구됨은 이런 맥락에서이다.

　또한 문화의 재생산 자체가 교육상 절대적으로 그릇된 일이라 볼 수는 없다. 이데올로기와 권력 자체 역시 결코 부정적인 존재가 아니다. 그것은 불가피할 뿐만 아니라 생산적이기도 한 것이다. 문제는 그것과 자신의 삶을 어떻게 연관짓느냐 하는 것이고, 교육이 거기에 어떻게 이바지하느냐

하는 데 있을 따름이다. 또 한 가지 중요한 사실은 우리가 교육을 통해 단지 비판적인 지성만을 일깨우고자 함은 아니라는 점이다. 이데올로기를 비판하는 것은 중요하지만 그것은 자칫 우리를 일련의 비관론에 빠지게 만들 우려가 있다. 즉 지배 이데올로기와 권력만이 부각되면 그에 대해 아무리 비판을 해도 그 비판의 힘은 오히려 기존 체제의 위력을 인정하는 데 기여하게 되기가 쉽다. 그렇게 되면 교육이 기존 체제에 저항하고 새로운 세계를 창조할 주체를 형성하길 기대하기가 어려워진다. 이데올로기의 생산적 측면에 주목해야 하는 이유가 여기에 있다. 또한 문화의 소비자로서 학생들이 지배문화나 대중문화의 순진한 희생양만은 아니라는 사실에도 우리는 유념해야 한다. 국어교육의 책무와 희망은 여기에도 있다.

그 같은 국어교육이라면, 예컨대 대중가요를 당당히 문학의 일원으로 대하는 국어교육도 있어야 한다. 영화 <위험한 아이들(Dangerous Minds)>에서 루앤 존슨 선생님(미셸 파이퍼 분)이 딜런 토마스(Dylan Thomas)의 시와 나란히 다루었던 대중가요계의 음유시인, 실제로 그 자신이 딜런 토마스를 좋아하여 Robert Allen Zimmerman이란 본명을 버린 가수 밥 딜런(Bob Dylan)이 노벨문학상 후보로 꾸준히 오르내리듯 우리 교실에서도 대중가요의 노랫말이 현대시와 나란히 다루어질 수 있어야 한다(정재찬, 2006a). 이 때 문학은 매우 확장된 개념으로 재개념화되는 셈이다. 그런가 하면 <죽은 시인의 사회>에서 키팅 선생님이 그러하였듯, 최고의 정전을 학습자의 삶과 연관을 맺고 학습자 스스로 자기주도적 학습 및 협동학습 능력을 발휘하게 하여 자신들의 문화를 가꾸도록 하는 교육도 있어야 한다(정재찬, 2003). 이 때 문학은 전통적인 가치와 위세를 과시하는 개념에 가깝다. 혹은 그 사이에서 조작적이고 절충적인 노력을 하는 사람도 있어야 한다. 가령, 대중가요 가운데서도 유행에 불과한 것과 고전의 반열에 오른 것을 대비하면서 문학적 기준과 대중문화적 기준, 문학적 기준과 음악적 기준이 경쟁하고 갈등하는 가운데 학습자 자신의 비판적 창의적 문식성을 기르도록 하는 사람도 있어야 한다. 문화유산의 전수는 이처럼 향유되고 비판되며 그를 통해 새로운 창조를 낳은 원천이 될 때 진정한 사회문화적 소통이 될 수 있을 것이다.

필자는 국어교육에서 순종 중심주의를 비판하면서 순종의 순정성만이 아니라 잡종의 건강성, 저항성, 번식력, 접근용이성, 카니발리즘, 그리고 창조성 등에 주목할 것을 제안한 바 있다(정재찬, 2000). 오늘날의 후기 현대사회 문화는 혈연이나 지연, 언어나 국적을 기준으로 경계 지워지기보다는, 관심과 취향에 따라서 개인이 세계 문화 시장에서 문화를 선택하거나, 선택당하는 방향으로 변해가고 있다. 후기 현대사회의 인간은 한 문화 집단에 고정적으로 소속되어 있지 않고 부단히 문화간의 경계를 넘나드는 '문화적 유목민(cultural nomad)'이 되어버린 것이다. 문학과 문화가 섞이는 것을 두려워하는 것은 순종 중심주의의 한 표상이다. 잡종이란 말부터가 순종 중심주의에서 나온 말이거니와, 잡종은 잡종이 아니라 각종, 개별종으로 불려야 할, 그 하나하나가 '차이'와 '다양성'을 존중하는 문화 자본을 형성하는 것으로 봄이 옳을 것이다. 더구나 퓨전의 시대, 잡종의 시대에서도 순종은 순종대로 혈통을 이어가고 그 희소가치로 인해 문화적 경제적 가치 또한 높아질 것이니 교양주의, 인문주의 편에서도 그리 걱정할 것은 없다.

3. 사회과교육과의 연대를 위한 국어교육

1) 도구교과로서의 국어교육

사례 3-1 : 국어는 도구교과란다.

필자의 아들은 현재 초등학교 3학년 학생이다. 2학년 때까지 이 아이는 수학이나 과학을 좋아하고 국어는 능력도 관심도 없는 눈치였다. 아직 아무것도 모르는 어린 애한테 너무 서둘렀다는 핀잔을 들을지 모르지만, 명색이 국어교육을 전공하는 아비 처지에선 조바심이 나지 않을 수가 없기에, 2학년 말경에 드디어 이렇게 묻고 말았다.

"○○아, 아빠 국어가 재미있었는데 넌 국어 공부가 싫으니?"

처음에는 고개를 숙이는가 싶더니 잠시 후에 아들 녀석이 정말 궁금하다는 표정으로 아빠를 바라보며 답한다.

"국어가 뭔지 모르겠어요. 수학이랑, 체육이랑, 음악 같은 것은 다른 줄 알겠는데, 국어랑 바른 생활이랑 이런 건 다 읽고 쓰고 그러는 거잖아요?"

이에 대해 명색이 국어교육을 전공하는 아비도 아무 말을 할 수 없었다. "그래도 국어는 도구교과다!"만 속으로 외울 수밖에.

사례 3-2 : 우리들의 일그러진 텍스트

필자가 관찰한 수업 경험담 하나.[16] 2005년 서울의 모 초등학교 5학년 국어 시간. 제재는 이문열의 <우리들의 일그러진 영웅>! 이 소설이 발표된 것은 6월 항쟁이 벌어졌던 1987년의 일. 그 시절, 폭력과 권력의 아픔을 체험해 본 세대, 그 때 이 소설을 읽은 이들은 누구나 울컥거리지 않을 수 없었다.

그러나 지금 이곳은 2005년, 그것도 여남은 살 아이들의 교실이다. 이 소설의 우화성은 더 이상 발현되지 않는다. 그들의 맥락 속에서 우화의

---

16 이에 대해서는 정재찬(2006b)에서 자세히 다룸.

가치는 변형된다. 그들의 현재적 맥락에서 이 소설은 폭력이 어떻게 학습되고 권력이 어떻게 동의되는지에 대해서가 아니라 시험 부정을 일삼는 '나쁜 어린이'가 돼서는 안 된다는 도덕적 교훈을 알레고리로 담고 있는 것이 된다.

이쯤해서 선생님의 결정적인 여론조사가 시작된다.

"엄석대처럼 되고 싶은 사람?" (아무도 없다.)

"병태처럼 꿋꿋이 맞선다?" (다수가 손을 든다.)

"일반 아이들처럼 석대에게 붙었다 병태에게 붙었다 한다?" (몇몇이 손을 든다.)

"나 혼자만 싸우지도 않고 그냥 죽어 지내겠다?" (듣고 보니 그럴 듯한가 보다. 이게 낫겠다며 아까 든 손을 취소하고 적잖은 수가 동조한다.)

혹시 선생님은 지금 '국어'가 아니라 '윤리'나 '정치' 이런 걸 가르치고 있는 건 아닐까? 과연 이것이 국어교육이란 말인가? 더욱이 문학 텍스트의 원의는 사라지고 만 상태에서 말이다. 이 수업을 비평하면서 스스로에게 던진 이 질문에 필자는 점점 가(可) 쪽으로 기울어갔다. 원의의 왜곡이나 오독이 아니라 생산적 해석이며, 문학의 수단화가 아니라 문학의 본래적 사명이 그런 것이라 여겨졌기 때문이다.

국어과교육은 말하고 듣고 읽고 쓰는 능력을 제공해 준다. 특히 리터러시(literacy)[17]의 신장은 국어과가 다른 교과의 도구가 되고, 모든 교과의 기초가 되며, 소위 주요교과로 불리게 되는 핵심적 관건이다. 그러니 문학이라든가, 도덕적 교훈이라든가, 제재에 담긴 내용 지식이라든가 하는 것이 국어과교육의 중핵은 될 수 없다. 이러한 생각은 이른바 형식교과로서 국어과교육을 바라보는 관점과 밀접한 관련을 맺는다. 국어과교육의 본령이

---

17 리터러시와 관련해 국어교육 쪽에서는 정현선(2004), 최인자(2001), 특히 민주시민 양성을 위한 주체 형성 문제와 관련해서는 이재기(2005)를 볼 것. 사회과교육 쪽에서는 조국남(1999, 2003)이 주목된다. 한편 이 문식성 문제를 인터넷이라는 의사소통 공간, 곧 전자 민주주의라는 맥락에서 접근하면 국어과와 사회과 사이의 학제적 연구가 가능할 것인데, 이에 관해서는 비록 논란이 있지만 진중권(2005)의 분석이 일독할 가치가 있다.

내용교과일 수 없다는 점에서 이러한 지적은 매우 타당하다. 그런데도 지난 날 국어교육이 목표와 수단을 혼동함으로서 혼란을 초래했던 것이 사실이다. 가령 <파브르의 곤충기>를 읽으면서 설명문의 특성을 가르치기보다, 그래서 학생들에게 그릇으로서의 형식을 다루는 능력을 주기보다, 곤충에 관한 지식이나 파브르의 위인 됨을 설파하는 데 바빴던 사례를 들 수 있을 것이다.

하지만 형식은 내용 없이 존재할 수가 없다. 따라서 형식교과라는 뜻은 내용을 배제하라는 뜻도 아니며 원천적으로 그럴 수도 없는 것이다. 좋은 형식은 내용과의 긴장 속에서 최적의 상태를 발견하게 될 때 획득되는 것이요, 그런 의미에서 훌륭한 형식 지도일수록 내용을 깊이 파고들어야 하는 것이다. 또한 형식을 지도해야 하는 교과적 목표도 중요하지만, 그렇다고 해서 굳이 학습자가 경험해야 할 내용적 가치를 버릴 필요도 없고 버려서도 안 된다. 말할 것도 없이, 국어과교육 또한 교과교육의 하나이며, 교육이라는 집단적 사업의 하나이기 때문이다. 개별 교과들이 자신의 고유 업무에만 충실하길 바라는 분업 체제는 그 체제적 완결성만 추구하다 보면, 정작 더욱 중요한 교육 공통의 목표, 교과와 교과 사이의 교육적 가치 등이 사라질 우려가 발생한다. 국어과교육을 통해 학생의 리터러시가 길러지기만 바라고, 그런 연후에야 다른 교과 학습이 시작될 수 있느냐면 그런 것도 아니고, 또 국어과교육의 도구적 가치란 것이 리터러시에만 한정된 것도 아니다. 문학 작품은 많은 인접 교과에서 도구로 쓴다. 뿐만 아니라 어느 교과의 교육 내용이나 지식이 다른 교과에는 도구적 가치를 발휘할 수도 있다는 점에서 교과와 교과는 상호도구적일 수도 있다.

비유해서 말하면 이렇다. 홍차를 마시는 경우를 생각해 보자. 우리는 홍차 팩을 물에 우려내어 그 물을 마신다. 엄밀히 말해 우리는 홍차를 마시는 것이 아니라 홍차 우려낸 물로서의 홍차를 마시는 것이다. 말하자면 국어를 가르치는 과정에서 우러나오는 향기라든가 덕성이라든가 하는 것을 우리는 배제할 필요도, 그럴 수도 없는 것이다. 행여 국어과 교육의 정체성을 지킨다는 각오에서 홍차 팩을 빨아먹는 우를 범해서는 안 될 것이다. 역사 소설을 읽으면서 인물과 플롯에 대해서만 가르치고 정작 역사적 상상력이라든가 역사의식에 대한 이야기를 나누지 않는 문학교실을 순정한 문학교실이라 부를 수는 없지 않은가. 그런고로 <우리들의 일그러진 영웅>을 놓고 인물의 성격을 알아보자는 교육과정상의 목표만 추구하는 수업이 좋은 수업이라고 말할 수는 없다고 본다. 텍스트의 성격상, 그것에 충실하다 보면 오히려 윤리적, 도덕적 질문이 나오지 않을 수 없을 경우, 그것을 시행하는 것이 문학교육 측면에서도 좋은 수업이라 할 것이다. 다만 그것은 어디까지나 동경험 다목표의 원칙에 따라 국어교육을 올바르게 실천한 결과로 얻어져야 하는 것이지 교과 외적인 목표에 국어교육이 종속되어야 한다는 것은 아니다.

이 점에서 필자의 견해는 박인기 외(2005: 4)의 다음 견해와 완전히 일치한다.

　　예를 들면, 언어 발달이 늦은 아동에게 문학을 활용하여 기본 문해력을 지도할 수 있다. 그처럼 문학을 '활용'할 때에는 문학은 문해력 지도의 여러 전략의 하나가 된다. 굳이 문학이어도 되고 그렇지 않아도 되지만, 문학을 활용하는 것이 효과가 높기 때문에 그렇게 하는 것이다. 그 결과 얻는 것은 처음 목표했던 대로의 문해력이다. 이것이 도구적인 문학교육론이다.
　　하지만 이 책이 의도한 문학을 통한 교육은, 강을 건너면 필요가 없어지는 나룻배처럼 문학을 쓰지 말자고 주장한다. 앞의 예를 다시 든다면, 아동은 문학 텍스트를 접하고, 문학 경험을 통해 자연스럽게 문해력을 갖추게 된다. 문학은 문해력 지도를 위한 전략의 하나가 아니라, 독립된 교육의 과정인 것이다. 그 활동을 통해 얻는 것은 일차적으로 문학 능력이고, 이차적으로 문해력이다. 하지만 여기서 일차, 이차를 구별하는 일은 무의미하다. 그런 구별은 마치 밤과 낮 중 어느 것이 먼저인지를 가르는 일이나 마찬가지리라.

초등학교의 경우에는 이러한 필요성이 증폭된다. 초등국어교육을 국어과 교육, 즉 교과교육으로서의 국어교육 가운데 한 단계적 범주로 다룰 것인가, 아니면 초등교육의 여러 면모 가운데 한 교과적 범주로 다룰 것인가 하는 문제는 간단한 문제가 아니다. 즉 초등국어교육을 바라봄에 있어 교과교육의 관점에서 초등국어교육으로 접근해야 할 것인가, 초등교육 일반에서 초등국어교육으로 접근해야 할 것인가 하는 문제인 것이다. 물론 이 둘은 궁극적으로 둘이 아니라 하나로 통합되어야 할 것이지만 현실이 그러한 당위와 일치하는 것은 아니기 때문이다.

어쩌면 초등에서 교과는 보람 있는 학습 활동을 전개하기 위하여 필요한 학습의 소재에 불과할지도 모른다(엄태동, 2003). 초등에도 개별 교과의 존재 이유와 가치는 역사를 통해 검증되어 오고 있지만, 어린이에게는 통합되어 있는 세계를 분절하고자 할 때 그 기준이 절대적인 것이어서는 곤란하다. 어린이에게 필요한 학습 사태에 따라 교과는 융통성을 발휘해야 하며 교과끼리의 절합이 적어도 지금보다는 자유로워야 한다. 국어과와 사회과는 그 중에서도 친연관계가 높을 가능성이 크다. 상식적인 수준에서 생각해 보아도 국어과와 사회과 사이에는 상호도구적인 고리가 많을 것 같기 때문이다. 하지만 그 관계의 고리를 개발하는 것이 현재로서는 개별 교사의 의지와 열정에만 의존하고 있는 듯하다. 그러기에 지금 시점에서, 예컨대 주제별 통합 수업, 그 중에서도 가령 페미니즘을 주제로 국어과와 사회과가 함께 하는 수업, 그런 소통과 연대를 꿈꾸게 되는 것이다.

2) 국어를 통한 교육

사례 3-3 : 지리교육 구하기

사실 내가 이 글을 쓰는 이유는 여러분들에게 지리를 알리려고 하는데 있지 않고, 문학을 하는 여러분들에게 부탁을 하기 위해서입니다. (…) 지리와 문학 둘 다 공히 환경 속에서 살아가는 사람들의 삶의 본질을 드러내어 밝히고자 하는 것이라면, 지리문학이 충분히 가능하고, 또 문학을 통한 환경교육 혹은 지리교육이 가능하리라고 봅니다. 특히 문학교육은 환경교육 혹은 지리교육으로서의 가치를 많이 지니고 있고, 그 역할을 크게 살려야 할 것으로 생각합니다. 지리 분야에서 생산되는 이야기는 소비 시장이 극히 좁아 잘 알려지지 않는 데 비하여, 문학 분야에서 생산되는 이야기는 시장이 넓어 많은 사람들에게 알려질 수 있어서도 더욱 그렇습니다. 그리고 문학을 통한 환경교육은 다른 교과를 통한 교육에 비하여 감동을 주기에도 유리합니다. (…) 예를 들어 간척 사업으로 갯벌을 삶의 터전으로 삼아 살아온 사람들의 삶터 환경과 지역 공동체가 어떻게 변화하고, 마을 사람들 각각의 생활이 구체적으로 어떻게 변화해 나가는지에 대한 것을 잘 밝혀주는 이야기가 필요한 것입니다. 노동의 종류와 방식, 사랑하는 방법과 사랑하는 장소도, 싸우는 내용과 싸우는 방법도 환경의 변화에 따라 어떻게 달라져 가는지를 잘 알려주는 이야기가 필요하다는 것입니다. (…) 지리학자인 필자는 그 마을의 변화, 그 지역 사람들의 삶을 '지리 이야기'로 구성해야겠습니다만, 여러분들도 이런 '이야기'에 관심을 기울여 주시기 바랍니다. 그래서 필자는 단순한 이야기 배경이나, 이야기 소재로서의 공간이 아니라, 공간과 인간과의 관계 그 자체를 주요 주제로 삼은 문학을 여러분들에게 기대하고 싶은 것입니다.

—류재명(1999)에서—

또 다른 필자의 수업 관찰 경험 하나. 학생 해외연수 인솔 교수로 오스트리아 비엔나의 한 중학교에서 국어 수업을 관찰할 기회를 얻었다. 교실 앞에는 두 명의 교사가 서 있었다. 이른바 Team-teaching방식의 수업. 그런데 놀랍게도(?) 사회(지리과)교사와 국어(독어)교사가 공동으로 수업을 진행하였던 것.

이 날의 수업 주제는 '물'에 관한 것이었다. 이 학교가 환경교육 지정 학교이기도 하고, 마침 그 해가 유네스코가 지정한 '물의 해'이기도 했다. 먼저 음악을 들려주어 학습할 주제를 예측하게 해 보고 다음에는 국어 교사가 물에 대한 시를 읽어준다. 통역에 의하면 하이네의 <어부의 노래>라고 하는데 내용은 잘 모르겠고, 아무튼 이 여선생님의 시 낭송이 상상을 초월할 정도로, 솔직히 말하면 과장이다 싶을 정도로 역동적이다. 시 낭송이 끝나자 지리 교사가 등장, 지도를 이용해 앞서 읽어준 시의 시인이 찾아갔던 장소(강이나 바다)를 찾아보는 활동을 한다. 이를 통해 학생들은 학습 주제가 물이라는 것을 알게 되고 이렇게 함으로써 문학과 지리가 만나 환경의 소중함을 깨닫는 교육이 전개된다.

밀즈(C. W. Mills)는 『사회학적 상상력 *The Sociological Imagination* (1959)』에서 이렇게 말했다.

사회학적 상상력을 갖게 되면 거창한 역사적인 장면을 이해하는 데 있어서 그것이 많은 개인들의 내면생활과 외적인 생애에 어떤 유관한 뜻이 있는지를 알게 해 주는 힘이 생긴다. (…) 그래서 사회학자의 정치적인 과제는—어떤 자유주의 교육자도 마찬가지이지만—**개인의 사적인 문제를 사회의 공적인 쟁점으로 풀이해 주고, 사회적 쟁점은 다시 무수한 개인들의 인생에 대하여 어떤 의미가 있는지를 끊임없이 깨우쳐 주는 힘이다.** 사회과학자는 그의 일을 통해서—또 교육자로서는 그의 삶을 통하여—이와 같은 사회학적 상상력을 과시하여야 한다. (강조: 인용자)

'국어를 통한 교육'이라 하였지만, 이 단계에서는 부득불 문학교육을 노골적으로 언급하지 않으면 안 되겠다. 왜 문학인가? 실제 상황에 대한 정확한 인지를 위해서는 지적인 활동만큼이나 정서적 활동과 상상력이 필요하기 때문이다. 정서는 윤리적 사회적 삶 속에서 인지적으로도 매우 중요한 정보적 역할을 수행한다. 이러한 실천적 개념이 가장 적합하게 표현된 것이 바로 복합적인 서사 구조물이다. 그런 서사물은 또한 삶의 공감과 반성 등을 환기시키는 데 가장 적절하다. 개인과 사회의 복잡한 관련을 이보다 풍부히 드러내는 것, 이보다 우리들의 사회학적 상상력을 자극하는 것은 달리 존재하지 않는다. 위 인용문의 강조 부분은 문학, 특히 서사에 관한 설명이라 해도 전혀 어색함이 없다.

이것이 상상력이 사회성 발달에 중요한 이유 가운데 하나다. 사회적 이해의 성장은 우리로 하여금 아직 만나지 못한 상황을 이해하도록 해 주며, 그리하여 어떤 상황이 일어나지 않길 원하도록 해 주어야만 하는 것이다. 그런데 지식이나 기술(記述)로는 알 수 없는 것들에 대해 문학은 우리를 친숙하게 해 줌으로써 바로 그 사회적 이해와 공감과 소통과 성찰에 기여하는 것이다.

따라서 교육을 통해 인류가 공통적으로 기대하고 기획한 결실을 맺기 위해 문학은 기꺼이 활용되어야 한다. 역사를 돌이켜본다면, 문학은 이러한 사회적 기대와 오랜 연관을 맺어왔음을 알 수 있다. 문학의 태생이 그러하였고 본성이 그런 한, 지금도 문학은 써 먹어야 한다. 문학의 힘을 활성화한다는 것이 문학의 본질을 왜곡하는 것은 아니며, 문학을 활용한다는 것이 문학의 자율성을 침해한다는 것도 아니다.

아마도 사회과교육 또한 문학을 통해, 문학을 활용해, 문학과 함께 가르치고 얻을 수 있는 바가 많을 것이다. 물론 문학은 도덕교육이나 사회교육의 도구가 될 수도 있다. 하지만 좀더 정확하게 표현하면, 문학교육은 도덕 교육이나 사회교육과 함께 연대할 수 있어야 하고 또 그렇게 되어야 한다고 생각한다. 우리 삶의 질을 개선하고, 우리 사회 공동체의 정의와 성숙을 위하여, 바람직한 민주 시민을 양성하기 위하여, 우리는 서로 소통하고 연대해야 하는 것이다.

실제로 외국의 법학, 의학, 경영학 대학 및 전문 대학원에서는 윤리교육을 대단히 강화하면서 문학과 영화를 활용하여 토의하고 토론하는 프로그램을 적극적으로 실천하고 있다(Williams, 1997). 마찬가지로 문학적 상상력은 환경 교육에도 활용될 수 있다. 환경 교육은 인류로 하여금 생물적 · 지리적 · 사회적 · 경제적 및 문화적 제 요소들 간의 복잡한 상호관련성을 이해하게 하고, 그와 동시에 환경 문제를 발견하고 해결하며 환경의 질을 관리할 수 있는 지식 · 가치관 · 태도 및 기능을 습득하게 하는 것을 목적으로 하고 있다. 이러한 목적에 맞추어 각급 학교에서 환경 교육이 추진되고 있으나 그 효과는 별로 뚜렷하지 못하다. 도덕교육의 예와 마찬가지로, 종래의 가치중립적인 과학적 해결 방법, 즉 인과적 탐구에 의한 지식-실천적 교육은 비록 환경오염의 원인과 결과, 행동 방법 등에 관하여 지적 이해와 행동 경험은 갖게 하는 데 기여하였지만, 환경 문제에 대한 일상생활에서의 반응이 지적 체계를 따르지는 못하다는 데 문제점을 안고 있는 것이다. 이에 필요한 것이 바로 생태학적 상상력이다. 생태학적 상상력이란 자연과 인간 그리고 문화가 어우러져 자연 속의 인간다운 문화적 삶의 결을 누릴 수 있는 녹색 유토피아를 그리는 사고 활동이라고 할 수 있다. 그 같은 사고 활동이 적극화될 수 있는 계기를 우리는 또한 문학적 상상력 활동에 찾을 수 있다. 공장에서 내뿜는 프레온 가스가 오존층을 파괴시켜 지구 저편의 이름 모를 사람에게 피부암을 일으킬지도 모르는 사태와, 내가 쓴 세제가 강물을 오염시킴으로써 30년 뒤에 태어날 아기가 마실 물이 없어 고통 받는 상황을 그려볼 수 있는 상상력이 생태학적 상상력이라고 할 수 있거니와, 이러한 상상의 구체적 형상화 활동, 곧 문학적 상상력 활동을 통해 환경 교육의 목적이 달성될 가능성이 높은 것이다. 그러기에 많은 문학 이론가들은 문학이 생태 위기의 극복에 중요한 역할을 할 수 있다고 말한다. 인간은 모두 지금 여기의 문제에서 출발하여 시간과 공간을 초월하여 마음껏 꿈꾸는 능력을 가지고 있다는 것, 동시에 인간은 이 지구상에서 유일하게 문학을 가진 피조물이라는 사실에 그들은 주목한다(정재찬, 2004).

요컨대 문학적 상상력을 통하여 우리는 사회학적 상상력(sociological imagination)과 사회학적 문해력(sociological literacy)을 높일 수 있다. 문학의 왜곡 없이도 문학교육의 폭은 소통과 연대를 통해 그렇게 확대될 수 있는 것이다. 그래서 우리도 국어교사와 역사교사가, 국어교사와 지리교사가 한 교실에서 통합적인 주제를 놓고 함께 가르칠 수 있어야 한다. 간척 사업으로 인한 삶의 변화에 대해, 남성 중심주의 사회에 대해, 장애우의 삶에 대해 우리는 함께 고민하고 함께 교육할 수 있어야 하는 것이다. 그런 면에서 가령, 전국국어교사모임과 전국역사교사모임[18]의 활동상은 피차간에 서로 주목해 보아야 할 필요가 있다. 그리고 보면 그 길이 그리 멀어보이지는 않는다.

---

18 전국국어교사모임은 국어교육계에서 이미 잘 알려져 있지만, 전국역사교사모임(2002)의 경우도 수업 자료로 신문, 문학 작품, 역사 속 인물, 노래와 소리, 영상물 등이 활용되고 있으며 수업 방법상으로도 역사 글쓰기, 토론 학습, 극화 학습 등이 모색, 실천되고 있음을 알 수 있다.

4. 나가며

우리가 언어를 가르치고 배운다는 것은 그 언어에 담긴, 그리고 그 언어를 둘러싸고 있는 사회와 문화까지 이해하고 비판하며 창조할 수 있는 사고와 능력을 기르는 것이어야 한다. 그 동안 우리 국어교육은 언어와 언어문화의 이해와 전수에만 주된 관심을 가져왔다. 물론 그 목적도 충분히 잘 달성된 것 같지는 않다. 하지만 그보다 더욱 중요한 것은 우리의 언어와 언어문화에 대한 이해와 전수를 넘어서서 그것을 비판하고 새로운 언어문화를 창조할 수 있는 사고력을 함양하고 이를 통해 창조적인 언어문화 생활을 영위하게 하는 데에 있다. 그것이야말로 우리가 바라는 '소통'의 바람직한 모습이요, 그것을 전제로 할 때 비로소 사회과교육과의 소통과 연대를 꿈꿀 수 있게 될 것이다.

▍이 글은 한국어교육학회에서 펴낸『국어교육』120권 120호에 실린「소통과 연대를 위한 국어교육」내용을 수정한 것이다.

참고문헌

강내희(1992), 「언어와 변혁」, 『문화과학』2호, 문화과학사.

김상욱(1996), 『소설교육의 방법 연구』, 서울대출판부.

김왕근(1993), 「시민교육을 위한 덕목주의의 새 지평: 합리성의 형식 관심에 대한 비판을 중심으로」, 『사회와 교육』제17집.

김화영(1994), 「책, 독서, 교육」, 고은 외, 『책, 어떻게 읽을 것인가』, 민음사.

다이안 맥도넬(1992), 임상훈 옮김, 『담론이란 무엇인가』, 한울.

로버트 J. 스턴버그, 이영애 옮김, 『인간 사고의 심리학』, 교문사.

로잘린드 코워드·존 엘리스(1992), 이만우 옮김, 『언어와 유물론』, 백의.

류재명(1999), 「지리와 문학」, 『문학과교육』제9호, 문학과교육연구회.

마단 사럽(1991), 임헌규 편역, 『데리다와 푸코. 그리고 포스트모더니즘』, 인간사랑.

박상준(2002), 「행위 성향 중심의 시민 교육」, 서울대학교 박사학위 논문.

박인기 외(2005), 『문학을 통한 교육』, 삼지원.

박태준(1998), 「문화재생산이론과 문학교육」, 『문학교육학』2호, 한국문학교육학회.

엄태동(2003), 『초등교육의 재개념화』, 학지사.

여홍상 편(1995), 『바흐친과 문화 이론』, 문학과지성사.

올리비에 르불(1994), 홍재성·권오룡 옮김, 『언어와 이데올로기』, 역사비평사.

이득재(1992), 「바흐친의 유물론적 언어이론」, 『문화과학』2호. 문화과학사.

이병혁(1993), 「이데올로기와 말: 바흐찐의 기호학적 견해를 중심으로」, 이병혁 편, 『언어사회학서설』, 까치.

이병혁(1998), 「일상담론의 이데올로기적 성격과 문학교육」, 『문학교육학』2호, 한국문학교육학회.

이순재(2003), 「사회과 쟁점중심 수업이 비판적 사고 및 학습태도에 미치는 효과」,

서울대학교 박사학위 논문.

이재기(2005), 「문식성 교육 담론과 주체 형성에 관한 연구」, 한국교원대학교 박사학위 논문.

임귀열(2006), 「현지영어 정통영어」, 『한국일보』(2006. 2. 26.).

장원순(2003), 「사회적 실천 중심의 사회과교육에 관한 연구」, 서울대학교 박사학위 논문.

전국역사교사모임(2002), 『우리 아이들에게 역사를 어떻게 가르칠 것인가』, 휴머니스트.

정재찬(2000), 「21세기 문학교육의 전망」, 『문학교육학』 6호, 한국문학교육학회.

정재찬(2003), 『문학교육의 사회학을 위하여』, 도서출판 역락.

정재찬(2004), 「문학교육과 도덕적 상상력」, 『문학교육의 현상과 인식』, 도서출판 역락.

정재찬(2006a), 「현대시교육의 방향」, 『문학교육학』 19호, 한국문학교육학회.

정재찬(2006b), 「국어수업비평론」, 『국어교육학연구』 25집, 국어교육학회.

정현선(2004), 「디지털 리터러시의 국어교육적 고찰」, 『국어교육학연구』 21집, 국어
　　　교육학회.

제프리 리이취(1990), 정민 역, 「언어 의미의 기능과 사회」, 이정민 외 편, 『언어과학
　　　이란 무엇인가』, 문학과지성사.

조국남(1999), 「사회과에서 읽기 기능의 향상이 학업 성취도에 미치는 영향에 대한
　　　연구」, 서울대학교석사학위논문.

조국남(2003), 「사회과 '전략적 읽기 교수방법'의 개발과 효과성 검증」, 서울대학교
　　　박사학위 논문.

진중권(2005), 「구술문화와 문자문화」, 『주간동아』491호, 동아일보사(2005. 6. 28.).

차경수(2000), 『사회과 교육과정과 지도법』, 학문사.

최인자(2001), 『국어교육의 문화론적 지평』, 소명출판.

토니 트리우(1993), 「대중정보의 왜곡과 이데올로기」, 이병혁 편. 『언어사회학 서설』, 까치.

Bourdieu, P(1977), trans. Richard Nice, *Reproduction in Education, Society and
　　　Culture*, London: Sage.

Fairclough, Norman(1989), *Language and Power*, Longman.

Gossman, Lionel(1990), *Between History and Literature*, Harvard Univ. Press.

Guillory, John(1993), *Cultural Capital : The Problem of Literary Canon Formation*,
　　　Chicago: The Univ. of Chicago Press.

Williams, Oliver, F.(1997), *The Moral Imagination: How Literature and Film can
　　　Stimulate Ethical Reflection in the Business World*. The University of Notre
　　　Dame Press.

2부

국어교육의 실제에 관하여

읽기 교육의 쟁점과 과제

서혁

1. 들어가며

인간은 언제부터 '읽기'를 시작했으며, 언제부터 읽기를 가르치기 시작했을까? 문자는 언제부터 시작되었을까? 문자란 무엇인가? 인간은 언제부터 묵독을 시작했을까?[1]

읽기 또는 독서와 관련한 흥미로운 질문거리 또는 쟁점은 참으로 다양하다. 어쩌면 이러한 질문들이 독자의 관심에 따라서는 가장 근본적인 읽기 교육의 쟁점이 될 수도 있을 것이다. 언어의 역사나 읽기(독서)[2]의 역사에서도 이러한 주제는 관심 있게 다뤄지고 있다.

이 글에서는 국어교육과 관련한 읽기와 독서 교육의 측면에 초점을 두고, 언어와 읽기(독서) 교육에서 연구되고 논의된 최근의 주요 관심사와 쟁점들을 중심으로 살펴보기로 한다. 즉, 최근에 읽기(독서) 교육 연구에서는 주로 어떠한 내용들이 연구되어 왔으며, 핵심적인 내용은 무엇이고, 또 쟁점과 향후 연구 과제는 무엇인지 간단히 살펴보기로 한다. 여기에는 독서의 과정 및 독서 이론, 읽기(독서) 교육과 타 영역 특히 문법 및 국어학과의 관계, 읽기 교육과 텍스트 복잡도 연구, 비판적 문식성 교육, 읽기 교육 및 연구의 학제적 접근 등의 내용이 포함된다. 특히 텍스트 복잡도 연구는 학생들에게 읽힐 글의 쉽고 어려운 정도를 나타내는 이독성(易讀性) 또는 곤란도를 나타내는 것으로 언어(국어)학 이론과 밀접한 관련을 가지며 학제적

---

1 언어학개론이나 독서(읽기)의 역사와 관련한 서적들에 따르면, 인류가 문자를 본격적으로 사용하기 시작한 것은 대체로 수메르 인들게 설형문자를 기준으로 하여 약 5천 년 전후로 보고 있다. 또한 묵독이 일반화되기 시작한 것은 5세기에서 12세기로 보고 있다.
2 일반적으로 국어과 교육과정 등에서 읽기는 독해와 독서를 포괄하는 의미로 사용된다. 독해는 주로 설명적 텍스트를 중심으로 한 읽기 훈련을 가리킬 때 주로 사용하며, 독서는 여가적이거나 교양적인 읽기를 가리킬 때 쓰인다. 이 글에서는 이러한 구분을 염두에 두되, 특별한 언급이 없을 경우 읽기와 독서를 크게 구분하지 않고 사용하기로 한다.

연구의 필요성이 있기 때문에 좀 더 구체적으로 살펴보기로 한다.

2. 읽기 교육 이론과 쟁점

국내에서 읽기 교육의 이론이 구체적으로 도입 소개되기 시작한 것은 1980년대 후반부터라고 할 수 있다. 이는 대체로 교과교육 및 국어과교육의 개념이 정립되기 시작한 때라 할 수 있다. 특히 1987년을 전후한 제5차 국어과 교육과정의 개정 과정에서 이른바 '언어사용기능, 언어, 문학'을 중심으로 하는 영역 구분의 대논쟁은 국어과교육의 정체성 논의와 함께 현재까지도 뿌리 깊은 쟁점을 형성하고 있다. 이 과정에서 자연스럽게 독서의 과정을 비롯한 다양한 독서(읽기) 이론이 소개 되고, 독서 지도 방법, 학제적 연구 등이 심화 확장되기 시작했다. 여기에는 노명완 외(1988), 최현섭 외(1995), 김대행(1995), 한철우(2004) 등의 논의를 참고할 수 있다. 특히 2005년 이후에 진행된 빈번한 교육과정의 개정 작업 과정에서 국어과 교육과정의 영역 구분과 관련한 논의는 무척이나 뜨거웠으며, 그 중심에 '읽기(독서)'가 한 영역으로 자리 잡고 있다. 이러한 뜨거운 논쟁은 향후에도 지속될 가능성이 매우 크다. 이러한 논의와 논쟁은 부정적인 측면이 전혀 없는 것은 아니지만 장기적으로 국어교육 연구와 발전을 위해서 필요하고 중요한 부분이라고 할 수 있다.

읽기 분야와 관련한 최근의 국내외 연구 동향 소개는 이순영(2011)과 윤준채 외(2009)에 잘 나타나 있다. 전자는 국내외 논문들의 탐구 영역과 주제를 계량적으로 분석하여 읽기 연구의 최근 동향 분석하였고, 후자는 국제독서학회에서 매년 실시하는 '읽기 쟁점 설문(What's Hot & What's Not?)' 문항을

2부 국어교육의 실제에 관하여

국내 실정에 맞게 조정하여 국내 연구자들의 인식을 조사한 것이다. 이들에 따르면 최근 몇 년 동안 국내외 읽기(독서) 연구에서 관심 있게 다뤄진 주제는 교과 학습과 독서, 정보통신기술(ICT) 활용 매체와 신문식성(new literacies) 연구, 독자의 문식 활동에 대한 분석과 해석(문식성 실행, 글깨치기, 유창하게 읽기), 읽기 이론과 개념, 문학 텍스트와 서사 읽기, 읽기 교수법과 독서 활동(읽기 기능, 전략, 독해 등), 비판적 읽기, 구성주의 이론과 독서, 읽기 부진아 연구 등이 중심을 이루는 것으로 나타났다.

1) 읽기(독서)의 과정 및 이론

읽기(독서) 과정에 대한 연구는 심리학의 발전과 함께 구체화되기 시작하며, 그 역사는 19세기까지 거슬러 올라간다. 19세기 말에 이미 에드먼드 휴이(E. Huey)를 비롯한 심리학자들은 읽기의 과정에 대한 연구의 중요성을 언급하고 있다. 즉, "독서는 인간의 마음과 정신을 보여주는 가장 전형적인 지적 과정이다. 그래서 오래전부터 심리학자들은 독서 과정의 분석과 이해를 '꿈의 성취'와도 같이 생각해 왔다.(노명완, 2011:1)"는 점이다.

전통적으로 독서의 과정을 설명하는 널리 알려진 모형에는 상향식, 하향식, 상호작용식 모형의 세 가지 가설이 존재한다. 상향식 모형(bottom-up model) 가설은 독서의 과정이 글자, 단어, 구, 절, 문장, 문단, 글로 이어지는 단계적인 정보 처리 과정이라고 보는 관점이다. 반면에 독서의 심리적 과정에 대한 하향식 모형(top-down model)은 글보다는 독자의 배경 지식(스키마)을 강조하는 모형으로서(Goodman, 1976), 독서 과정에서 모르는 단어가 나오더라도 배경 지식을 추론함으로써 의미를 구성해 낼 수 있다고 보는 것이다. 최근에 일반적으로 인정을 받는 가설은 상향식과 하향식을 절충한 상호작용식 모형이다. 즉, 상호작용식 모형은 독자는 글을 읽어 나가면서 글 자체의 처리 과정은 물론 독자 자신의 배경 지식을 활용하며 글의 의미를 완전하게 구성해 낸다고 보는 것이다.

또한, 읽기와 의미 구성의 관계를 바라보는 관점은 인지적 구성주의, 사회적 구성주의, 사회문화적 구성주의와 함께 역사적으로 패러다임의 변화를 보여준다. 인지적 구성주의(cognitive constructivism) 이론에서는 '독자'가 '글'을 읽어 나가면서 자신의 스키마를 활용하여 의미를 구성해 나간다고 본다. 러멜하르트(Rumelhart, 1980)는 스키마가 사물, 장소, 사건, 행위 등의 단위로 구조화되어 있다고 설명한다. 스키마 이론은 독자의 의미 구성 과정이나 원리를 설명하는 데 효과적인 이론이기는 하나, 최초의 스키마나 배경지식이 없는 새로운 지식의 학습에 대해서는 설명하지 못한다는 점에서 한계로 지적된다(이성영, 1990). 한편 사회적 구성주의에서는 독서를 글을 매개로 한 '필자'와 '독자'의 만남으로 보고, 필자의 의미와 전략, 그리고 독자의 의미와 전략이 만나 새로운 의미를 만들어 내는 지적 과정으로 설명한다. 사회문화적 구성주의(sociocultural constructivism) 이론에서는 독서의 과정에서 일어나는 의미 구성에서 필자 및 독자가 속한 사회공동체의 사회문화적 맥락을 강조한다.

2) 읽기(독서) 교육과 타 영역과의 관계

최현섭 외(1995)에서는 국어교육학의 학문적 체계가 "국어사용학, 국어학, 문학"의 이론으로 구성된다고 보았다. 이들 세 영역은 학생들의 언어능력 발달 정도를 고려하여 학교 급별로 다르게 설정할 수 있을 것이라고 보았다. 이는 언어사용기능과 국어 활동에 초점을 두었던 노명완 외(1988)의 관점과 기존의 관점을 절충하면서도 국어사용(말하기, 듣기, 읽기, 쓰기)을 고려한 것이라고 할 수 있다. '사용'에 초점을 두었던 노명완 외(1988)에서는 국어 교과가 모든 교과 학습의 기본이 된다는 점에서 국어과의 도구교과적 성격을 강조한 바 있다.

이러한 '사용'과 '도구'에 대한 강조에 우려를 표명하면서 국어과의 문화적 성격을 강조하고 나선 것이 김대행(1995)이라고 할 수 있다. 즉, 도구의 의미를 협소하게 '사용'의 의미로 제한해서는 안 되며, 언어 사용은 중립적인 도구가 아닌 사회문화적 가치를 실현하는 도구로서 사용되어야 한다는 것이다. 특히 '사용'에 대한 강조가 자칫 '행동주의 심리학에 기반한 기능 중심으로 흐를 수 있어 우려된다'는 것이다(김대행, 1995:26-31).

이에 대해 한철우(2004)에서는 "국어교육 50년, 한 지붕 세 가족의 삶과 갈등"이라는 표현을 통해 국어과 내의 영역 갈등의 문제를 명료하게 분석, 정리하고 있다. 즉, 국어교과의 '도구교과'적 의미는 '말하기, 듣기, 읽기, 쓰기'가 고차적 사고 능력이며, 이는 고도의 학습과 훈련을 통해 발달할 수 있다는 것이다. 또한 한철우(2004)에서는 제1-7차 교육과정에 대한 통시적 분석과 그간의 국어교육 내 영역 논의를 직접적으로 다룸으로써 국어교육의 정체성을 논하고, 화법·독서·작문 영역의 학문적 체계가 정립될 때 국어교육에서 조화로운 학문 체계가 이룩될 것이라고 보았다.

노명완(2011)에서는 국어교과의 한 하위 영역에 해당하는 독서 교육이 그 정체성을 아직 찾지 못하고 있으며, 같은 표현 및 이해의 영역에 있는 말하기, 듣기, 쓰기 교육과 독서 교육의 관계, 그리고 문법 교육 및 문학 교육과 독서 교육의 관계 문제 등이 아직 미해결의 갈등적 과제로 남아 있다고 언급하고 있다.

향후 국어과 교육과정의 영역 구분이나 교재 개발과 관련하여서는 기존의 각 영역의 독립적 특성과 함께 통합적 접근을 모두 고려하되, 국어과교육의 궁극적인 목표를 바탕으로 학습자들의 교수·학습 목표 도달에 효과적인 접근 방안이 신중하게 모색되어야 할 것이다.

3) 비판적 문식성 교육

최근의 읽기와 독서 교육 연구는 표현과 이해의 통합적 특성이 강조되면서 문식성(또는 문해력, literacy)이라는 용어가 많이 사용되고 있다. 문식성이라 함은 읽기와 쓰기를 아우르는 이해 표현 능력을 가리키는 말로서, 최근에는 비판적 문식성이나 디지털 문식성과 같이 점차 심화 확장되고 있다.

1980년대 전후까지는 대체로 인지적 구성주의의 영향을 받아서 비판적 읽기, 비판적 사고, 비판적 문식성의 개념이 텍스트와 독자에 초점을 두고 진행되어 왔다. 즉, 1980년대 초까지만 해도 '읽는다는 것을 생활로부터 떼어내어 과학적 연구의 대상으로 삼았다'는 점이다(김혜정, 2008). 그러나 1990년대 들어 사회(문화)적 구성주의의 영향과 함께 읽기의 사회문화적 맥락이 강조되기 시작하면서 '사회(문화)적 문식성'의 개념이 강조되기 시작했다. 이에 따라 비판적 읽기는 사회적 문식성의 하위 개념화하기 시작했다. 이는 삶으로서의 읽기(독서), 삶과 유리되지 않은 읽기(독서), 사회적 삶과 관련지으며 개인과 사회의 변화와 변혁을 꾀할 수 있는 읽기를 의미한다. 즉, 사회문화적 맥락의 읽기(독서)를 강조한다는 것은, 인지적 구성주의에 입각하여 텍스트의 의미를 재구성하는 데서 더 나아가서, 의미의 사회적 평가와 실행을 전제로 한다.

이는 자칫 기존에 강조되었던 국어 교과의 독자성, 즉 도덕과나 사회과와 구별되고 가치로부터 자유로운 국어과의 독립성에 배치되는 것은 아닌가

2부 국어교육의 실제에 관하여

하는 우려를 낳을 수도 있다. 그러나 그보다는 국어과의 통합성과 총체성, 완결성을 강화하는 데 기여할 수 있는 여지가 더 크다. 즉, 기존에 국어과에서 문학과 비문학 독서로 구분되어 문학적 텍스트 읽기는 현실과 정서적 측면이 강조되고, 비문학(정보)적 텍스트 읽기는 정보 처리 중심의 텍스트 내적 이해와 분석 차원의 독해에 머물던 것을 오히려 통합해 줄 수 있다는 점이다. 또한 생태학적 읽기(독서)를 통해서 학습독자들의 읽기 동기 유발을 강화시켜 줄 수 있다. 이를 위해서는 학습자들의 비판적 사고 능력과 사회문화적 문식성을 동시에 길러 줄 수 있는 텍스트의 선정과 교수·학습 원리와 방법의 마련이 중요하게 부각된다.

비판적 읽기와 사회문화적 문식성은 새롭게 등장한 디지털 매체의 수용 및 생산과도 밀접한 관련을 갖는다. 이순영(2010)에서는 디지털 시대의 청소년 독자와 비판적 읽기를 논하면서, 디지털 기술을 바탕으로 하는 매체 환경의 변화에 따라 방대한 정보 속에서 원하는 정보를 빠르고 정확하게 검색하고 선별하는 능력과 함께 복합 양식의 텍스트나 하이퍼텍스트 읽기 전략이 문식성의 한 요소로 중요하게 고려해야 함을 언급하고 있다. 특히 학교 밖 문식 활동의 강화가 필요하며, 디지털 공간이 청소년들에게 일종의 해방과 소통의 공간으로 교실, 학교, 가정에서 제한되었던 타인과의 상호작용과 소통, 사회 참여, 다양한 정체성의 구현을 확인해 주는 구실을 하고 있다는 점에 주목한다. 청소년들은 가장 적극적인 정보통신기기의 소비자로 부각되고 있으며 디지털 사회의 주요 구성원이 되고 있다는 점이다. 이러한 청소년들에게 '독자 스스로 자신이나 타인의 언어활동 이면에 존재하는 권력이나 이데올로기의 문제를 비판적으로 인식하고 나아가 이러한 문제를 바로 잡고 사회 변혁을 위해 적극적으로 행동하는 주체로서의 역할 강조'하는 비판적 문식성 교육이 필요함을 역설하고 있다.

정현선(2004) 역시 디지털 미디어의 등장으로 기존의 읽기 환경이 변했음을 주목하여, 기존의 디지털 리터러시에 대한 논의를 비판적으로 고찰한 후 새로운 접근이 필요함을 주장한다. 즉, 디지털 미디어의 등장으로 1) 생산자(작가)와 소비자(독자) 간의 구분이 무너지고, 2) 멀티모드 텍스트를 손쉽게 생산할 수 있게 됐으며, 3) 감성적 논리가 강한 가상현실의 체험이 강화되면서 새로운 소통 능력이 필요한 시점이 되었다는 것이다. 이에 따라 정보적 텍스트에 대해서는 '언어교육적'이고 '사회학적'인 접근이, 미적 텍스트에 대해서는 '문학교육적', '대중예술교육적' 접근의 균형적 도입이 필요하다는 점을 밝히고 있다.

4) 읽기 교육 연구의 학제적 접근

읽기와 관련한 학제적 연구는 일찍이 1930년대를 전후하여 미국을 비롯한 해외의 심리학 연구와 연계되었다. 국내에서 국어교육 연구는 국어학, 국문학 연구를 중심으로 이루어져 오다가 1990년대 들어서 인지심리학에 기반한 기능(技能), 전략의 개념 도입과 함께 읽기 교육 연구가 본격적으로 이루어지게 되었다. 이성영(1990), 박수자(1993) 등이 그 예이다.

1990년대 들어 읽기 교육 연구의 학제적 접근은 당시 국내에서 새롭게 관심을 끌기 시작한 담화이론과 텍스트언어학, 화용론, 의사소통 이론 등의 영향이 컸다. 2000년도를 전후하여 대체로 초기 국어교육의 읽기 관련 박사학위 논문 중 담화·텍스트언어학 연구에 기반한 예는 다음과 같다. '설명적 텍스트의 내용 구조 분석'(이삼형, 1994), '텍스트 의미 구조 표지'(김봉순, 1996), '담화의 구조와 주제 구성'(서혁, 1996), '텍스트 요약 전략'(김재봉, 1996), '담화 구조와 배경지식이 설명적 담화의 독해에 미치는 효과'(이경화,

1999), '상호텍스트성을 바탕으로 한 읽기 지도 방법'(김도남, 2002), '텍스트 이해의 과정과 전략'(김혜정, 2002) 등이 그 예이다. 이들 연구에는, 김혜정 (2004)에서도 언급하고 있듯이, 설명적 텍스트나 비문학 텍스트를 주대상으로 하는 킨치(Kintsch)의 전략 이론이나 판 다이크(van Dijk)의 요약 규칙 이론, 마이어(Meyer)의 위계적 구조 이론 등이 자주 인용되었다.

이삼형(1994)에서는 텍스트의 내용 구조를 응결성과 구조성, 관계성의 측면에서 분석하여 관계 단위를 설정함으로써 읽기 및 쓰기 교수·학습의 내용과 방법 제공에 기여하였다. 김봉순(1996)에서는 텍스트의 내용 요소들 간의 연결 관계를 표시함으로써 텍스트 이해의 장치이자 도구로서 기능하는 텍스트 의미 구조의 체계와 기능을 밝히고, 이를 통해 텍스트 생산 및 이해 전략을 개발하고자 했다. 김재봉(1996)에서는 여러 텍스트 구조 이론을 토대로 텍스트 요약 전략을 수립하고, 실제 실험을 통해 교육적 효용성을 입증하였다. 서혁(1996)에서는 담화 텍스트 언어학적 이론을 바탕으로 국어 담화의 구조와 주제 방식을 탐색하고, 텍스트에서의 주제 발견과 구성 문제에 대해 논했다. 이경화(1999)는 담화의 구조와 배경 지식이 독해에 미치는 영향을 실험을 통해 검증하는 것을 목적으로 하여, 이를 바탕으로 독자의 수준 및 담화의 특성에 알맞은 읽기 지도의 방안을 모색하고자 했다. 김도남(2002)은 상호텍스트성을 바탕으로 독자의 텍스트 이해가 이루어진다고 보고 다중 텍스트를 활용한 읽기 지도에 대해 제시했다. 김혜정(2002)에서는 비판적 읽기의 개념 범주 설정을 바탕으로 텍스트 이해 과정의 층위 및 양상을 상세화하고 읽기 전략을 구체화하였다. 위의 연구들은 대부분 담화 이론과 텍스트언어학의 연구 성과들을 국어교육에 적용함으로서 국어과 교육의 교수·학습 내용과 방법을 개발하고자 한 것으로, 국어(과)교육의 확장에 일정 부분 기여했다고 할 수 있다.

그러나 상당 부분 기존의 연구 성과들에 기반한 적용 연구의 성격이 강했다는 점과 국어교육에 좀 더 구체적이고 일반화된 원리 도출이 약하다는 아쉬움이 없지 않다. 텍스트언어학의 도입과 관련하여서는 무엇보다도 코히어런스(coherence)나 코히전(cohesion)을 가리키는 용어들이 응결성, 응집성, 통일성, 결속성, 일관성 등으로 논자에 따라 다양하다는 점도 하나의 문제점으로 제기되었다. 제7차 국어과 교육과정에서부터는 '통일성(coherence)', '응집성(cohesion)'으로 통일하여 사용하고는 있으나, 텍스트언어학회에서는 이를 각각 '응집성', '응결성'으로 명명하고 있다는 점에서 용어의 통일 요구가 제기되어 오고 있기도 하다. 그런데 문제는 기존에 국어교육의 작문(쓰기) 이론 등에서 위 용어들과 별개로 '통일성, 일관성' 등의 명칭이 사용되어 왔다는 맥락에서 텍스트언어학의 용어를 무조건 수용할 수만은 없는 특수한 사정이 있다. 다음 시기의 교육과정 개정 등에서 고민해야 할 쟁점의 하나라고 할 수 있다.

5) 읽기 교육과 텍스트 복잡도 연구[3]

읽기(독서)교육의 상세화를 위한 텍스트 복잡도(Text Complexity) 판단 기준을 정밀화하는 연구가 매우 중요하다고 할 수 있다. 이는 향후 학습자의 수준에 따른 체계적인 읽기 교육의 토대가 될 수 있기 때문이다. 텍스트 복잡도는 정확하게는 'the degree of text complexity'를 가리키며, '텍스트 복잡도 요소(요인)(the factor of Text Complexity)'를 명료화, 체계화, 객관화하는 것이 핵심 과제이다.[4]

---

[3] 이하 '텍스트 복잡도' 관련 내용은 서혁(2011)을 일부 수정 보완한 것이다.
[4] 이는 기존의 '이독성(易讀性. readability)' 개념을 포괄하는 좀 더 전문적이고 확장적인 개념이

텍스트 복잡도 연구와 관련하여 최근까지 비교적 활발하게 다루어진 부분은 양적 측면에서의 이독성(Readability)[5] 연구이다. 이독성 연구에서 주로 고려되고 있는 요인은 크게 양적 요인과 질적 요인으로 구분된다. 양적 요인은 읽기 텍스트를 이해하는 데 있어서 범주화, 수량화할 수 있는 요인인 어휘의 난이도, 문장의 길이, 접속어 및 지시어의 수, 문장 구조(단문, 복문) 등을 포함한다. 질적 요인에는 텍스트와 독자의 특성이 상호 작용하는 측면과 관련되는데, 주로 명제의 긴밀성, 글의 구조화, 독자의 배경지식 등을 포함한다. 이들 중 지금까지 국외에서 가장 널리 알려지고 또한 활용되고 있는 이독성 공식의 예로는 플레시(Flesch) 공식과 데일-촬(Dale-Chall)의 공식, 플레시-킨케이드(Flesch-Kincaid) 등을 들 수 있다. 이들은 대부분 어휘와 문장을 기준으로 이독성을 측정하고 있다. 특히 Flesch 공식과 Flesch-Kincaid 공식은 MS Word 2007 버전에서도 서비스 되고 있다 된바 있다.[6] 이들은 주로 단어의 난이도와 문장의 길이 등을 중심으로 단순히 양적으로 계산하기 때문에 진정한 의미의 이독성을 나타낼 수 없다는 지적과 비판을 받아왔다. 그러나 영어의 경우 대체로 80% 내외의 정확성을 보이고 국어의 경우에도 약 70%

라 할 수 있다. 연구자에 따라서는 '복합도'라고 부르기도 한다. 또 학습자 중심의 개념으로는 '곤란도'라는 표현을 사용하기도 한다. 그런데 텍스트 자체의 객관적인 난도를 지칭하는 용어로는 '복잡도'라는 용어도 의의가 있다고 판단된다. 서혁(2011, 2013)에서도 이에 따르고 있다.

5 이독성(易讀性, readability)은 글의 읽기 쉬움 정도를 말한다. 가독성(可讀性)이라 부르는 경우도 있는데, 이는 레저빌러티(legibility)로서 글자 폰트나 편집 체제에 따른 읽기 편함 정도를 가리키는 말로 구별하기도 한다. 그밖에 이독성과 관련되는 용어로 독이성, 가독도, 이독도 등 매우 다양하다. 본고에서는 이 중 가장 널리 사용되는 이독성이라는 용어를 사용하고자 한다. 현재까지의 국내외 이독성 연구는 플레시(Flesch, 1948), 데일-촬(Dale-Chall, 1948), 프라이(Fry, 1968), 킨치(Kintsch, 1977), 플레시-킨치(Flesch- Kincaid, 1975), 윤영선(1974), 이선희(1984), 심재홍(1991), 최인숙(2005), 윤창욱(2006) 등을 들 수 있다.

6 MS Word 2007에서도 제공되던 플레시 이독성 지수나 플레시 - 킨케이드 이독성 지수는 무슨 이유 때문인지 2010 한글판 이후에서는 서비스 되지 않는 것으로 보인다. 추측컨대 영어와 달리 국어의 경우 그 정확성이 많이 떨어지기 때문이 아닌가 생각된다.

가까운 정확성을 보이는 것으로 보고되고 있다.

이처럼 이독성 지수는 불완전함에도 불구하고 문식성 진단, 교재 개발, 독서교육 등의 측면에서 현실적인 필요성 때문에 여전히 상당한 관심 속에 연구가 진행되고 있다. 특히 미국의 렉사일(Lexile)사의 렉사일 지수나 국내 교보 문고의 READ 지수 등을 통해 독자의 읽기 능력 진단과 그에 맞는 도서 안내로 연결하여 상품화되기에 이르고 있다.

또한 미국 정부는 2010년에 '알기 쉬운 글쓰기에 관한 법령(The Plain Writing Act)을 제정하여 공공 문서 등에 이를 적용하는 것을 의무화하고 있기도 하다. 이는 시민들이 국가가 제공하는 정보와 서비스에 접근성을 높이기 위하여 정부가 대중에게 발행하는 문서는 명료하게 쓰여야 한다는 취지에서 2010년 오바마 정부에서 추진한 정책이다. 이는 공공문서와 대출, 주택 모기지, 보험 증서와 소비자 금융 계약서 등의 내용을 알기 쉽게 표현하도록 규정한 법이다. 2009년 2월 10일에 미 하원 브루스 브랠리(Bruce L. Braley)가 법안을 제출하여 2010년 9월에 미 상하원을 통과하고, 10월 13일에 미국 대통령 버락 오바마가 서명하여 법안이 마련되었다.

이 법에서 연방정부는 공공문서에 "알기 쉬운 글쓰기(plain writing)"를 요구하고 있다. 여기에서 "알기 쉬운 글쓰기"란 국민(독자, 소비자)들이 글을 쉽게 이해하고 소통할 수 있도록 공문서 작성 등에서 글을 명확하고 정확하며 잘 조직화하여 쓰는 것을 의미한다. 특히 문서를 작성하는 기관들은 예상 독자를 고려하여 정확하고 간결한 단어를 사용하되, 중심 문장을 글의 첫 부분에 배치하고 문장을 간명하게 표현해야 한다는 것이다. 아울러 삽화나 예시, 웹상의 정보 제시 등과 관련하여서도 해당 내용이나 자료를 적절하게 선택하여 배열해야 한다는 점이다.

교육적 국면에서 텍스트 복잡도와 관련된 연구는 학습자의 발달 단계에 따라 수준에 맞는 텍스트를 제공하게 함으로써, 읽기교육뿐 아니라 교육 전반의 수준별 교수학습을 가능하게 하는 중요한 요소로 작용한다. 그러나 대부분의 이독성 연구는 텍스트 내적 요소 중 양적 요인을 수량화, 공식화 하는 데에 편중되어 왔다. 질적 측면에서 텍스트 이해 처리에 필요한 (학습) 독자의 배경지식이나 읽기 능력 등 다양한 특성을 고려한 연구는 매우 드 문 편이며, 교재개발이나 선정 작업에서는 대체로 '전문가의 경험적 · 주관 적 판단'에 전적으로 의존하고 있다. 독자의 배경지식이나 스키마의 활성 화는 읽기(독서)교육, 국어교육은 물론 모든 (교과)교육에서도 중요하게 고려 되고 있으나, 연구 내용의 방대함과 다양함 그리고 연구 방법상의 어려움 때문에 과학적이고 체계적인 연구 시도는 거의 이루어지지 못했다. 그 결 과 기존의 이독성 연구는 어휘의 난도나 문장의 길이 등 텍스트의 표면적 이거나 내적 요인의 측정에만 머물게 되었고, 그 이외의 요소들에 대해서 는 전문가의 판단에 의존해 올 수밖에 없었다.

물론 국내 혹은 국외에서 기존의 이독성 공식, 독자의 읽기(독서) 능력, 습 관과 태도 등을 활용하여 상업적 실용화를 시도한 사례도 없지 않다. 미국 의 렉사일사나 국내의 교보문고의 독서지수 활용 권장 목록 제시를 그 대 표적인 사례로 들 수 있다. 그러나 이들 프로그램 역시 대부분 어휘의 빈도 나 문장의 길이 등 양적 접근 방법에 머물거나, 궁극적으로 전문가들의 경 험적 판단에 의존하고 있다. 전문가의 전문적이고 경험적인 질적 판단 능력 은 일종의 감식안(Connoisseurship)으로서 매우 중요한 역할을 하는 것이 사 실이다. 그러나 문제는 기존의 이독성 연구에서는 이러한 질적인 판단 기준 이 반영될 여지가 전혀 없었다. 아울러 최근에 미국의 국가수준의 교육과정 인 공통 핵심 성취기준 2010(The Common Core State Standards 2010) 등에서 텍스트 복잡도의 종합적 · 통합적 접근 방법을 취하고 있으나 여전히 전문가들의 전문적이고 주관적인 판단, 즉 감식안의 기준이 무엇인지에 대한 상세화 된 논의는 없었다. 따라서 읽기(독서)교육의 위계화와 체계화를 위한 이론적 기반을 다지고 관련 프로그램들이 효과적으로 개발 적용되기 위해서는 텍스트 복잡도의 양적, 질적 요소들에 대한 상세화 작업이 절대적으로 요구된다. 특히 '전문가 판단 근거'의 핵심 요소를 추출하고 상세화하는 작업은 매우 중요한 의미를 지닌다.

'텍스트 복잡도 상세화' 연구는 기존의 이러한 연구들을 모두 아우르는 확장적 주제이다. 이는 언어교육, 국어교육, 그리고 읽기교육의 과학적 접근을 위해서도 매우 중요한 의미를 지닌다. 또한 국외 이독성 공식의 단순 적용이 아닌 한국어에 적합한 텍스트 복잡도 평가 기준이 고안되어야 한다. 그간의 이독성에 관한 연구는 주로 국외 이독성의 공식을 받아들이는 추세였으나 이는 개선될 필요가 있다. 양, 질, 독자 차원을 모두 고려하는 텍스트 복잡도의 개념이 국내의 이론과 문화에 맞게 재구성될 필요가 있다. 그뿐 아니라 국어과 교육과정에 의거한 교재 제작 시, 텍스트 선정의 근거 마련이 시급하다. 이는 이독성 연구 활용의 국제적 동향에서도 필요성을 확인할 수 있다.

3. 텍스트 복잡도 연구와 읽기 교육 체계화

텍스트 복잡도 연구와 관련되는 초기의 국내 이독성 연구로 윤영선(1974)을 들 수 있다. 이 논문에서는 이독성 변인들을 추출하고 많은 변인들을 이독성의 공식 속에 포함시키고자 시도했다. 이후 국내의 이독성 연구에 대한 관심은 1980년대 후반에 들어 활발해지며 심재홍(1991)의 연구가 그 뒤를 따른다. 심재홍(1991)에서는 글의 문종에 따른 이독성 공식을 개발하였다. 그러나 이러한 국내 이독성 연구에서는 대부분의 연구가 어휘의 난이도 및 문장의 길이와 같은 단순 요소만을 고려하고 있는 모습을 보여준다.

2000년에 들어 의미 있는 이독성 연구에는 최인숙(2005)과 윤창욱(2006)이 있다. 이 두 논문 모두에서 알 수 있듯이 국내 이독성 연구의 특징은 선행 연구의 결과에 의존하고, 이독성 요인에서 텍스트 내적인 요소만을 고려한다. 최인숙(2005)에서는 글자 수, 어절 수, 이형어절 수 모형의 설명력이 80%라고 주장하면서 세 요인만을 유의미하게 추출하고 있다. 윤창욱(2006)에서도 6가지의 텍스트 복잡도 요소를 추출한 초반과 달리 결론적으로는 어휘의 난이도와 문장의 길이 두 가지 요소로 텍스트 난이도를 64.7% 가량 설명이 가능하다는 결론에 도달하고 있다.

기존의 공식이 텍스트 내적인 요소 가운데에서도 어휘의 난이도나 문장의 길이만을 고려하는 데 치우친 것은 이독성 공식의 정밀화를 위한 것이기보다는 공식 산출의 수월성을 위한 것이라 판단된다. 그러나 어휘의 난이도와 문장 길이에 한정하여 텍스트의 난이도를 결정하는 것은 단편적인 접근일 수 있다. 현재 이독성 연구에서 상기의 논문들을 뛰어넘는 연구는 미비한 실정이다. 따라서 객관적이고 체계적인 읽기교육을 위한 텍스트 복잡도의 구체화하는 방안 마련이 절실하다.

1) 문장의 복잡도와 구문 분석 연구

이독성 판단 기준 논의에서 어휘나 문장의 길이에만 의존하여 이독성을 측정하는 것은 계속해서 비판받아 왔고, 현재는 어휘의 난이도와 문장의 길이에서 나아가 문장의 복잡도에 따른 연구가 활발히 이루어지고 있다.

이는 기존의 이독성 공식의 한계를 보완하기 위한 하나의 방안이 될 수 있는데 주로 문장 차원의 복잡도를 계산하기 위한 구문 분석과 관련된다.

문장의 복잡도와 관련된 연구는 외국어 교육 분야에서 논의되기 시작하였다. 이정숙(1999)에서는 영어읽기에 대한 논의에서 통사복합과 이독성과의 관계를 연구하면서 어휘의 난이도보다는 문장 구조의 복잡성이 이독성에 더 큰 영향을 미친다는 점에 대하여 주장하였다. 그러나 이는 영어읽기에 한정하여 이루어진 연구로 문장의 구조나 성분의 생략 등에서 나타나는 두 언어 간의 통사적 차이점을 고려한다면 이러한 연구 결과를 곧바로 국어과의 읽기교육에 적용하기는 어렵다.

특히 최근 한국어 교육에서도 이독성 관련 연구가 활발히 이루어지고 있다. 한국어 교육에서 이독성 연구를 정밀화하는 것은 이독성 연구가 연계된 타 학문에서도 적용·발전될 수 있는 가능성을 시사한다. 김영규(2009)에서는 한국어 교육 분야에서 텍스트 난이도의 상세화 방안을 연구함으로써 읽기 이해의 증진에 미치는 영향을 연구하였다. 이지혜(2009)는 데일-촬(Dale-Chall)의 이독성 공식을 이용하여 한국어 능력 시험의 난이도를 분석하였다. 이 시기의 연구들은 이독성 연구의 대상을 한국어 교육으로 넓혔다는 의의를 가지고 있다. 그러나 이독성 자체의 요인 범주를 넓히는 데에서는 한계점을 가지고 있기 때문에 텍스트 요인의 상세화와 독자 요인을 고려한 텍스트 복잡도의 측정 기준을 보완하는 작업이 필요하다.

한국어에서 이루어진 이독성 연구 중 최근에 주목할 만한 것으로는 김의수(2008)에서 제시하는 텍스트 분석 틀이 있다. 김의수가 제안한 해석문법은 문장의 길이와 통사적 복잡성이 일치하지 않을 수 있다는 것을 보여준다. 이는 기존의 다소 단편적인 이독성 판단 기준을 보완할 수 있는 개념이다. 또한 문장구조 정보를 문자와 숫자로 표시하여 선형화하는 모델을 구축함

　　　　　　　　　　　　　　2부 국어교육의 실제에 관하여

으로써 생성문법이나 구문 분석 말뭉치 구축을 위한 이론들이 제시하는 문장구조 분석 틀의 문제점을 보완했다. 현재 김태성(2009), 이로사(2009), 김의수 · 정은주(2009), 김의수 · 정한네(2009) 등에서 해석문법을 적용한 텍스트 분석 연구가 진행되었다. 문장구조 분석 틀의 적용에서는 문장의 다양성과 복잡성의 측정 기준을 8가지 유형, 40개로 나누어 1에서 25까지의 복잡성 점수를 부여한다. 이를 통해 문장의 복잡성 정도를 수치화하여 살펴볼 수 있다는 점이 유의미하다고 할 수 있는데, 다만 구체적인 텍스트 난이도 판단에까지는 연계되지 못하고 있다는 점에서 한계를 지닌다. 이와 관련하여서는 뒤에서 다시 검토하기로 한다.

한국어 교재를 분석한 김태성(2009), 김의수 · 정한네(2009)에서는 교재의 등급에 따른 텍스트의 난이도와 교재 내의 난이도 등을 문장의 통사적 복잡성에 근거하여 국어 문장과 텍스트를 분석하고 난이도를 계량화할 수 있는 방안을 제시한 것은 분명 획기적인 성과라 할 수 있다. 그러나 여전히 아쉬운 점은 각 단계별 난이도 점수의 상대적 비교에서 그쳐 복잡성 점수의 절대적 기준을 근거로 제시하지는 못하였다는 점이다. 즉, 분석의 과정이 지나치게 복잡하고, 분석 결과를 텍스트 난이도 판별에 연계하는 방안이 마련되지 못했다는 비판이 가능하다. 향후 이를 교재 구성 과정에서 고려할 수 있도록 교재의 수준에 따른 텍스트 적합성 판단 근거로 활용하는 방안을 마련해야 한다. 또한 현재 복잡도 점수의 평균과 최고점 · 최저점을 함께 제시하는 방법 역시 표준편차를 이용해 동일 복잡도 내에서의 변동 폭을 정확한 수치로 제시하는 등의 정밀한 분석이 필요하다. 문장 분석의 체계화된 틀 마련에서 더 나아가 문장 복잡성 점수의 단계 설정에 따른 텍스트 난이도 및 적합성 판단의 기준을 제시할 수 있다면 텍스트 이독성 연구는 물론 읽기 교육의 위계화에도 긍정적인 영향을 줄 것으로 기대

된다.7 이미 언급한 (한)국어 교육뿐만 아니라, 타 교과의 텍스트 선정에도 상당한 영향을 줄 수 있다.

2) 텍스트 복잡도의 요인 분석

텍스트 난이도 측정의 문제와 관련하여 미국의 공통 핵심 성취기준(CCSS)이 시사하는 바는 크다. 이미 지적했던 것처럼 현재의 텍스트 난이도 측정은 어휘의 난이도, 문장의 길이와 같은 양적인 측면에서만 이루어지고 있는 것이 사실이다. 이에 비해 공통 핵심 성취기준은 '텍스트 복잡도(text complexity)'라는 개념하에 텍스트의 난이도를 양적인 측면

[그림 1] 학습독서와
텍스트 복잡도 요인
(서혁, 2011:446. CCSS 2010 '텍스트 복
잡도 표준 모형' 참조.)

만이 아닌 질적인 측면까지 고려하여 다루고 있는 점에서 그 의의가 있다. CCSS 2010에서는 텍스트 복잡도에 접근하는 척도를 '질', '양', '독자 - 과제'의 세 측면으로 나누어 접근하고 있다. 이 모델에서 1) 텍스트 복잡도의 질적 차원은 의미나 글을 읽는 목적, 글의 구조, 텍스트의 언어적 관습과 글의 명확성, 독자에게 요구되는 지식의 수준과 같은 내용들을 포함한다. 2) 문장 복잡도의 양적 차원은 단어 길이나 빈도, 문장 길이, 텍스트의 응집성(cohesion)과 같은 텍스트 복잡도 측면과 관련된다. 3) 독자와 과제 차

---

7 텍스트 복잡도와 관련한 구체적인 논의와 연구 성과는 서혁(2011), 서혁 외(2013)를 참고할 수 있다.

2부 국어교육의 실제에 관하여

원은 특정한 독자(동기, 지식, 경험)와 특정한 과제(목적, 부과된 과제의 복잡도, 제기된 질문)라는 구체적인 변수로 작용한다. 이 모델은 텍스트 복잡도와 타당성이 밝혀질 때 세 요소 모두가 작동한다고 가정하고 있다. 이와 같은 세 가지 측면을 바탕으로 교과서의 텍스트를 선정한 공통 핵심 성취기준의 사례는 시사하는 바가 크지만 보완해야 할 점이 없는 것은 아니다.

텍스트 복잡도 요인 분석을 체계적으로 접근하기 위해서는 텍스트 구성의 특성과 독자의 독해 처리 과정에서 관여하는 구체적인 요인을 상세화하여 텍스트 복잡도 개념을 좀 더 명료하게 나타낼 필요가 있다. 이는 텍스트 복잡도에 대한 종합적 접근 방안이라 할 수 있다. 이와 관련하여 본 연구에서는 임시로 텍스트 복잡도 요인을 '텍스트의 구조, 텍스트의 의미(주제 및 내용), 텍스트 독해에 필요한 배경 지식'의 세 가지로 접근하고자 한다.

첫째로 구조는 텍스트의 미시 구조와 거시 구조를 포함한다. 미시 구조는 킨치(Kintsch)와 판 다이크(van Dijk)를 비롯하여 어윈(Irwin, 1991) 등에서 제시하고 있는 개념과 유사하다. 즉, 미시 구조는 명제나 문장 독해 차원에서 중요하게 작용하는 단어의 난이도, 문장의 구조 등이 포함된다. 어려운 어휘가 많고, 복문이 많아서 문장이 복잡할수록 텍스트 이독성은 낮아질 수밖에 없다. 이와 관련하여 데일(Dale)의 이독성 공식이나 윤창욱(2006)의 이독성 공식에서 설정하고 있는 '쉬운 단어 목록'과 같은 단어 목록이 한국인의 문식성 수준에 맞게 새

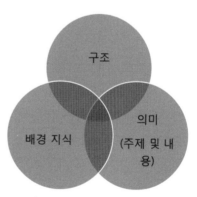

[그림 2] 텍스트 복잡도 요인 분석 기준(서혁, 2011: 447)

롭게 작성되어야 할 것이다. 데일의 경우 1940년대 후반 당시에 초등학교 4학년 수준에서 충분히 이해할 수 있는 단어 3,000여 개를 중심으로 쉬운 단어 목록집을 작성하여 적용하고 있다. 반면에 윤창욱(2006)에서는 국어 기본 어휘들을 바탕으로 약 5,000여 개의 쉬운 단어 목록을 작성하여 적용한 바 있다. 중요한 것은 이들 쉬운 단어 목록의 기준과 범위를 어떻게 설정할 것인가 하는 점이 일차적인 관건이다. 현재로서는 기존의 연구 성과 및 자료들을 참조하여 향후 정밀한 검토가 요구되는 부분이다.

이는 기존의 이독성 연구에서 많이 다뤄지고 있는 양적 평가 방법과 밀접하게 관련된다. 아울러 어윈(Irwin, 1991)에서 제시하고 있는 명제와 문장 간의 연결을 통한 독해 처리와 관련되는 통합 과정 역시 미시 구조에 포함시킬 수 있다. 이는 지시어와 대용 표현 등에 따른 독해 처리의 부담 증가를 고려하는 문제와 관련된다.

거시 구조는 수집(기술), 비교 대조, 문제 - 해결, 원인 - 결과 등 텍스트에 두드러진 특징적 구조를 말한다. 독자가 예측 가능한 특징적 구조의 사용은 텍스트의 이독성을 높여준다. 그러나 예측 가능한 구조를 발견할 수 없거나 다양한 구조가 복잡하게 혼용된 경우 이독성은 낮아질 것으로 예측된다. 거시 구조는 텍스트의 통일성(coherence)은 물론 응집성(cohesion)과도 밀접하게 관련된다. 아울러 텍스트 구조에는 텍스트 편집 구조도 포함될 필요가 있다. 즉, 글자의 크기(폰트)나 삽화, 읽기 편의를 위한 각종 디자인 등이 중요하게 고려될 필요가 있다.[8]

둘째, 의미의 측면은 텍스트의 내용이나 주제와 관련된다. 텍스트의 내

---

8 이는 복합양식 텍스트(멀티 텍스트)의 개념과 관련되는 것으로 동일한 텍스라도 삽화나 글자 크기, 행간 등 다양한 디자인에 따라 이독성이 크게 달라질 수 있다는 것을 의미한다. 이는 교재 편찬이나 책 디자인의 측면에서 중요한 영역에 해당한다.

용이나 주제가 명시적일수록 이독성은 높아질 것이다. 반면에 텍스트 내용
이나 주제가 암시적, 비유적, 함축적일수록 이독성은 낮아질 수밖에 없다.
이는 설명적 텍스트와 문학적 텍스트의 난이도를 판단하는 중요한 기준으
로 작용할 수 있다. 이는 텍스트에 사용된 어휘나 내용, 주제의 추상적 정
도나 텍스트의 갈래와 밀접하게 관련된다. 예컨대 동물에 대해 단순히 설
명하거나 묘사하는 글과 동물들을 등장인물로 하여 우화적으로 세상을 비
판하는 글 사이에는 주제의 층위가 다르다. 따라서 후자의 경우 훨씬 이독
성이 낮다고 볼 수 있다. 향후 이를 체계적으로 계량화하는 방안에 대한
탐색이 필요하다.

셋째, 배경 지식 요인은 특정 텍스트를 해독하는 데 필요한 사전 지식을
가리킨다. 특정 텍스트의 독해에 필요한 배경 지식의 양이 많거나 수준이
높을수록 이독성은 낮아지게 될 것으로 예상된다. 배경 지식의 수준이나
양의 문제는 텍스트에서 핵심적으로 다루고 있는 전문적인 어휘나 개념,
원리, 지식의 체계와 밀접하게 관련된다. 배경 지식의 위계화 문제는 '지식
의 인지적 개념망'을 가리키는 온톨로지(Ontology)[9] 체계의 설정을 필요로

---

9 온톨로지(Ontology)란 '존재론'이라고도 번역되는데, 엄밀히 말해서 '지식의 인지적 개념망'이
  라고 할 수 있다. 일반적으로는 '어떤 관심 분야를 개념화하기 위해 명시적으로 정형화한 명세
  서'에 해당한다. 본고에서는 간단히 '개념망'이라고 번역하여 사용할 것을 제안한다. 이는 컴퓨
  터나 문헌정보학 분야에서 정보처리의 통일을 위해 다양한 용어와 개념들 간의 관계를 명세화
  한다는 점에서 일반적인 시소러스와는 차이를 갖는다. 예컨대 '은행에서 돈을 찾는다'고 표현
  할 때 일반적으로 '은행'은 '은행(銀杏)'이 아니라 '은행(銀行)'을 가리킨다는 것을 '돈'과의 관계
  를 통해서 쉽게 처리할 수 있는 것과 같은 원리이다. 그런데 만약 발신자가 '은행(銀杏)에서
  돈을 찾는다'는 의미로 쓴 것이라면 이는 '은행(銀杏)'을 상품화하거나 산업화하여 경제적 가치
  를 창출한다는 특수한 의미로 사용된 것일 수 있고, 이 경우 일상적 의미를 뛰어넘는 훨씬 복
  잡한 인지적 처리 과정과 부담이 따르게 된다. 그것은 '경제 - 은행(銀行) - 돈'의 관계보다 '식
  물 - 은행(銀杏) - 돈'의 의미 관계와 거리가 훨씬 멀고 복잡하기 때문이다. 국어 어휘 약 10만
  단어를 대상으로 한 국립국어원의 국어 어휘 빈도 조사 결과에 따르면 '은행(銀行)'은 599위,
  '은행(銀杏)나무'는 5,530위에 해당한다. 이는 언어 사용과 관련한 정보 처리 용이성과 차원에
  서 두 단어 간은 물론이고 그 사용과 관련한 정보 처리의 위계적 관계가 존재한다는 것을 의미

하는 어려운 문제인데, 현재로서는 각 학문의 지식 체계를 바탕으로 이루어지는 국가 수준의 각 교과 교육과정의 학년(군)별 위계화를 참조할 수 있을 것이다. 즉, 사회과의 경우 초, 중, 고등학교에서 각각 다루고 있는 개념이나 지식은 학습자들의 인지적, 정의적 수준에 적절하게 재구성되어 있다고 볼 수 있다. 인간 지식의 개념망(온톨로지) 구축 작업이 이제 관심을 가지고 시작되는 시점이기 때문에, 현재로서는 대략적이나마 교육과정의 지식의 위계를 바탕으로 계량화하는 방안이 가능할 것으로 판단된다.

4. 나가며

한철우 외(2005)에서는 향후 독서 교육 연구는 거시적 독서 능력을 길러줄 수 있는 방면으로 가야 하며, 상대적으로 거시적 독서에 대한 논의는 부족하다고 지적하고 있다. 특히 도서 선정, 도서 등급 분류에 대한 체계적 안내를 할 수 있는 과학적 기준을 개발할 필요가 있다는 점이다. 이러한 지적은 텍스트 복잡도 연구와 밀접한 관련을 가지며, 이는 언어(국어)학, 문법 등과 밀접한 학제적 연구의 성격을 지니기도 한다.

우리는 이독성의 문제를 텍스트 차원의 접근과 독자 차원의 접근으로 크게 두 가지로 구분하여 접근할 수 있음을 알 수 있다. 즉, 텍스트 중심의 객관적 이독성 분석 방법과 함께 학습 독자의 수준에 맞는 텍스트의 선택을 고려할 수 있다는 점이다. 이 점이 독서 교재 개발과 구성의 핵심 과제이기도 하다. 물론 텍스트 중심의 이독성을 논의하더라도 그 기저에는 '쉬

한다. '개념망(온톨로지)'은 이와 같이 언어 이해 표현의 위계성과 복잡도를 설명하는 데 시사하는 바가 크다.

2부 국어교육의 실제에 관하여

운 단어 목록'의 예와 같이 잠정적으로 항상 독자를 염두에 두지 않을 수 없는 것이다. 중요한 것은 잠정적이고 일반적이며 평균 수준의 독자 수준을 위계화할 필요가 있다는 점이다. 즉, 텍스트 이독성 측정 결과를 바탕으로 어떤 이독성 지수값을 얻었다 할지라도 해당 지수가 정확히 몇 학년에 적절한지를 판단하기 위해서는 학년(군)별 또는 연령별 독해력 수준이 또한 위계적으로 전제되어야 한다. 그 결과를 바탕으로 독자의 흥미나 학습 활동 과제의 특성에 따라 텍스트 선정의 폭이 달라질 수 있는 것이다. 즉, '어린 왕자'를 단순히 감상하는 경우와 비평적 관점에서 분석하는 경우 각각의 목적과 과제는 큰 차이를 보인다. 이는 독자의 독서 목적이나 과제에 따라 동일한 텍스트를 저학년이나 고학년, 심지어는 전문적 교재에서도 다룰 수 있음을 의미한다. 읽기(독서) 활동에 요구되는 독자의 지식은 큰 차이가 나기 때문이다. 이러한 맥락에서 독서교육을 위한 교재 개발 등 체계적인 읽기교육의 기반을 마련하기 위한 독자와 과제 요인에 의한 객관적인 분석은 별도의 중요한 독립적 작업이라고 할 수 있다.

그동안 독자와 과제 요인은 양적 이독성 공식을 보완하는 차원에서 협소하게 다루어져 왔다. 양적 이독성 공식 이외의 영역은 대부분 전문가의 판단에 맡겨져 왔으나, 전문가의 판단 역시 객관적 근거 체계에 기반한 것이 기보다는 전문가의 직관에 의존하고 있는 실정이다. 텍스트 복잡도를 판별하는 데 독자와 과제 요인은 매우 중요한 요인임에도 불구하고, 측정 기준 설정의 어려움으로 인해 대부분 측정 요소로 고려되지 않고 있는 것이다.

따라서 독자에 대한 연구는 두 가지로 구분될 수 있다. 하나는 텍스트 중심적 관점에서 볼 때, 텍스트를 읽을 예상 독자가 갖추어야 할 독자의 객관적인 배경지식의 수준은 어떠해야 하는지에 관심을 가질 수 있다. 반면에 독서 교육의 관점에서 개별 학습독자들에게 초점을 맞출 경우 각각의 학습

독자들이 가지고 있는 배경지식이나 독서 능력에 따른 과제 부여에 관심을 갖는 경우이다. 이 둘은 모두 필요하고 중요한 연구 과제라 할 수 있는데, 엄밀히 말해 상호 충돌하거나 관점의 차이라기보다는 일차적인 관심사의 차이라고 할 수 있다. 텍스트 복잡도 연구와 독서 교육에서 모두 중요한 문제인데, 본고에서 일차적 주요 논의 대상으로 관심을 가지고 있는 텍스트 복잡도 연구의 관점에서는 텍스트 자체에 담긴 배경지식의 객관적 수준에 더 초점을 두게 된다. 이러한 구체적 성과를 바탕으로 독자와 과제의 문제에 접근하는 것이 합리적 순서라고 판단된다.

기존의 한계를 보완하기 위하여 읽기교육에서 학습자의 인지 발달과 정서 발달 등을 두루 고려하여 교수학습 자료 및 방법을 위계화 할 필요가 있으며, 특히 정서 발달에 대한 연구가 상대적으로 미흡한 것으로 판단된다. 이러한 점에서 학습자의 발달 단계를 고려한 읽기 교육과 관련된 선행 연구로 김중신(2003)을 살펴볼 만하다. 김중신(2003 : 172)에서는 "소나기를 7학년에 놓는가, 아니면 9학년에 놓아야 하는가에 대한 논의는 교육의 체계화라는 점에서 분명 의미 있는 과제이며, '소나기'를 먼저 가르쳐야 할 것인가 아니면 '사랑손님과 어머니'를 먼저 가르쳐야 할 것인가에 대한 논의도 의미 있는 과제"라고 밝히고 있다. 이는 학습자의 인지·정서 발달과 작품의 내적 위계화가 전제되어야 함을 시사한다.

요컨대 텍스트 복잡도의 독자 영역을 연구하여 읽기교육의 체계를 세우기 위하여, 다음과 같은 접근법을 고려할 필요가 있다.

첫째, 학습 독자의 인지 측정 요소를 객관화할 수 있는 지표로, 범교과 교육과정을 검토하여 활용하는 방안을 모색한다. 교과 교육과정을 연계하여 살펴봄으로써, 학습독자 배경지식의 기초적인 체계를 가늠해 볼 수 있는 가능성을 타진해 볼 필요가 있다. 특히 사회과의 교육과정을 중점적으로 반영하여, 범교과 차원에서 사회문화적 배경지식을 포함하는 텍스트의 수준 현황을 분석한다. 사회 · 역사적인 내용적 지식을 담고 있는 정보전달적 텍스트를 분석 대상으로 하되, 관련 교과의 교육과정과 연계하여 살펴보고자 한다볼 필요가 있다. 물론 현재로서는 전반적인 스키마 체계나 개념망(Ontology)을 구축하기에는 현실적으로 어려움이 따른다. 이에 본 연구는 실현 가능한 연구 규모와 범위를 고려하여, 독자 영역의 중요 요소인 배경지식 측정의 기본 틀과 기준 마련을 위한 구체적인 아이디어 제시에 초점을 두고자 한다. 그뿐 아니라, 따라서 교과 교육과정에 제시된 사회문화적 배경지식의 깊이와 넓이의 범주를 파악하고 그에 따라 평가 척도를 구안해 보는 방식을 모색할 필요가 있다. 구체적인 방법으로써, 각 교과의 성취기준의 위계적 관계를 바탕으로 일종의 개념망을 수립하고 활용하는 것을 고려해 볼 수 있다. 교과의 배경지식 개념망은 각 교과지식의 개념을 구체적으로 설명하고 그 개념이 속한 영역에 존재하는 개념들의 관계를 상황과 조건을 통해 설명하는 체계이다. 교과개념의 온톨로지를 파악하여 실제 텍스트와 비교 · 분석함으로써 학습독자 배경지식의 위계를 범주화하는 방안을 고려해야 할 것이다.

둘째, 독자, 텍스트, 맥락이 상호작용하는 관계를 객관적인 지표로 명시할 수 있는 가능성을 모색할 필요가 있다. 서혁 · 서수현(2007: 58)에서는 읽기 교육의 의미 구성과 관련하여 독자와 사회문화적 배경지식이 중요함을 강조한 바 있다. 여기에서 사회문화적 맥락이란 텍스트 이해에 소요되는 사회적 · 문화적 · 역사적 지식 등을 바탕으로 한다. 이는 텍스트가 독자와 사회문화적 맥락에 따라 그 의미장이 어떻게 변하는지를 보여주면서 읽기와 사회문화적 맥락에 대한 지식이 상호 역동성을 지니고 있음을 보여준다. 즉, 읽기의 의미 구성 행위는 독자의 능력(스키마와 언어능력), 사회문화적 맥락에 대한 이해·표현 능력에 따라 다른 결과를 보이게 된다. 이와 같은 연구는 학습독자와 사회문화적 배경지식의 관계를 계량화할 수 있음을 시사하고 있다. 이러한 관점에서 텍스트 복잡도의 독자 영역의 세부 사항들을 더욱 구체화해 나갈 필요가 있다.

특히 학습독자의 특성으로 전술한 정서 발달에도 주목할 필요가 있다. 정서발달을 위계화 한다는 것은 그 단계를 설정할 수 있지만 그 시기를 확정짓기에는 이론 및 경험적 연구 현장의 논의가 부족한 것이 사실이다. 다만 정서 발달의 단계를 위계화 하고자 하는 연구가 지속적으로 이어지고 있으며, 아동기와 청소년기 자아 정체성 발달에 관한 연구 등이 참고할 만하다. 최근 연구되고 있는 정서 교육과정, 정서 발달의 학년별 위계화 연구가 그 기반을 구축한다면 그것을 토대로 하는 텍스트의 난이도의 연구 역시 수월할 것으로 기대된다. 기존의 연구가 미약한 만큼 본 연구에서 병행할 필요성이 있으며 이는 타학문과 융합하여 학제 간 연구의 기반이 마련될 수 있는 부분이라 하겠다. 학습자의 읽기 발달 단계, 선행학습에 의한 배경지식의 유무, 정서발달 단계를 총체적으로 다룸으로써, 균형 있는 텍스트 복잡도의 측정 요소를 구안할 필요가 있다. 읽기 교육의 체계화라는 궁극의 목적에 부합하기 위하여 각 연구는 독립성을 지니면서도, 그 연구 결과가 연계성을 지니는 방향으로 진행되어야 할 것이다. 특히 이와 관련하여 여러 교과의 교육과정을 종합적으로 검토하여 범교과적 교육과정을 중심으로 하는 교수학습 온톨로지 구축 방안이 마련되어야 할 것이다.

▌이 글은 서혁(2011) 등을 바탕으로 하여 『언어와 교육』(김무림 외, 2012, 박이정)에 실린 내용을 수정 보완한 것이다.

참고문헌

김대행(1995), 『국어교과학의 지평』, 서울대학교출판부.

김도남(2002), 「상호텍스트성을 바탕으로 한 읽기 지도 방법 연구」, 한국교원대 박사학위 논문.

김봉순(1996), 「텍스트 의미 구조의 표지 연구」, 서울대학교 박사학위 논문.

김봉순·정옥년(2007), 「읽기 교육의 연구 과제」, 한국어교육학회 학술발표회, 57-72면.

김영복(2009), 「청소년 정서 교육과정 구성방안」, 『教育硏究』 23, 89-110면.

김의수(2008), 「문장의 구조와 해석문법」, 『한국언어문학』, 한국언어문학회.

김의수·정은주(2009), 「TOPIK 읽기 영역 지문의 난이도와 균질성에 관한 통사론적 접근」, 『한국언어문학』, 한국언어문학회, 189-213면.

김의수·정한네(2009), 「한국어 교재를 구성하는 텍스트의 통사론적 난이도와 균질성 연구」, 『어문론총』 제51호, 한국문학언어학회, 1-33면.

김재봉(1996), 「텍스트 요약 전략에 대한 국어교육학적 연구」, 조선대학교 박사학위 논문.

김중신(2003), 「문학과 인간 발달 1 : 문학교육과 인지발달 : 문학교육에서의 인지의 문제—문학의 순환적 위계화의 필요성과 가능성—」, 『문학교육학』 11, 155-184면.

김태성(2009), 「해석문법을 통한 한국어 학습 교재의 문장 분석 연구」, 한국외국어대학교석사학위논문.

김혜정(2002), 「텍스트 이해의 과정과 전략에 관한 연구」, 서울대학교 박사학위 논문.

김혜정(2004), 「한국의 읽기 교육 전개 양상에 관한 일고」, 『한말연구』 14, 147-179면.

김혜정(2008), 「비판적 사고력 신장을 위한 읽기 지도 방향」, 『독서연구』 20, 47-81면.

노명완, 박영목 편(2008), 『문식성 교육 연구』, 한국문화사.

노명완(2011), 「독서: 그 개념과 교육의 중요 이슈들」, OR2011-02-9 Issue Paper, 한

국교육개발원.

박수자(1993), 『읽기 전략, 지도, 교재구성에 관한 연구』, 서울대학교 박사학위 논문.

박영목(2000), 「독서교육 활성화 방안 연구」, 『국어교육』 103, 한국국어교육연구회, 1-51면.

서혁(1996), 「담화의 구조와 주제 구성에 관한 연구」, 서울대학교 박사학위 논문.

서혁(2011), 「읽기(독서) 교육 체계화를 위한 텍스트 복잡도(Text Complexity) 상세 화 연구 (1)」, 『국어교육학연구』 42집, 국어교육학회, 433-460면.

서혁·이소라·류수경·오은하·윤희성·변경가·편지윤(2013), 「읽기(독서) 교육 체 계화를 위한 텍스트 복잡도(Degree of Text Compleity) 상세화 연구 (2)」, 국 어교육학연구』 47집, 국어교육학회, 253-290면.

서혁·서수현(2007), 「구성주의와 읽기 교수학습 방향」, 『독서연구』 18(2), 한국독서 학회, 27-70면.

沈在鴻(1991), 「글의 易讀性에 영향을 미치는 要因과 易讀性 測定의 模型化에 관한 硏 究」, 서울대학교 대학원 석사학위 논문.

유혜원(2009), 「한국어 구문분석 방법론 연구—복문 구조 분석을 중심으로—」, 『민족 문화연구』 제50호, 2009, 153-182면.

윤영선(1974), 「韓國語의 構造的 變因들의 分析과 國民學校·中學校 敎科書를 中心으로 한 文章難易度公式의 開發」, 연구논문집 8(3), 209-233면.

윤준채 외(2009), 「읽기 교육 연구의 방향: 읽기 교육 연구자의 인식을 바탕으로」, 『한국초등국어교육』39.

윤창욱(2006), 「비문학 지문 이독성 공식 개발에 관한 연구」, 한국교원대학교 교육대 학원 석사학위 논문.

이경화(1999), 「담화 구조와 배경지식이 설명적 담화의 독해에 미치는 효과에 관한 연구」, 한국교원대 박사학위 논문.

이로사(2009), 「중학교 1-1 국어 '단원의 길잡이'에 나타난 문장의 다양성과 복잡성 변화 연구」, 한국외국어대학교 교육대학원 석사학위 논문.

이삼형·김중신·이성영·서혁·최미숙·고광수(2003), 『국어교육 연구의 반성과 전 망 [이해·표현]』, 도서출판 역락.

이삼형(1994), 「설명적 텍스트의 내용 구조 분석 방법과 교육적 적용 연구」, 서울대학 교 박사학위 논문.

이성영(1990), 「읽기 기능의 개념 정립을 위한 시론」, 서울대학교 석사학위 논문.

2부 국어교육의 실제에 관하여

이성영(2008), 「읽기 발달 단계에 대한 연구」, 『국어교육』 127, 한국어교육학회, 51-80면.

이순영(2010), 「디지털 시대의 청소년 독자와 비판적 읽기」, 『독서연구』 24, 87-109면.

이순영(2011), 「읽기 연구의 최근 동향과 과제—국내외 2005년부터 2010년까지의 연구를 중심으로—」, 『한국어문교육』 10, 311-340면.

이인섭(1986), 『아동의 언어 발달: 한국 아동의 단계별 위상』, 개문사.

이정숙(1999), 「통사복합과 이독성과의 관계연구」, 『언어학』 7(1), 대한언어학회, 361-378면.

이지혜(2009), 「Dale-Chall의 이독성 공식을 이용한 한국어 읽기 텍스트 분석 연구」, 경희대 석사학위 논문.

이홍수(1984), 「영어독서에 있어서 이독성 연구 - EFL/ESL 독서의 난이성 관계를 중심으로」, 전남대학교 대학원 박사학위 논문.

정옥년(2003), 「읽기 지도에서 수준별 텍스트 활용」, 『독서연구』 9, 한국독서학회, 243-268면.

정현선(2004), 「디지털 리터러시의 국어교육적 고찰」, 『국어교육학연구』 21, 5-42면.

Judith W. Irwin, 천경록·이경화·서혁 옮김(2012), 『독서지도론』, 도서출판 박이정.

천경록(2010), 「읽기 교육의 쟁점과 읽기의 중핵 성취기준 개발」, 『국어교육』 133, 한국어교육학회, 83-107면.

최인숙(2005), 「독서교육시스템을 위한 텍스트수준 측정 공식구성에 관한 연구」, 『정보관리학회지』 22(3), 213-232면.

최현섭·최명환·노명완·신헌재·박인기·김창원·최영환(1995), 『국어교육학개론』, 삼지원.

한철우(2004), 「국어교육 50년, 한 지붕 세 가족의 삶과 갈등」, 『국어교육학연구』 21, 499-528면.

한철우·전은주·김명순·박영민(2005), 「표현·이해 교육 연구의 방향과 과제」, 『국어교육학연구』 22, 31-96면.

Chall, J.(1967), *Learning to Read: The Great Debate*. New York: McGraw-Hill.

Council of Chief State School Officers and the National Governors Association, *Common Core State Standards for English Language Arts*, 2010.

Dale, E.. and Chall, J. S., "A Formula for Predicting Readability", *Educational Research Bulletin*. vol.27. 1948, pp.11-28.

Davison, Alice. Readability - the Situation Today. *Reading Education Report no. 70.* Urbana, Il.: Illinois Univ., Center for the Study of Reading, 1986.

Federal Plain Language Guidelines, March 2011 Revision 1, May 2011.

Flesch, R.. "A New Readability Yardstick." *Journal of Applied Psychology,* 32(2), 1948, pp.111-113.

Forrest E. Harding, The Standard Automobile Insurance Policy : A Study of Its Readability, American Risk and Insurance Association, 1967.

Fry, E.. "Fry's Readability Graph : Clarifications, Validity and Extension to Leve l 17." *Journal of Reading,* 21(3). 1977, pp.242-252.

Goodman, K. S., Reading: A Psycholinguistic guessing game. In J. Singer, & R. B. Ruddell (Eds.), *Theoretical Models and Processes of Reading (2nd ed.),* Newark, Del. IRA(International Reading Association), 1976.

Harrison, C.. *Readability in the Classroom.* Cambridge Educational., 1980.

International Readability Association, "NCTE Take Stand on Readability Formul ae." *Reading Today,* 2(3). 1985, p.1.

Klare. G. R.. "Readability." In Pearson P. D. ed. 1984. *Handbook of Reading Res earch.* New York : Longman, 1984.

Powers, R. D.. W. A. Sumner, and B. E. Kearl, "A Recalculation of 4 Readabilit y Formulae." *Journal of Educational Psychology.* 49, 1957, pp.99-105.

Procaccia, Uriel, Readable Insurance Policies : Judicial Regulation and Interpre tation, *Israel Law Review,* 1979.

Rumelhart, D. E., Schemata: The building blocks of cognition. In R. J. Spiro, B. C. Bruce, & W. F. Brewer (Eds.), *Theoretical Issues in Reading Compre hension.* Hillsdale, N.J.: Erlbaum., 1980.

Rumelhart, D. E., Toward an interactive model of reading. In R. B. Ruddell, M. R. Ruddell, & H. Singer (Eds.), *Theoretical Models and Processes of Reading (4th ed.).* Newark, Del. IRA(International Reading Association), 1994.

Spache. G., "A New Readability Formula for Primary Grade Reading Materials." *Elementary School Journal. 55,* 1953. pp.410-413.

http://www.insurancequotes.com/insurance-policy-readability
http://www.plainlanguage.gov

2011 교육과정을 통해 본 국어과 교육과정의 특성과 쟁점

김창원

1. 들어가며

김창원(2011b)[1]은 2011년 교육과정 개정의 과정과 결과를 변혁과 지속 양상 중심으로 기술하면서, 국가 교육과정이 <국어>라는 교과[2]를 무엇으로 규정해 왔는지, 학교 교육과정 생태계에서 국어과의 성격과 위상이 어떻게 변화해 왔는지를 분석하였다. 그리고 국어과 교육과정 생태계 안에서 국어과의 하위 영역/과목들이 상생적으로 경쟁하는 논리를 살폈다. 그를 참조하여, 여기서는 국어과 교육과정 생태계의 구조를 점검하고, 교육과정 개정이라는 생태학적 현상에서 여러 쟁점들을 어떻게 해결·해소했는지에 대해 논의하고자 한다. 이러한 논의를 통해 국어교육 정책이 임기응변적 합의를 넘어 이론적·합리적 근거를 가지고 수립되는 데에 한 발 다가갈 수 있을 것이다.

교과교육에서 교육과정이란 무엇인가? 2009/2011년 국어과 교육과정[3]도 외형으로 보면 "교육과학기술부고시 제2011-361호[별책 5]"라는 표식을 단 160쪽짜리 문서에 불과하다. 하지만, 국가 수준의 교육과정은 국어교육에 관한 교육 공동체의 이념을 반영하고, 학교라는 제도 내에서 국어교육을 수행할 목표와 범위, 내용 등을 규정하며, 실제 수업과 평가의 방향과 방법을 제시한다는 점에서 문서 이상의 의의를 지닌다. 특정 국가의 자국어교육을 이해하고자 할 때나 국어교육의 역사를 살필 때에도 교육과정이 첫 번째 검토 대상이 된다. 말하자면 국어과 교육과정은 제도로서의 국어교육

---

1 "국어과 교육과정의 생태학(1) : 2011년 교육과정 개정에 관한 성찰", 국어교육 136, 한국어교육학회, pp.325-355.
2 이 글에서는 국어과의 하위 영역을 ' '로, 과목을 < >로, 책(교과서)을 『 』로 구별하였다. ' '은 강조할 때도 쓰인다.
3 2009년의 교육과정 총론에 따라 2011년에 국어과 교육과정이 고시되었으므로, 그 정확한 명칭은 '2009년 개정 교육과정 총론에 따른 2011년 개정 교과 교육과정', 또는 줄여서 '2009/2011년 교육과정'이 될 것이다. 이 글에서는 편의상 그것을 '2011년 교육과정'이라고 지칭한다.

을 언어로써 '냉동시킨' 실체인 것이다.

교육과정이 이런 의의를 지닌다면, 교육과정을 제·개정하는 작업 또한 중요한 의미를 지닐 것이다. 국어교육과 직·간접으로 연관되는 모든 주체와 담론들은 교육과정에 자신의 철학과 의도를 반영하려고 애쓰고, 그들 간의 상호작용과 제도적·학문적 거래에 따라 교육과정이 결정된다. 여기서는 이 '과정(過程)'에 초점을 맞추어 교육과정을 둘러싼 작은 생태계를 분석함으로써 교육과정 및 국어교육의 현상 이면에 존재하는 논리를 드러내고자 한다. 이를 통해 교육과정 개정의 실제를 메타적으로 이해하고 국어교육 개선을 위한 동력을 이끌어내고자 한다.

2. 국어과 교육과정의 생태계와 인적 변인

제도로서의 국어과교육은 중앙·지방 정부를 포함한 국가가 학부모인 국민의 동의를 얻어서 제공하는 공적 서비스이다. 이 생태계는 국어 교과와 직·간접으로 관련되는 모든 공적 요인들, 곧 수량화할 수 있는 투입과 산출, 그리고 투입 - 산출 과정에 영향을 끼치는 작동상의 변인들로 이루어진다. 교육과정 역시 하나의 작동 변인으로서 이 안에 위치하며, 그 기본 구조는 다음과 같다.

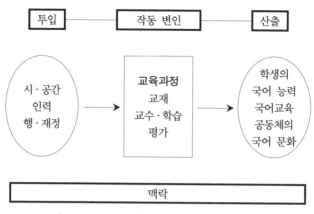

[그림 1] 국어 교과의 생태계와 교육과정의 위치

- 시·공간 : 시간은 수업 연한·수업 일수·수업 시수로 대표되고, 공간은 학교 공간과 학교 안의 일체의 시설을 아우른다. 국어과는 기본 10개 교과 중 요구 시간은 가장 많고 요구 공간은 가장 적다. 이 '多시간-小공간성' 때문에 국어과의 비중은 매우 유연하게 조정할 수 있다.
- 인력 : 여기에는 교사뿐 아니라 교육 행정가, 이론가 등도 포함된다. 초등 교사까지 포함해서 대다수의 교사는 교과교육을 맡고 있다. 하지만 교육 행정가 중 '일반직'은 교과와 관련이 없고, '전문직'은 대체로 교과교육 경험자이기는 하나 교과 관련성은 직책에 따라 달라진다. 이론가 중에는 국어교육 전문가, 그리고 교육학 및 국어국문학 전공자 중 일부가 교과와 관련을 맺는다.
- 행·재정 : 중앙·지방 정부 및 각급 교육청, 그리고 단위 학교 차원의 지원과 규제로 작동한다. 여기서의 '정부'는 정책·인사·예산 담당 부서는 물론이고 입법·심의·감사 기구까지 포함하는 개념이다. 행정과 재정은 제도 차원에서 법규에 따라 시행, 또는 집행된다.
- 맥락 : 교육을 둘러싼 정치·경제·사회·문화적 맥락, 학부모와 지역사회의 요구, 대학·기업 등 상위 조직의 요구, 관련 학문의 성과, 언론을 비롯한 오피니언 리더들의 제안을 반영한다.
- 국어 능력 : 일반적으로는 국어를 둘러싼 사고력·의사소통 능력·

문화적 능력을 포괄한다. 하지만 학교에서는 국어에 관한 지식·기능·태도로 개념을 좁혀서 사용한다. 여기에 경험을 포함시킬 수도 있다.

- 국어 문화 : '교과로서의 국어'[4]와 관련된 일체의 규약과 관습, 역사적 온축물을 포괄한다.[5] 개인의 국어 능력 발달과 공동체의 국어 문화 발달은 상호 병진(竝進)하는 관계이다.

이 모식도에 따르면 국어 교과의 생태계가 존속하려면 시·공간, 인력, 행·재정 면에서의 투입이 지속되어야 하고, 초기 투입 조건의 변화에 따라 산출은 달라진다. 작동 변인은 산출의 양상에 영향을 줄 수는 있어도 산출 자체를 존재케 하거나 무화(無化)할 수는 없다. 이는 바꾸어 말하면 국어교육의 확대/축소 여부는 교과 내부가 아니라 외부에서 그 키를 쥐고 있다는 뜻이 된다.[6]

국어 교과 생태계에서 교육과정을 둘러싼 생태계를 좀 더 세부적으로 살펴보자. 크게는 교육과정을 둘러싼 외부 생태계와 교육과정 내부의 생태계로 나눌 수 있다. 두 생태계의 관계는 <유기체-세포>의 관계에 비유할 수 있으며, 외부 생태계와 내부 생태계의 경계는 곧 국어 교과의 외곽과 일치한다. 이 경계면에서도 활발한 삼투 작용이 일어나지만, 여기서는 논의를 단순화하여 그 문제는 일단 넘어가기로 한다.

---

4 김창원(2009)은 일반적인 '국어'와 교과로서의 「국어」를 구별하고, 「국어」가 근대적 교육 철학에 따른 고안물임을 밝혔다.
5 김창원(2011a)에서는 문학 문화의 개념을 통시적인 양식화와 공시적인 규범화로 나누어 범주화하였다. 국어 문화에 대해서도 비슷한 방법론을 적용할 수 있다.
6 예를 들어 2012.2.6.에 정부는 국무총리 주재로 학교 폭력 관련 관계 장관 회의를 열어 '학교 폭력 근절 종합 대책'을 발표하였다. 그 방안 중 하나로 '학교 체육 활성화'가 들어 있는바, 일부 중학교에서는 개학에 임박하여 체육 시수를 늘리기 위해 국어과의 시수를 줄이는 방안을 검토하였다. 학교 폭력에 대한 여론의 질타에 엉뚱하게 국어과가 유탄을 맞은 것이다.

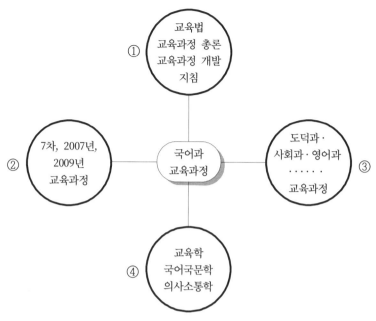

[그림 2] 국어과 교육과정의 외부 생태계

국어과 교육과정의 외부 생태계는 ① 교육법 및 교육과정 총론 등과의 상하 관계, ② 기존 국어과 교육과정과의 역사적 관계, ③ 다른 교과 교육과정과의 인접 관계, ④ 관련 학문과의 <토대 - 모델링> 관계를 바탕으로 구성된다. 이때 ①은 문서 및 지침으로 국어과에 강제되고, ②는 '계승'과 '개선'의 양면성을 지니며 새로운 생태계 형성에 기여한다. 그에 비해 ③은 그 중요성에 비해 거의 고려되지 않는 것이 현실이며,7 ④는 이른바 '내용 전문가'와 '교과 전문가' 사이에 불안정한 긴장 관계를 보이고 있다.8 결국

---

7 학생·학부모의 처지에서는 교과 간 연계 부족의 문제가 매우 심각하다. 학생의 발달 수준에 비추어 교과 내용의 발달 속도가 어떤 교과는 빠르고 어떤 교과는 느리며, 여러 교과의 학습 내용이 학생 내부에서 통합되기 어렵게 되어 있기 때문이다. 교과 간 용어·개념 등이 다른 경우도 자주 발생한다.
8 이에 대해서는 김창원(2011a)의 5부 1장에서 자세하게 논의했다.

정부가 개정을 주도하고 소수의 전문 인력이 위탁 연구진으로 참여하는 생태 환경에서 외부 생태계는 일방적으로 주어지거나(①), 무시되거나(③), 주체 간 긴장 관계를 보이면서(④) 부분적으로만 고려되는 것이다(②). 그 결과는 "국어과 내부에서는 자명하나 외부에서는 이해하기 어려운" 교육 과정으로 나타난다.

내부 생태계는 일반적으로 외부 생태계에 비해 국어 교과의 특성에 우호적일 것으로 예상되지만, 세부 상황을 살펴보면 꼭 그렇지도 않다. 그동안 국어교육의 이론과 실천 면에서 자주 거론된 내부 생태계의 구조를 보자.

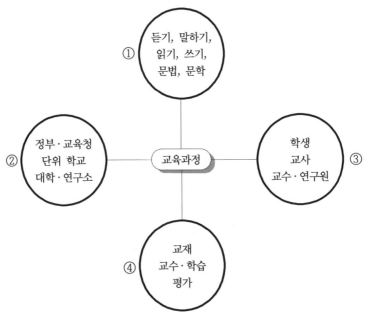

[그림 3] 국어과 교육과정의 내부 생태계

2부 국어교육의 실제에 관하여

국어과 교육과정에는 국어교육을 직접 구성하는 제반 요소들이 기능적으로 녹아들어 있다. 교육과정 영역을 4~6개로 구분하는 전통이나(①)[9] '내용(또는 성취 기준)'과 함께 교수·학습 및 평가에 관한 지침[10]을 부기하는 방식(④)은 이미 강고하게 정착된 생태적 조건이다. 정부가 주도하고 현장에서 검증하는 방식(②)이나 <교수 개발 → 교사 검토>의 관습(③) 역시 마찬가지다.

이 생태계에서 특히 중요한 것은 개정 작업에 참여하는 인력들이다. 다소 단순화해서 말하면, "누가 개정 작업에 참여하는가?" 또는 "누가 개정 작업에서 주도권을 행사하는가?"에 따라 교육과정의 특성이 달라진다.[11] 이는 교육과정의 철학과 방향이 <인적 구조 → 이론 구조 → 실제 구조>의 순서로 교육과정에 투사된다는 것을 뜻한다. 개개인의 이론적 지향과 별도로 교육과정 개정 작업에 참여한 인적 자원들은 다음과 같은 다양한 특성을 지닌다.

- 직군(국어 교과 내부 인력인가 교육학자·국어국문학자·학부모와 같은 외부 인력인가) : 내부 인력이 현장 지향적이고 교과 논리 중심이라면 외부 인력은 국어교육 자체에 대해서는 이상적이고 전체 체제에 대해서는 종합적 시각을 취한다.

---

9 '듣기', '말하기', '읽기', '쓰기'(4개 영역 = 3차 교육과정 이전)를 기본으로 하여 '문법'(또는 '언어', 또는 '국어 지식')과 '문학'을 추가하면 6개 영역(4차~2007년 교육과정), '듣기'와 '말하기'를 '듣기·말하기'로 통합하면 5개 영역(2011년 교육과정)이 되지만, 4차 교육과정 이후 전체적인 틀은 변함이 없다.

10 여기에는 5차 교육과정 이전의 '지도(및 평가)상의 유의점'이 포함된다.

11 4차 교육과정과 이대규·최현섭, 5차 교육과정과 노명완, 6·7차 교육과정과 손영애·박영목을 떼어서 이야기할 수 없는 이유가 여기에 있다. 김대행은 7차 교육과정 개정 작업에서 직접 책임을 맡지는 않았지만, 학맥과 이론을 바탕으로 하여 교육과정의 방향 정립에 큰 영향을 끼쳤다. 2007년 교육과정의 이인제, 2011년 교육과정의 민현식도 이에 버금가는 영향을 끼쳤다.

- **현직**(교사인가 교수인가, 교수라면 국어국문학과인가 국어교육과인가, 국어교육과라면 교육대학인가 사범대학인가) : 교수는 이론적이고, 국어국문학과 교수는 방법보다 내용을 중시하고, 사범대학 교수의 초등교육에 대한 이해보다 교육대학 교수의 중등교육에 대한 이해가 더 깊다.
- **학문적 배경**(서울대/교원대/고려대/유학/기타) : 대학마다 학풍이 다르고 선후배 간 관계도 다르다. 외국에서 공부한 사람들은 더 이론 지향적이다.
- **전공**(화법/독서/작문/문법/문학) : 화·독·작 전공자들이 기능과 활동을 강조하는 데 비해 문법·문학 전공자들은 지식이나 체험, 텍스트를 강조한다.
- **교직 경력**(교사 경험이 있는지 없는지) : 교직 경력은 장점이 되기도 하고 단점이 되기도 하나, 일반적으로 유경험자가 무경험자보다 현장 지향적이다.
- **지역**(수도권에 근무하는가 지방에 근무하는가) : 대체로 수도권 근무자가 더 이론적·체계 지향적이다.
- **세대**(초·중등교육을 어느 교육과정기에 이수했는가, 석사·박사 과정을 어느 시기에 이수했는가) : 대체로 1960년대 초·중반 이전에 출생한(3차 교육과정 교과서로 고등학교를 마치고, 국어교육학의 초창기인 90년대 중반에 박사학위를 받았다.) 전문가들의 관점이 더 포괄적이며, 그 이후 전문가들은 더 기술적(技術的)이다.

 이 모든 변인들을 고려하여 일종의 '탕평책'을 구사할 수도 있지만, 그 결과가 반드시 공정하고 효율적이라는 보장은 없다. 생물의 진화 과정에 방향성이나 가치를 적용할 수 없듯이 교육과정 생태계에서도 '최선'의 상태를 기대하기는 어렵다. 주어진 시점에서 최대한 안배를 하고 그들 사이에 상생적인 상호작용이 일어나기를 기대할 뿐이다. 2011년 교육과정의 경우 교수·서울대·수도권·40대·남성이 주도했다는 인상을 주는데, 이는 그대로 국어교육 분야에서의 이론 권력을 어느 집단이 쥐고 있는지를 보여 준다.

3. 교육과정 개정 작업의 생태론적 점검

1) 외부 생태계의 작용 양상과 결과

교육과정 개정은 교육과정의 외부·내부 생태 환경에 따라 주어진 조건 안에서 최적안을 만들어 가는 작업이다. 겉으로 보이는 것은 내부 생태계의 요소들이지만, 그 이전에 이미 정해진 외부 생태계의 환경이 있다. 2011년 교육과정은 7개 학회 연합이 연구팀을 구성하여 주도적으로 개발했다는 의의가 있지만,[12] 수십 명에 이르는 국어교육 전문가들의 의견은 청와대, 교육과학기술부 장관 및 담당 공무원, 교육과정 총론을 개발한 일반 교육학자, 그리고 이들 주변에서 공적·사적으로 이론을 제공하는 관변 학자들의 벽을 넘지 못했다. 연구팀에게 주어진 권한은 "교육과정 총론의 가이드라인 '안에서' 자율적으로 정할 수 있는 권한"뿐이었던 것이다. 대표적인 예로 국어교육의 주요 쟁점이기는 하나 연구팀이 연구를 시작하기 전에 이미 방향이 정해져서 어쩔 수 없이 받아들여야 했던 내용들이 있다.

<쟁점 목록 1: 연구 시작 전에 총론 수준에서 미리 정해진 내용>
① 창의·인성 교육과 관련한 국어교육의 기본 방향
② 교육과정 문서의 체재[13]
③ 학년군별 교육과정 편성
④ 학습량(성취 기준의 수) 20% 감축
⑤ '수준별 학습 활동의 예(7차)' 또는 '내용 요소의 예(2007년 교육과정)'

---

12 이 과정에 대해서는 민현식 외(2011b)와 김창원(2011b) 참조.
13 각 교과 교육과정을 <1. 추구하는 인간상 2. 학교 급별 교육 목표 3. 교과 목표 4. 내용(가. 내용 체계 나. 학년군별 세부 내용) 5. 교수·학습 방법 6. 평가>로 기술하도록 한 큰 체재 및 '학년군별 세부 내용'을 <학년군 성취 기준 - 영역 성취 기준 - 내용 성취 기준>으로 기술하도록 한 작은 체재. 이에 따라 기존 교육과정의 '1. 성격' 항목이 일괄 삭제되었다.

삭제

⑥ 해설서 없는 교육과정[14]

⑦ 공통교육과정 「국어」 과목의 시수[15]

⑧ 선택교육과정 과목의 수 및 각 과목의 단위 수[16]

여기서 ①은 국어과 교육과정의 내용에 직접 영향을 끼치지는 않았다. 창의·인성이라는 것이 워낙 추상적 개념이기도 하고, 각과 교육과정보다는 교육과정 총론에서 방향을 기술하는 것이 현실적이었기 때문이다. ⑦과 ⑧ 역시 교육과정 자체보다는 그 실행과 관계되는 문제로서 교육과정 개정 작업에 직접 끼치는 영향은 없다. 시수나 단위 수는 교육과정 실행에서는 매우 중요한 변인이지만, 개정 작업에 끼친 실질적 영향력은 이전 교육과정과의 대비(④)보다 작다.

그에 비해 ②~⑥은 교육과정의 외형은 물론이고 내용 기술에 직접적인 영향을 끼쳤다. 기존의 '1. 성격' 항목과 '2. 목표' 항목을 통합하는 작업(②)은 어느 정도 수월하게 이루어졌다. 그러나 2~3개 학년의 내용을 하나의 학년군으로 통합하거나(③) 성취 기준의 수를 일괄적으로 줄이는 일(④)은 교육과정의 양을 줄이는 작업이므로 쉽게 합의하기 어렵다. 국어 교과 자체의 논리가 아니라 외부의 압력에 의해 양을 줄이게 될 때, "어느 부분에서 줄이는가?" 하는 문제는 결국 교과 내의 영역 간 내용 정당성 논쟁으로 이어지게 된다. 이 논쟁은 내용 요소의 예를 없애고(⑤) 교육과정 해설서의 내용을 성취 기준으로 통합하라는 지침(⑥)과 맞물려, 한 문장짜리 성취 기준에

---

14 각 내용 성취 기준에 '해설'에 해당하는 내용을 기술하도록 하였다.

15 <7-7-6-6-6-6-5-4-4>로, 2007년 교육과정과 같다. 7차 교육과정과 비교하면 초등학교 3학년에서 주당 한 시간 줄었다.

16 선택 과목의 수는 7차 및 2007년 교육과정과 마찬가지로 6개로 정해졌으나, 7차에서 4~8단위로 과목에 따라 달랐던 단위 수는 2007년과 2009년 교육과정부터 5단위로 통일되었다.

다 담지 못한 잡다한 내용들을 '해설'[17]에 담는 결과로 나타났다. 곧, 2011년 국어과 교육과정의 '성취 기준 해설'은 항목화된 성취 기준의 내용을 해설한 것이 아니라 성취 기준 항목을 확장·심화한 새로운 내용이 되었다.

정해진 지침에 대한 반작용으로, 연구팀에서 개정 방향에 관해 의견을 냈으나 교육과학기술부의 일반 지침에 따라 기각된 사안들도 있다. 중요한 사례를 들면 다음과 같다.

<쟁점 목록 2 : 연구팀에서 계획의 수정을 요구했으나 기각된 내용>
① 교육과정 개발 기간을 늘리고 새 교육과정 고시일을 늦추라는 요구
② (특히 중학교) 교육과정을 학년군 단위가 아니라 학년 단위로 개발하는 방안

①은 국어과뿐 아니라 모든 교과에서 공통으로 나온 의견이나, 교육과학기술부는 오히려 애초에 정했던 일정(2012년 12월 말 연구 완료)을 더 앞당겨서 추진하도록 하였다. 그 이유는 2013년 1학기에 새 교육과정을 적용하려면 2012년 1학기에 교과서 검정이 이루어져야 하고, 그러려면 2011년 1학기에 교육과정이 고시되어야 한다는 일정 때문이다.[18] 왜 굳이 2013년부터라야 하는지에 대해서는 2012년의 국회의원과 대통령 선거 때문이라는 추정이 유력하게 나돌았지만 확인할 수는 없다.

②는 교육과정 자체보다는 교과서 편찬을 고려해서 나온 의견이다. 국정

---

17 성취 기준에 부가된 한 문단을 '해설'이라고 말하는 것은 적절치 않다. 그것의 역할은 문장 단위의 성취 기준을 상세화하는 것이므로 '상세 성취 기준' 정도가 적당하겠으나, 관습적으로 '해설'이라는 용어가 널리 쓰이고 있다.
18 참고로, 2007년·2009년·2011년 교육과정 총론에서 제시한 각 교육과정의 시행 시기는 다음과 같다. 이에 따르면 2008년에 초등학교에 입학한 학생은 1학년은 7차 교육과정, 2-5학년은 2007년 교육과정, 6학년은 2009년 교육과정(총론), 중학교부터는 2011년 교육과정으로 공부하게 된다.

교과서 체제를 유지하는 초등학교의 경우는 큰 관계가 없으나, 여러 출판사에서 독자적으로 교과서를 개발하는 중학교의 경우에는 3년을 하나의 단위로 정할 경우 출판사별로 각 학년 교과서에서 다루는 내용이 서로 달라질 수 있기 때문이다. A 교과서가 1학년에서 다루는 내용을 B 교과서는 3학년에서 다룬다면, 국가 수준이든 교육청 단위이든 학업 성취도 평가의 범위를 정할 수가 없고, 전학이라도 가는 학생은 성취 기준 중복이나 누락이 생길 수 있다. 그럼에도 불구하고 교육과학기술부는 원안을 고수했는데, 이는 수학이나 과학처럼 학습 내용의 위계가 분명한 과목에 적용할 원리를 국어과에도 똑같이 적용한 것이다. 교육과학기술부는 각 교과의 특성

시행 연도	2007년 교육과정	2009년 교육과정	2011년 교육과정
2009년	초등학교 1, 2학년		
2010년	초등학교 3, 4학년, 중학교 1학년		
2011년	초등학교 5, 6학년, 중학교 2학년, 고등학교 1학년	초등학교 1·2학년, 중학교 1학년, 고등학교 1학년	
2012년	중학교 3학년, 고등학교 2학년	초등학교 3·4학년, 중학교 2학년, 고등학교 2학년	
2013년	고등학교 3학년	초등학교 5·6학년, 중학교 3학년, 고등학교 3학년	초등학교 1·2학년, 중학교 1학년
2014년			초등학교 3·4학년, 중학교 2학년, 고등학교 1학년
2015년			초등학교 5·6학년, 중학교 3학년, 고등학교 2학년
2016년			고등학교 3학년

을 고려할 이론적 기초도 행정적 융통성도 보이지 않고 '전 과목의 일관성' 논리를 밀어붙였다. 그 결과 실제 교과서 개발에서 문제가 생기자 공청회(2011.7.9.)에서 "공통교육과정 국어 과목의 학년별 학습 위계표"라는 비공식 문건을 제공하고 그것을 바탕으로 학년별 성취 기준을 안배하도록 하였다. 이 문건은 문자 그대로 비공식 문건으로서 반드시 지켜야 할 근거는 없었지만, 검정 심사를 의식한 출판사들은 이를 기준으로 3개 학년의 성취 기준을 나누어 교과서를 개발했다. 결과적으로 3년을 하나의 단위로 개발한 교육과정의 의도는 교과서 개발 과정에서 완전히 무시되었다.

2) 내부 생태계의 작동과 쟁점 해결

교과 교육과정의 개정 작업은 교육과정 외부 생태계와의 관련 아래 내부 생태계를 구성하는 주체들 사이에 합의를 찾아 가는 과정이다. 그때 특정 쟁점이 문제가 되면 ① 그중 한쪽을 선택하거나, ② 제3의 대안을 찾거나, ③중간 수준에서 적절히 봉합하거나, ④ 둘 다 폐기하고 기존 안을 유지하는 방식으로 쟁점을 해결 또는 해소하게 된다.[19] 먼저, 2011년 교육과정 개정 과정에서 연구팀이 자율적으로 해결한 내용들을 살펴보면 다음과 같다.

<쟁점 목록 3 : 연구 과정에서 연구팀이 자율적으로 해결한 내용>
① <3. 교과 목표, 4. 내용, 5. 교수 · 학습 방법, 6. 평가> 항목의 하위
　　내용 기술 체계와 방법[20]

---

19 ①과 ②가 '해결'이라면 ③과 ④는 '해소'라 할 수 있다. 해결된 쟁점은 재론되지 않지만 해소된 쟁점은 언제든 재론될 가능성이 있다.
20 '1. 추구하는 인간상'과 '2. 학교 급별 교육 목표'는 총론팀에서 개발한 것으로 전 과목 동일하

② 각 과목21의 하위 영역 설정 및 영역별 '내용 체계표' 구성

③ 감축 한도(20%) 내에서의 영역별 내용 성취 기준 수22

④ 내용 성취 기준 해설의 기술 범위와 방법

⑤ '5. 교수 · 학습 방법'과 '6. 평가'의 하위 항목 일원화

⑥ '듣기'와 '말하기' 영역을 '듣기 · 말하기'로 통합

⑦ 공통교육과정 내용 체계에서 '맥락' 영역의 삭제와 '태도' 영역 부활

⑧ 공통교육과정의 영역별 '담화/글/언어 자료/작품의 수준과 범위'를 '국어 자료의 예'로 통합

⑨ 선택교육과정의 과목 설정

⑩ 고등학교 선택 과목과 대학수학능력시험의 연계

여기서 ①~⑤는 기술적(技術的)인 문제로서, 연구팀 내의 담당자가 개발한 초안을 축조심의를 거쳐 큰 수정 없이 통과시켰다.23 ⑥~⑧ 또한 그동안 국어교육학계에서 잠재적 공감대를 형성한 사안으로서 별다른 논란 없이 통과되었다.24 다만, ⑧과 관련해서는 실제 통합 과정에서 '문법'과 '문학' 영역의 자료 처리가 문제가 되어, <음성 언어 자료(담화) - 문자 언어 자료(글) - 문학 자료(작품)>로 삼분하고 '문법' 영역과 관련되는 자료는 '담화'와 '글' 자료 안에 포함하도록 하였다. 이는 문법교육이 실제 언어생활과 연계되어 이루어져야 한다는 데(문법교육 전공자를 포함하여) 모두가 동의했기 때문에 가능했다.

다. 각 교과 교육과정은 '3. 교과 목표'부터 시작되는 셈이다. 기존의 '1. 성격'이 삭제됨에 따라 그 내용을 '3. 교과 목표'에 통합하여, <목표 - 내용 - 교수 · 학습 - 평가>로 체계화하였다. '교재' 관련 내용은 2011년 교육과정에서 상세히 다루지 못했다.

21 여기에는 공통교육과정 「국어」와 선택교육과정 6개 과목이 모두 포함된다.

22 2007년 교육과정과 대비하여 '의무적으로' 20% 이상을 감축하도록 하였다. 단, '듣기 · 말하기' 영역은 '듣기'와 '말하기'의 두 영역이 통합된 점을 감안하여 다른 영역보다 성취 기준 수가 많다. 이 과정에 대해서는 김창원(2011b)에서 상술하였다.

23 다만 '3. 교과 목표'의 구체적인 내용에 대해서는 논란이 있었는데, 이에 대해서는 김창원(2011b)에서 자세히 논의하였다.

24 이에 대해서도 김창원(2011b)에서 상술하였다.

가장 논란이 컸던 부분은 ⑨인데, 이는 고등학교 교육뿐 아니라 대학 입시 및 사범대학의 커리큘럼과도 연관되는 중요한 문제였기 때문이다. 이와 관련하여 애초에 박순경 외(2011)가 제안하고 교육과학기술부가 수용했던 안은 <국어 I · 국어 II · 국어 사고와 표현 · 국어 탐구와 이해 · 국어 창의와 문화 · 고전>의 6과목이었다. 그것이 김중신(2011)에서 서술한 과정을 거쳐 <국어 I · 국어 II · 화법과 작문 · 독서와 문법 · 문학 · 고전>의 6개 과목으로 확정되었는데, 그 저변에는 학교 교육 및 국어과 교육과정의 생태계를 바라보는 중요한 시사점이 자리 잡고 있다.

「국어 I · II」만을 놓고 보면, 사실 「국어」 과목은 공통교육과정 9년 동안 이수했으므로 선택교육과정에서 다시 「국어」 과목을 설치해야 할 이유가 없다. 이는 선택교육과정의 취지나 총론팀의 의지와 배치되는 일이다. 그럼에도 불구하고 이 과목들을 설치한 이유는 두 가지로 볼 수 있다. 첫째, 수학능력시험의 「국어 A」에 해당하는 과목을 만들어야 한다는 입시 대비론 - 주로 이공계와 예 · 체능계를 지원하는 학생들이 치를 「국어 A」는 10단위, 곧 5단위 과목 2개를 담도록 되어 있으므로 그에 해당하는 '종합적인' 과목이 필요하다. 둘째, 고등학교 3년 동안 국어과의 하위 영역 중 빠뜨리는 부분이 없어야 한다는 영역 보장론 - 종합 과목인 「국어」를 설치하지 않으면 학생들의 선택에 따라 국어과의 '5대 영역' 중 특정 영역을 안 배우고 졸업하는 경우가 생기게 되는데, 그것을 방지하려면 종합 과목으로서의 「국어」가 필요하다. 결국 국어교육의 철학이나 이론과 무관하게 제도 운영상의 필요에 따라 「국어 I · II」 과목이 만들어진 것이다. 「국어 I · II」가 국어교육의 이론이나 국어교육에 관한 비전이 아니라 학교 교육의 실제적 · 제도적 요구에 따라 만들어진 과목이라는 점은, 논리적으로 별개의 과목인 두 과목의 성격을 비교해 봐도 금세 알 수 있다.(김중신, 2011)

「화법과 작문」, 「독서와 문법」, 「문학」 과목의 유지 또한 많은 논란을 겪었다. 정구향 외(2009)에서 볼 수 있는 대로 7차 교육과정의 <화법, 작문, 독서, 문법, 문학> 체제를 그처럼 바꾼 것은 이론이나 논리보다는 기존 교육과정을 최대한 건드리지 않으면서 과목 축소를 요구하는 외부 의견을 받아들여야 하는 현실론 때문이었다. 2011년 교육과정에서는 이러한 과목 결합에 대한 불만과 비판을 고려해서 선택 과목을 재편성하려고 시도했으나, 정구향 외(2009)에서 한 발짝도 더 나가지 못한 논리에 따라 그대로 고착되고 말았다. 총론팀에서 고등학교 국어 교과는 6개의 선택 과목으로 운영한다고 정한다면25 어떤 과목을 설치하는 것이 바람직한지에 대해 원론 차원의 연구가 이루어져야 한다.26

또 하나 중요한 쟁점은 「고전」 과목의 신설이다. 「고전」 과목은 3차 교육과정에서도 있었지만, 그때의 「고전」이 '국어사+고전문학사' 성격을 띠었다면 2011년 교육과정의 「고전」은 '확장된 독서'의 성격을 띤다. 곧, "인문, 사회, 과학, 예술, 문학 등 다양한 분야의 고전을 읽는 경험을 통해 학습자는 인간으로서 갖추어야 할 수준 높은 교양을 가"지도록27 하는 데 목

---

25 이와 관련하여, 영어과의 선택 과목은 '기본 과목'으로 「기초 영어」, '일반 과목'으로 <실용 영어 I, 실용 영어 II, 실용 영어 회화, 실용 영어 독해와 작문, 영어 I, 영어 II, 영어 회화, 영어 독해와 작문>, '심화 과목'으로 <심화 영어, 심화 영어 회화 I, 심화 영어 회화 II, 심화 영어 독해 I, 심화 영어 독해 II, 심화 영어 작문> 총 15개나 된다. 물론 각 학교에서 교육과정상 설정된 모든 과목을 개설하는 것은 아니지만, 기본 이수 단위를 20% 이내에서 증감할 수 있는 상황에서 과목이 많고 수요도 많은 영어과를 증치하리라는 것은 뻔한 일이다. 국어과는 '기본·일반·심화'의 구분이 없다.

26 연구 과정에서 「영화」 과목 설치에 대한 논의도 있었다. 과목 설치의 근거로는 영화가 현대 예술의 총아이자 학생들의 성장과 경험에서 큰 비중을 차지한다는 점, 외국에도 Movie 혹은 Film 과목이 많이 설치되어 있다는 점, 영화 이론과 영화사가 안정되어 있다는 점, 대학·기업·사회에서의 요구가 크다는 점 등이 제시되었다. 하지만 그 과목을 담당할 교사가 없다는 점, 아직은 영화가 대중예술의 성격이 강해서 교과로서의 정당성이 약하다는 점, 대학의 관련 학과가 소수라는 점, '예술교과군'에서 해결이 가능하다는 점 등의 이유로 기각되었다.

27 「고전」 과목 교육과정 '3. 목표'

2부 국어교육의 실제에 관하여

표가 있는 것이다. 이 기본 방향은 고전·교양 교육 강화라는 측면에서 바람직한 것이나, 학교 교육의 실제를 고려하면 현실성이 떨어진다고 할 수 있다. 예컨대 수학능력시험에서 「고전」 관련 내용을 어떻게 평가할 것인지 묻는다면, 그 답은 부정적이다. 일선 학교에서 「고전」 과목을 선택할 가능성도 낮다. 어쩌면 「고전」 과목은 7차 교육과정에서의 「화법」이나 「문법」 과목보다 더 적게 채택될지도 모른다. 그럼에도 불구하고 「고전」 과목을 설치한 이유는 박순경 외(2011)의 기초 연구에 근거한 것으로, '교양 교육 강화'라는 교육철학적 당위성이 교육 실천상의 난점을 누른 결과이다.

⑩은 순수한 이론적 고려라기보다는 현실적 고려이다. 2011년 교육과정 개발과 별도로 2009년 고등학교 선택 과목 교육과정28에 의거한 2014년 수학능력시험 개편 방향에 관한 연구가 이루어졌는데(교육과학기술부·한국교육과정평가원, 2010), 그에 따르면 '국어 영역(과거의 언어 영역)'은 「국어 A」와 「국어 B」의 두 과목으로 나뉘어 둘 중 하나를 선택하도록 되어 있다. 연구팀은 「국어 A」와 「국어 B」 체제가 2017년에도 변하지 않을 것으로 예상하고, 잠정적으로 <국어 Ⅰ·국어 Ⅱ>를 수학능력시험의 「국어 A」와, 나머지 <화법과 작문·독서와 문법·문학>을 「국어 B」와 대응하도록 과목을 설계하였다.29 그러나 이 설계는 「국어 A」 시험이 10단위, 「국어 B」 시험이 15단위임을 전제로 한 것인데, 수학능력시험 개편 논의 과정에서 그 제한이 없어져서 굳이 <2과목-3과목> 체제를 취할 필요가 없어졌다. 이 문제는 2017년 수학능력시험 개편 논의 때 다시 거론될 수밖에 없다.

---

28 2007년 교육과정을 2009년 교육과정 총론에 맞게 급히 재배열한 것이 이 교육과정이다. 「화법과 작문 Ⅰ·Ⅱ」, 「독서와 문법 Ⅰ·Ⅱ」, 「문학 Ⅰ·Ⅱ」 과목을 바탕으로 한 수학능력시험은 2014~2016학년도까지 한시적으로 운영되고, 2017학년도부터 2009년/2011년 교육과정에 따른 수학능력시험이 치러진다.
29 이 고려에서 「고전」 과목은 빠졌다.

3) 미해결된 쟁점들의 처리 양상

교육과정 관련 쟁점들 중 그동안 국어교육학계에서 연구 성과가 쌓였거나, 구체적인 연구물은 없더라도 심정적·잠재적인 합의가 널리 퍼진 경우에는 연구 과정에서 쉽게 합의를 이끌어 낼 수 있었다. 그러나 끝까지 합의가 안 되거나, 합의가 안 되리라고 예상하여 미리 안건에서 제외하거나, 서로가 불만인 채 미봉한 내용도 많다. 사실은 이들 쟁점이 국어과 교육과정 생태계의 특성을 더 선명하게 보여 줄 수 있다. 몇 가지를 예거하면 다음과 같다.

> **<쟁점 목록 4 : 개선이 필요하다는 데에는 동의했으나 대안 부재로 기존 안을 유지한 내용>**
> ① 국어 교과의 성격과 목표
> ② 5대 영역의 학년군별 비중 및 초등 국어교육과 중등 국어교육의 차별성
> ③ 고등학교 선택 과목의 재편
> ④ '5. 교수·학습 방법'의 기술 체계

①과 관련해서는 '목적과 목표', '국어활동', '국어 문화', '국어사용 능력', '세계어로서의 한국어' 등의 키워드를 교육과정에 어떻게 담느냐 하는 문제로 첨예한 논쟁이 벌어졌다. 5차 교육과정 이후 국어 교과를 기능 교과·도구 교과로 특화하는 경향이 심해졌으나, 그렇게 해서는 국어과의 외연을 축소시킬 뿐이라는 비판도 강하게 제기되었던 것이다.(김창원, 2011b) 특히 화법·독서·작문교육 전공자들과 문학교육 전공자들 사이의 견해차가 컸는데, 결과적으로 7차 교육과정의 성격 규정을 큰 손질 없이 계승하는 것으로 마무리되었다.

2부 국어교육의 실제에 관하여

②는 이른바 '5대 영역'의 비중을 전 학년 동일하게 할 것인지 발달 단계에 따라 다르게 할 것인지에 관한 문제다. 문법·문학교육 전공자들은 초급 국어교육과 중·고급 국어교육 사이에 차이가 있어야 하고, 그 차이는 초급 단계에서는 기초·기본 문식성 교육에 초점을 두고 중·고급 단계에서는 지식·문화 교육을 중시하는 방향으로 구현해야 한다고 주장하였다. 그에 비해 화·독·작 전공자들은 중·고급 단계에서 오히려 고급의 화법과 독서, 작문 활동이 필요하며, '문법' 영역이 국어학의 지식 체계에 얽매여 초급 문법교육의 정체성을 찾지 못하고 있다고 주장하였다. 결국 기존 교육과정대로 학년에 따른 가중치 부여를 하지 않는 것으로 결말이 났으나, 5대 영역이 9년 동안 똑같은 비중으로 일관하는 것에 대해서는 어느 누구도 심정적으로 동의하지 않았다.

③은 앞에서도 지적했듯이 가장 큰 논란을 불러일으킨 쟁점이다. 7차 교육과정과 2007년 교육과정에서 <화법·독서·작문·문법·문학>으로 선택 과목을 설정한 것은 국어과의 5대 영역을 선택 과목으로 전개한, 나름대로 합리적인 선택이었다.[30] 그러나 2009년 교육과정에서 「화법과 작문」, 「독서와 문법」으로 과목이 통합되고 그에 따른 교과서가 만들어지면서 많은 논란이 생겼고, 자연스럽게 연구팀에서 「화법」, 「작문」과 「독서」, 「문법」을 분리하는 안이 제시되었다. 이에 대해서는 7차 교육과정에서 선택률이 가장 낮아서 과목 통합의 빌미를 제공했던[31] 화법과 문법 전공 연구자들도 잠정적으로 동의했다. 그러나 그렇게 회귀할 경우 7차 교육과정 때와 똑같은 문제가 생긴다는 우려와 지나치게 보수적인 과목 설정이라는 지적

---

30 7차 교육과정에는 「국어 생활」, 2007년 교육과정에는 「매체 언어」 과목이 별도로 있었다.
31 2009년 교육과정에서 기존의 「화법」과 「문법」 과목을 없애기로 한 일차 이유는 각각 7% 근처에 머문 채택률 때문이었다.(정구향 외, 2009)

이 있어서, 연구 책임자의 결단으로 원래대로 「화법과 작문」, 「독서와 문법」 안이 통과되었다. 그 과정에서 현장의 의견도 청취하였으나, 대부분 "어떻게 해도 괜찮다."는 반응이었다. 이러한 반응의 원인은 세 가지로 분석되는데, ㉠ 학교 현장에서는 교육과정과 교과서가 어떻게 개정되든 불만이 있는 가운데에도 그대로 수용하는 분위기가 있고, ㉡ 대다수의 교사들이 교육과정 개정 자체에 대해 관심이 없거나 잦은 개정에 대해 냉소적이며, ㉢ 고등학교 교육이 대학 입시 중심으로 이루어지는 상황에서 과목 설정은 실제 수업에 큰 영향력이 없기 때문이다. 이는 교육과정 개발이라는 상위의 · 이론적 · 추상적 작업과 실제 수업이라는 하위의 · 실제적 · 구체적 작업 사이의 괴리를 보여 주는 현상이다.

④는 전적으로 개발 연구 기간이 짧아서 미처 손을 대지 못한 사례에 해당한다. 실상 교육과정 연구든 교과서 개발이든, 교육과정을 읽는 사람들은 대부분 '목표'와 '내용'만 꼼꼼히 살펴보고 그친다. 교수요목기부터 교수 · 학습과 평가에 관한 내용이 있었지만 선언적인 기술에 그쳐서 아무도 보지 않는 것이다. 2011년 연구 과정에서도 이 항목들을 현실성 있게 보완하려는 시도가 있었으나, '내용' 부분의 개선에도 시간이 모자란 나머지 이 부분은 '교수 · 학습'과 '평가' 부분의 하위 체계를 맞추는 선에서 마무리하고 말았다.

<쟁점 목록 5 : 명확한 방향을 보여 주지 못하고 모호하게 처리한 내용>

① '내용 체계표'의 하위 영역 및 '맥락', '매체' 관련 요소의 배치 및 위상
② '내용 체계표'의 '실제'를 구성하는 하위 요소들
③ '학년군 성취 기준', 학년군별 '영역 성취 기준'의 계열화와 위계화
④ '내용 성취 기준'의 배열 순서
⑤ 학습량 감축

⑥ 어휘 관련 내용의 처리
⑦ 태도 관련 내용의 기술

국어과 교육과정에서 '내용 체계표'가 제시된 것은 6차 교육과정부터이다. ①과 관련하여 살펴보면, 6차 교육과정에서 <본질 – 원리 – 실제>를 수평 나열한 데 비해 7차 교육과정에서는 <본질 – 원리 – 태도> 밑에 '실제'를 두었고, 2007년 교육과정에서는 <지식 – 기능>을 중심으로 아래위에 '실제'와 '맥락'을 두는 방식으로 바뀌었다. 그리고 2011년 교육과정에서는 다시 <지식 – 기능 – 태도> 위에 '실제'를 두는 방식으로 바뀌었다. 이는 국어과에서 '5대 영역'이라는 언어 사용 양상 기준의 영역 구분이 매우 강고한 데 비해, 언어활동과 관련된 행동 특성을 구분하는 원리는 임의적이라는 사실을 보여 준다. 연구 과정에서 '솔직하게' <지식 – 기능 – 태도>로 단순화하자는 의견이 득세한 것도 여러 형태의 개념적 조작이 모두 실패했기 때문이다. 그러면서 기존의 '맥락'을 어떻게 처리할 것인지, 그 중요성이 점점 높아지는 '매체'는 어떻게 처리할 것인지에 대해서는 이론적 합의를 이끌어 내지 못했다. 개발 연구가 마무리되고 교육과정이 고시되기 직전까지도 '맥락'을 '지식'이 아니라 '실제'에 넣어야 하는 것은 아닌지, 또 '매체'를 '실제'가 아니라 '지식'에 넣어야 하는 것은 아닌지에 대해 망설이는 연구진들이 많았다. 이는 '맥락'과 '매체'의 성격이 무엇인지에 대해 연구진끼리 서로 다른 관념을 갖고 있다는 점을 방증한다.

② 역시 비슷한 난맥상을 보인다. 6차 교육과정에서는 '실제' 영역을 <정보 전달 – 설득 – 친교 및 정서 표현>으로 구성했고 7차 교육과정에서는 <정보 전달 – 설득 – 정서 표현 – 친교>로 구성하였다. 그리고 2007년 교육과정에서는 <정보 전달 – 설득 – 사회적 상호작용 – 정서 표현>으로, 2011년 교

육과정에서는 <정보 전달 - 설득 - 친교 및 정서 표현>으로 구성하였다. 이 요소들은 의사소통의 목적을 기반으로 한 것인데, '정보 전달'과 '설득'만 고정되고 나머지 요소들은 교육과정기마다 조금씩 바뀌어 왔다. 의사소통 목적을 "~ 및 ~"으로 나열하는 것이 문제라는 점에서는 7차와 2007년이 합리적이나, 교과서 개발과 실제 수업에서 '친교' 또는 '사회적 상호작용'의 내용을 구현하기 어렵다는 것도 문제이다. 2011년에는 결국 6차 교육과정의 방식으로 되돌아갔는데, 그 과정에 대해 어떤 이론적 설명이나 교육적 합의를 찾기는 어렵다.

"초 · 중학교 9년을 학년군별로 구획하고 학년군마다 '학년군 성취 기준'을 둔다.", "각 학년군의 영역마다 '영역 성취 기준'을 둔다."는 것은 2011년 교육과정 개발 과정에서 반드시 지켜야 외부적 조건이었다. ③은 이와 관련된 내용인데, 원론적으로는 4개 학년군(2년 - 2년 - 2년 - 3년)의 '학년군 성취 기준'이 계열성을 갖추고, 각 '학년군 성취 기준'과 해당 학년군의 5개 '영역 성취 기준'이 위계성을 갖추며, 학년군별 5개 '영역 성취 기준'들이 수평적으로 일관성을 지니고, 동시에 5개 영역의 '영역 성취 기준'이 4개 학년군별로 계열성을 갖추도록 해야 한다. 연구팀 역시 이 원칙을 의식하여 연구를 진행하였으나, 영역마다 계열성을 구현하는 방식이 다르고[32] 그것들을 '학년군 성취 기준'으로 묶는 원리를 발견하기도 어려워서 결국 '통합'이 아닌 '종합 나열' 방식에 머물고 말았다.[33] 이상적으로는 국어과를 포함한 전 교과 성취 기준의 체계화를 주장하지만, 국어 교과 내부의 체계화

---

32 단순하게 정리하면, '화법' 영역은 의사소통의 상황 중심으로, '읽기'와 '쓰기' 영역은 읽기 · 쓰기의 전략 중심으로, '문법' 영역은 국어 지식의 심도 중심으로, '문학' 영역은 문학 활동의 복잡도 중심으로 '영역 성취 기준'을 계열화하였다.

33 4개 학년군의 '학년군 성취 기준'을 각각 네 문장으로 맞추면서 문장 간 의미의 결속성 없이 나열형으로 기술한 것이 단적인 예이다.

2부 국어교육의 실제에 관하여

도 어려웠던 것이다. 각 영역의 특성에도 정통하면서 국어 교과 전체의 틀을 조감할 수 있는 연구자가 필요하다.

④와 관련해서 생각하면, 사실 6차 교육과정이 가장 체계적이다. 6차 교육과정에서는 먼저 '본질' 항목을 기술하고, 이어서 '원리와 실제' 항목을 기술하되 기능 관련 내용을 먼저, 태도 관련 내용을 맨 마지막에 기술하는 방식을 취했다.[34] 그리고 기능 관련 내용들은 내용의 수준에 따라 배열함으로써 <지식 - 기능 - 태도>의 유기적 관련성 및 내용 학습의 순서를 교육과정에 구현하였다. 7차 교육과정 역시 항목을 나누지는 않았지만 6차와 비슷한 방식을 취하였다. 그에 비해 2007년 교육과정에서는 지식과 태도에 관련되는 항목 없이 전체를 기능 관련 항목으로 채우면서, 학습 순서보다는 <정보 전달 - 설득 - 사회적 상호작용 - 정서 표현>이라는 '실제' 영역의 하위 항목 순서대로 성취 기준을 배열하였다. 그 결과 교육과정 '성취 기준'의 번호는 교과서 개발이나 교수·학습에 아무 정보를 주지 못하고 단지 "⑴번은 정보 전달과 관련되는 성취 기준이다."라는 사실만 담게 되었다.[35] 2011년 교육과정은 대체로 성취 기준이 담고 있는 내용의 수준에 따라 배열했으나, 영역마다 배열 기준이 달라서 일관된 원칙을 찾기 어렵다. 무엇보다도, 학년군별 교육과정을 취하면서 "앞 번호는 저학년, 뒷번호는 고학년"이라는 오해를 낳게 되어 있는데, 그것을 방지할 장치는 없다.[36]

⑤는 교육과정 총론팀과 교과 교육과정 개발팀 사이에 숨바꼭질이 벌어진 내용이다. 학습량 감축이란 무엇인가? 교육과학기술부의 설명대로라면 7차 교

---

34 '언어'와 '문학' 영역은 이 방식을 따르지 않고 독자적인 체계에 따라 배열하였다.

35 역시 '문법'과 '문학'은 별도의 체계를 따르는데, 그 원리는 분명치 않다.

36 7-9학년군에서 "학년별 학습 위계표"를 제시한 것도 편법이고, 각 항목의 분배도 임의적이다. 연구 과정에서 앞 번호는 저학년, 뒷번호는 고학년으로 배치하자는 의견이 있었지만 '학년군별 교육과정 개발'의 취지에 따라 기각됐는데, 결과를 보면 그렇게 하는 것이 나았을 것이다.

육과정 개정 때 이미 30%를 감축했고 2007년 교육과정에서 다시 20%를 감축했다. 2011년 개정 때도 마찬가지여서, 만일 그대로 다 되었다면 2011년 교육과정의 학습량은 6차 교육과정에 비해 절반 이하[37]가 되어 있어야 한다. 하지만 실제 교과서 편찬이나 현장 수업에서 부담이 줄었다는 이야기는 전혀 나오지 않는다. 단지 성취 기준의 수를 줄인다고 해서 학습량이 줄어드는 것이 아니라는 뜻이다. 다음 예를 보자.

> (11) 한글의 창제 원리와 가치를 이해한다.
> 한글이 지닌 가치와 과학적인 창제 원리를 이해하면 한글에 대한 자긍심을 기르고 올바른 문자 생활에 대한 태도를 길러줄 수 있다. 훈민정음 창제 이전의 조상들의 문자 생활과 오늘날 우리의 문자 생활을 비교하는 활동을 통해 한글 창제의 정신과 동기를 깨닫게 하고, 배우기 쉬운 문자인 한글이 우리 사회의 발전에 미친 영향을 따져 봄으로써 한글의 가치를 이해하게 한다. 이와 함께 상형, 가획, 병서 등 훈민정음의 제자 원리를 탐구하여 한글의 우수성과 과학성을 이해하게 한다. 어제(御製) 서문 등 한글 창제와 관련된 자료나 한글을 소개한 자료들을 찾아 살펴보는 활동을 통해 한글의 우수성, 창제 정신과 의의 등을 직접 확인하고 깨닫도록 한다.

2011년 교육과정 7~9학년 '문법' 영역의 마지막 항목으로, 얼른 보면 매우 간단한 성취 기준처럼 보인다. 그러나 그에 대한 '해설'은 <훈민정음 창제 이전의 조상들의 문자 생활과 오늘날 우리의 문자 생활 비교 + 한글이 우리 사회의 발전에 미친 영향 파악 + 상형, 가획, 병서 등 훈민정음의 제자 원리 탐구 + 한글 창제와 관련된 자료나 한글을 소개한 자료 탐색>을 통해 <한글 창제의 정신과 동기 + 한글이 지닌 가치와 과학적인 창제 원

---

37 1(6차) × 0.7(7차) × 0.8(2007년) × 0.8(2011년) = 0.448

리>를 이해한 뒤 <한글에 대한 자긍심 + 올바른 문자 생활에 대한 태도>로 나아가는, 상당히 복잡한 내용을 담고 있다. 각각의 하위 내용들을 어느 정도나 깊게 다루느냐에 따라 학습량은 늘어날 수도 있고 줄어들 수도 있는 것이다. 결국 학습량 감축이란, 문서상의 기술적(技術的) 감축보다는 교육과정의 실행 과정에서 이루어지는 실천적 감축이 중요함을 알 수 있다.

⑥과 ⑦은 교육과정 개발 과정에서 모든 연구원이 중요하다고 인정한 내용이나, 그것을 '내용 체계표'나 구체적인 성취 기준으로 구현하는 데에는 실패했다. '내용 체계표'에서 기초·기본 영역으로 '어휘' 영역을 두는 방안이나 매 학년군별 성취 기준에 어휘·태도 관련 항목을 넣는 데에 어휘교육 전공자를 제외한 다른 연구원들이 동의하지 않았기 때문이다. 앞의 문제는 '매체' 등 여러 요소가 들어가면서 '내용 체계표'가 너무 복잡해진다는 우려와, 뒤의 문제는 성취 기준 수를 20% 줄이는 마당에 없던 성취 기준을 새로 만들면 다른 내용들의 자리가 좁아진다는 염려와 연관된다. 결국 어휘교육, 태도교육은 다른 성취 기준들 속에 포함시키는 것으로 결론이 났다.

<쟁점 목록 6 : 교육과정에서 다루고자 했으나 여건상 다른 쪽으로 넘긴 내용>
① '7. 교과서의 개발과 활용' 신설안
② 초·중학교 『국어』 교과서의 수
③ 「고전」 과목의 교과서

①은 7차 교육과정의 '교수·학습 자료(공통 「국어」)'와 '교수·학습 방법(고등학교 선택 과목들)' 항목에서 부분적으로 다루었고, 2007년 교육과정에서 '담화/글/언어 자료/작품의 수준과 범위'로 구체화했던 내용을 더 체계화하기 위해 제시된 의견이다. 그러나 교과서 개발의 구체적 지침은 교육과

정에 제시하기보다 '편찬상의 유의점', '집필 기준', '검정 기준' 등에서 제시하는 것이 효과적이라는 관점에서 폐기되었다.

②는 교과서 편찬과 관련하여 교육과정에 분책/합책 시스템을 밝히는 문제이다. 5차 교육과정부터 초등학교 「국어」 과목의 교과서를 『말하기·듣기(듣기·말하기)』, 『읽기』, 『쓰기』로 분책하였고, 이후 20여 년이 지나면서 분책 시스템은 초등교육 현장에서 확고하게 정착되었다. 7차 교육과정부터는 중학교 「국어」 과목도 『국어』와 『생활 국어』로 분책하여 <초등학교 3책 → 중학교 2책 → 고등학교 1책>의 체계를 갖추었다.[38] 그러나 언어 활동이 본질적으로 통합적이라는 인식, 한 과목 다책(多冊) 체제로 인한 학생들의 혼란, 시간표 운영상의 어려움, 그리고 두(혹은 세) 책 활용상의 난점 등으로 인해 분책 시스템을 다시 합책 시스템으로 바꿔야 한다는 주장이 제기되었다. 연구팀은 이 문제에 관해 대안을 마련하고자 했으나, 역시 '편찬상의 유의점' 등으로 넘기고 교육과정에는 명시적으로 밝히지 않기로 하였다.

③은 「고전」 과목의 성격과 함께 지속적으로 문제가 되었던 것으로, 원래 박순경 외(2011)에서 의도했던 것은 '교과서 없는 과목'이었다. 교육과정 개발 연구 과정에서는 ㉠ 교과서를 만들지 않고 교육과정과 지도 지침만 주는 방안, ㉡ 고전의 가치에 관한 설명과 함께 간단한 학습 안내서 성격의 교과서를 주는 방안, ㉢ ㉡에 덧붙여 교육적으로 의미 있는 고전 텍스트들의 목록을 제시하는 방안, ㉣ 기존의 『독서』나 『문학』 교과서와 비슷하게 정전 텍스트들을 선별하여 앤솔로지 형태의 교과서를 주는 방안 등

---

[38] 6차 교육과정부터는 초등학교 고학년에 『말하기·듣기·쓰기』와 『읽기』의 2책 체제를 도입하였다.

이 모두 논의되었으나, 결국 교육과정에서는 교과서의 형태를 언급하지 않는 것으로 결론이 났다.

①~③은 모두 교재와 관련된 내용으로, 교육과학기술부에서 교육과정 업무와 교과서 업무를 서로 다른 사람이 담당할 때부터 잉태된 문제들이다. 교육과정 담당관으로서는 교과서 담당관이 따로 있는 상황에서 교육과정이 교과서 문제까지 규정하는 것을 일종의 '월권'으로 느낀 것이고, 교과서 담당관 역시 자신의 '고유 업무'를 다하고자 교과서 관련 내용은 모두 빼 간 것이다. 그러나 교육과정은 교재 개발, 수업, 평가 등까지 모두 고려해서 통합적으로 개발해야 한다는 점에서 업무를 분할하여 진행하는 것은 재고할 필요가 있다. 최소한 양쪽의 연구팀에 공통 인력이 있어서 상호 소통이 되도록 했어야 했다.

<쟁점 목록 7: 개발 과정에서 의식은 했으나 구현하지 못하고 넘어간 내용>
① 교육과정 개발 과정에서 현장 교사의 참여
② 학년군 내에서 영역 간 연계
③ 공통교육과정 '영역'과 선택교육과정 「과목」의 위계화
④ 선택교육과정 「국어 Ⅰ·Ⅱ」 과목과 다른 과목들의 연계
⑤ 인접 교과와의 연계

2011년 교육과정 개정에서 중요한 변화는 교육과정 개정 작업에 현장 교사들을 공식적으로 참여시켰다는 점이다.[39] 하지만 이들의 역할은 아이디어를 내거나 실제 문서 작업을 하는 것이 아니라 초안 검토 및 수정 의견 제시에

---

39 이들은 새로 도입된 '학습 연구년' 제도에 따라 연구에 전념하는 교사들로, 대부분 5~10년 이상의 근무 경력이 있는 석사·박사 학위 소지자들이다. 초 7명, 중 4명, 고 4명(총 15명)으로 구성되었다.

머물렀고, 결과가 구체화됨에 따라 점차 그 역할도 약화되었다. 그 이유는 애초에 이들을 '공동 연구원'이 아니라 '연구 협력 교사'로 위촉한 데 있는데, 그 저변에는 현장 교사의 종합적 기획 능력과 글쓰기 능력에 관한 불안감이 자리 잡고 있다.[40] 현장 교사는 검토나 자문, 심의위원의 역할을 넘어서기 힘들다는 인식을 불식할 방안이 필요하다.

②는 연구 개발 과정에서 처음부터 강조했던 내용이나, 실제 작업에서는 영역 간 논리 차이로 구현하기 어려웠던 쟁점이다. 친연성이 가장 높다고 생각했던 '듣기'와 '말하기' 영역을 '화법'으로 통합하는 데에도 많은 문제가 노출됐는데,[41] 다른 영역들을 유기적으로 연계하며 개발하기에는 이론과 시간 모두 부족했다. 각 영역별 계열성만을 달성하는 데에도 충분히 버거웠던 것이다. 이 문제는 특히 <화법·독서·작문> 영역과 <문법·문학> 영역 사이에서 두드러지게 나타났다. '화법'의 듣기와 말하기가 각각 '독서'·'작문'과 대응하거나 '독서'와 '작문'이 문자 소통이라는 관점에서 상통하는 양상에 비해, '문법'과 '문학'은 교과 내용의 구조 자체가 그들과 너무 달랐기 때문이다. '문학'은 활동이 개방적이어서 그나마 국어활동 영역과의 괴리가 덜한 편이었으나, '문법'은 다른 영역과 상관없이 자체의 지식 구조에 따라 편성되었다. 문법교육·문학교육 분야에서 국어 생활과 연계한 생활 문법·생활 문학, 또는 도구교과적 성격을 강조한 도구 문법·도구 문학 개념을 발전시키고, 어느 시점부터 독자적인 '문법'과 '문학'으로 분리할 것인지를 분명히 하는 연구가 필요하다.

---

40 전국국어교사모임에서 자체적으로 교육과정을 개발하거나 공식 교과서를 출원하려는 시도가 있었으나 마무리를 짓지 못한 사례를 참고할 수 있다.
41 ㉠ 학생의 듣기 능력과 말하기 능력의 발달 속도 차이, ㉡ 학생이 접하는 듣기 상황과 말하기 상황의 차이, ㉢ 대화와 구별되는 독화 말하기·독화 듣기의 특성, ㉣ <말하기-쓰기> 관계와 <듣기-읽기> 관계의 차별성 등을 그 원인으로 지적할 수 있다.

③과 ④는 사실상 같은 문제이다. 초등 교육과정과 중등 교육과정을 하나의 팀에서 개발한 것은 2011년 교육과정에서 특기할 만한 일이지만, 실제 개발 과정에서는 어쩔 수 없이 공통교육과정 팀과 선택교육과정 팀을, 선택 팀 내에서도 각 과목을 나누어 연구를 진행할 수밖에 없었다. 물론 개발 회의에 상호 교차 참여하고 초안에 대해서도 꾸준히 의견을 나누었지만, 전체를 하나의 눈으로 본다는 점에서는 다소 부족하였다. 이 문제 역시 연구 기간을 충분히 가지고 개발해야 할 일이다.

⑤와 관련해서도 개발 과정에서 전 과목 워크숍(2011.6.1~2.)을 실시하는 등 예전보다 진일보한 면을 보였지만, 각 교과의 논리가 워낙 독자적이고 상호 소통이 안 돼서 '교과 간 연계'라고 할 만한 것을 내세우기 어렵게 되어 있다. 워크숍에서 국어과는 한문과·영어과와 한 팀이 되었는데, 한문과의 개발 논리는 글자와 구문의 난이도에 집중되어 있었고, 영어과의 논리는 국어과의 초급 단계에나 대응할 수 있는 정도였다. 국어과를 한문과·영어과와 묶은 이유는 그것들이 모두 '언어'와 관계된다는 생각에서였겠으나, 그보다는 도덕과·사회과와 묶는 것이 더 타당할 것이다. 국어교육에서 다루는 내용들이 대부분 그 교과들과 관계되기 때문이다. 좀 더 확장한다면 국어과는 과학과·음악과·미술과와도 관계되고, 넓게 본다면 모든 교과와 연계를 맺어야 할 터이나 그럴 만한 인력이나 학문적 배경은 없다.

4. 나가며

한국의 교육과정 개정 작업은 <총론 개발 → 각론(각과 교육과정) 개발>의 순서로 이루어진다. 이때 교육의 거시적인 목적, 시간 배당, 교육과정 운영의 주안점 등에 관한 사항은 총론에서 정하는 것이 상례다. 2011년 교육과정의 경우 창의·인성, 글로벌 교육 등의 키워드가 총론 수준에서 정해졌고, 공통 교육과정 「국어」의 학년별/주당 시수 및 선택교육과정의 과목 수와 단위 수도 총론팀에서 결정하였다. 문제는 총론 개발 과정에 교과의 목소리를 반영할 길이 원천적으로 차단되어 있다는 점이다. 실제로 2009/2011년 교육과정의 기본 틀을 결정한 '국가교육과학기술자문회의'나 '2009개정교육과정연구위원회'에 교과 전문가는 없다.[42]

---

42 두 위원회의 1기 멤버만 예로 들면 다음과 같다. 이후도 구성원의 특성은 대동소이하다.

<국가교육과학기술자문회 교육 분야 위원단(2008.10.29)>

위원장	박범훈(중앙대 총장)
위원	강소연(인간교육실현학부모연대 회장), 권영빈(경기문화재단 대표이사), 이기호(경북전문대 학장), 이종재(서울대 교육학과 교수), 주복남(서울 태릉중학교 교장), 허숙(경인교대 총장)
수석전문위원	조동섭(경인교대 교육학과 교수)
전문위원	고정민(삼성경제연구소 서비스산업팀장), 김갑성(KEDI 연구원), 김철중(서울 수도여고 교사), 손유미(KRIVET 연구위원), 양길석(KICE 연구원), 엄미정(STEPI 인력정책연구단장), 이현석(경기 유현초 교사), 정기수(한양대 교육대학원 교수), 한유경(이화여대 교육학과 교수)

<국가교육과학기술자문회 교육과정특별위원회 명단(2009.1.9)>

위원장	이돈희(민족사관고 교장·전 서울대 교육학과 교수)
위원	이종재(서울대 교육학과 교수), 허숙(경인교대 총장), 이인선(계명대 대외협력부총장), 오세정(서울대 자연대학장), 민경찬(연세대 대학원장), 곽병선(경인여대 학장), 김성열(경남대 기획부처장), 김경자(이화여대 초등교육과 교수), 한현옥(부산대 경제학과 교수), 이명숙(경기대 교정보호학과 교수), 이명분(인천 완정초 교감), 이혜경(강릉 관동중 교감), 김승(광주 풍암고 교장), 신경인(충북반도체고 교장), 곽영훈(사람과환경그룹 회장), 윤생진(금호아시아나 인재개발원장), 김종현(한국디지털미디어고 이사장), 송승환(한국뮤지컬협회 이사), 권현창(홍익대 산업미술대학원 교수), 이강백(서울예대 극작과 교수), 김순덕(동아일보 논설위원), 최재천(이화여대 에코과학부 교수)

2부 국어교육의 실제에 관하여

이렇게 된 이유는 집단이기주의에 빠지지 않고 거시적·장기적 안목으로 교육을 바라보는 데에 교과 전문가는 적절치 않다는 선입견이 있기 때문이다. 이른바 '교과이기주의'에 대한 경계인데, 사정이 여기에 이른 데에는 여러 이유가 있겠지만 교과 전문가들의 책임도 적지 않을 것이다. 국어과 교육과정 개정 작업에서 영역 간 충돌이 있었던 것처럼, 총론 작업에서 과목 간 충돌이 일어나면 보편타당하게 일을 진행하기 어렵다. 그동안 교과 전문가들은 총론적 관점보다는 자기 교과의 정당성을 주장하는 데 더 치우쳐 있었던 감이 있다. 교과에 기반을 두되 학교 교육을 거시적으로 조망할 수 있는 전문가가 필요하다.

이는 다른 측면에서 보면 교육과정 개정 작업이 단순히 국어교육의 내실을 기하는 작업에 그치지 않는다는 뜻이기도 하다. 교육과정 개정 작업은 학교 교육 내에서 국어과의 위상을 분명히 하면서 「국어」라는 교과의 정체성을 확고히 하는 작업이다. 앞으로도 교육과정은 필요에 따라 계속 개정될 것이고, 그런 점에서 국어 교과는 진화의 도중에 있다고 말할 수 있다.

이 자리에서 국어과 교육과정의 구체적인 미래상을 그릴 수는 없다. 다만 2011년 교육과정 개정 작업을 점검하여, 앞으로의 교육과정 개선을 위해 미리 조성해야 할 여건과 수행해야 할 과제를 살펴볼 뿐이다. 교육과정 개정이 단순한 개정이 아니라 개선이 되고 발전이 되기 위해서는 먼저 다음의 사항들을 분명히 해야 한다.

<쟁점 목록 8: 교육과정 개선을 위해 확고한 대안을 찾아야 할 내용>
① 국어 교과의 성격과 목적
② 교과 내용 체계

③ 공통교육과정 학년군 구분의 기준과 시점

④ 하위 영역 설정 및 발달 단계에 따른 영역 간 비중

⑤ 선택교육과정 과목 설정과 과목 간 비중

⑥ '듣기 · 말하기' 영역의 내용 체계화와 계열화

⑦ 학년(군)별 '문법' 영역의 특성과 비중

⑧ 국어활동 영역과 '문학' 영역의 관계

⑨ 교과 어휘 및 언어 자료의 선별 · 분류 · 계열화

⑩ 교육과정 용어의 선별과 개념 규정

①은 국어과 교육과정의 모두(冒頭)에 선언적으로 제시할 내용이다. 김창원(2009;2001b)에서 지적했듯이, 국어 교과는 개화 계몽기 · 일제 강점기 · 남북 분단기를 거치면서 한편으로 기능적인 특성을, 다른 한편으로 이데올로기적 특성을 지니며 발전해 왔다. 5차 교육과정 이후 기능 요소와 문화 요소가 국어과의 내용을 지탱하고 있으나, 그것이 과연 21세기의 상황에 걸맞은지는 다시 점검해 봐야 할 사안이다. 2011년 교육과정 개정 작업에서는 국어과의 성격에 대해 심도 있게 논의하지 못했는데, 그 결과 7차 교육과정에서 규정한 성격을 답습하는 데 머물고 말았다. 이 문제는 국어교육 전문가뿐 아니라 교육 공동체 전반의 논의를 통해 해결해야 한다.

②~⑤는 국어과 교육과정의 큰 틀과 관련된 내용이다. 이론적 근거가 부족한 상태에서 전문가의 소신이나 그때그때의 합의에 따라 내용 체계가 만들어지고, 행정적 편의에 따라 학년군이 정해지며, 교육과정을 개정할 때마다 4~6영역 사이에서 갈등하고, 학교 현장에서의 채택률이나 수학능력시험 운영 등의 기술적 문제 때문에 과목이 정해지는 방식은 지양해야 한다.

이와 관련하여 2011년 교육과정 개정 작업에서 아예 손대지 못한 내용들도 있다. 예를 들어 ㉠ 문식성 중심의 초급 국어교육과 텍스트 지식 · 문화

· 가치 중심의 중 · 고급 국어교육을 구분하는 방안이나, ⓛ 고등학교의 최고 단계에서는 AP나 IB와 유사한 집중 선택 과목을 이수하도록 하는 방안,[43] ⓒ 「미디어(매체)」, 「연극 · 영화(또는 드라마)」, 「세계 문학」 같은 확장 과목을 설치하는 방안, ⓔ 한국어가 제2언어인 학생들을 위한 과목을 설치하는 방안 등이 그것이다. 이런 문제들은 오랜 기간의 연구와 사회적 · 교육적 합의 과정이 필요한데, 4개월의 개발 기간은 "이런 내용에 대해 논의할 것인가?"에 대해 논의하기에도 부족했다.

⑥~⑧은 영역 이론의 개발과 관련된 내용이다. 다른 영역들에 비해 '읽기'와 '쓰기'는 교육 내용이 비교적 안정된 것으로 보인다. 그에 비해 '듣기 · 말하기' 영역은 아직 내용이 안정되어 있지 않고, 방법론도 부족한 상황이다.[44] '문법' 영역은 확고한 지식 체계를 학생의 발달성에 조회하여 재구조화하는 작업이 필요하며, '문학' 영역은 화법 · 독서 · 작문 활동과의 관련을 더 명료히 해야 한다. 물론 각 영역에는 영역의 논리가 있지만, 그것을 「국어」라는 교과의 눈으로 깎아내고 조절할 수 있어야 하며, 필요하다면 다른 교과의 논리도 수용할 수 있어야 한다.

⑨~⑩은 국어교육의 기초라 할 만한 내용이다. 하지만 국어 교과에서 언제 어느 정도의 교과 어휘를 사용할 수 있는지, 어떤 형태의 언어 자료를 언제 다뤄야 하는지에 관해서는 대략적이고 경험적인 근거만 있을 뿐이다. '생활문', '논술문' 같은 개념은 학교 외에서는 전혀 쓰지 않는 것이고, 토

---

43 예컨대 「고급 화법」, 「고급 작문」 같은 과목이 성공적으로 운영되면 대학에서의 학점 인정으로 이어질 수 있다.

44 이 문제는 교사임용시험이나 수학능력시험에서 '듣기 · 말하기' 영역 평가가 이루어지는 양상을 통해 간접적으로 짐작할 수 있다. 지필 평가라는 한계를 고려하더라도, '듣기 · 말하기' 영역에서 측정하고자 하는 '영역 능력'은 다른 영역에 비해 빈약하다. 남민우 · 최숙기(2012)에서 '듣기 · 말하기'에 비해 '읽기'와 '쓰기' 영역의 내용 적합도가 높게 나온 이유도 이와 비슷할 것이다.

론 교육을 강조한다고 해도 언제부터 어떤 형식의 토론을 도입할지에 대해서도 합의가 없다.[45] 결과적으로 교육과정은 그에 관한 구체적 기준을 제시하지 않고 모호하고 추상적인 기술로 일관하며, 최종 결정은 여러 출판사의 교과서 집필자가 임의로 하게 된다.

이러한 모든 문제를 포함하여, 2011년 교육과정 개정 작업은 수많은 쟁점들을 해결하거나 해소하면서 단일한 문서를 만들어 냈다. 그 과정에서 교과 내부의 담론끼리, 혹은 교과 외부의 담론과 많은 논쟁·협상·타협이 이루어졌는데, 그 과정 자체가 하나의 역동적인 현상이자 치밀하게 조직된 관계망이라는 점에서 생태학적 잣대로 살펴볼 수 있다. 이 생태계는 한편으로 그것을 구성하는 주체들의 의지로 진화하고, 다른 한편으로 주체들의 의지와는 무관한 다른 동인들에 의해서도 진화한다. 국어교육의 담론은 이러한 생태계와 상호 길항하는 가운데 가장 최적의 방향을 찾는 데 노력을 기울여야 한다.

▎이 글은 『국어교육학연구』 43(국어교육학회, 2012)에 발표한 「국어과 교육과정의 생태학 (2): 2011년 교육과정 개정에서의 쟁점과 그 해소」를 부분 수정한 것이다.

---

45 다른 교과에서는 학년군별로 다뤄야 할 기본 용어·개념이 정해져 있다. 예컨대 음악과 교육과정은 학년군별 "음악 요소 및 개념 체계표"를 두어, '장단'의 경우 3~4학년군은 자진모리·세마치, 5-6학년군은 중중머리·굿거리·시조, 7~9학년군은 중모리·엇모리·가곡을 다루도록 하였다. 수학과나 과학과는 더 말할 나위도 없다.

2부 국어교육의 실제에 관하여

참고문헌

교육과학기술부(2011), 『교과 교육과정 개정 방향에 대한 토론회 자료집』, 교육과학기술부.

교육과학기술부·한국교육과정평가원(2010), 『2014학년도 대학수학능력시험 개편을 위한 공청회 자료집』.

국가교육과학기술자문회의 교육과정위원회(2010), 『2009 개정 교육과정에 따른 교과 교육과정 개선 방향(1차 교과 교육과정 개선을 위한 포럼)』, 연구자료 ORM 2010-11.

김경자 외(2010), 『2009 개정 교육과정에 따른 교과 교육과정 개선 방안 연구, 연구보고』 RRC 2010-19, 한국교육과정평가원.

김중신(2011), 「2009 개정 국어과 교육과정 개발 연구 과정의 비판적 검토—고등학교 선택 과목을 중심으로」, 『국어교육학연구』 41, 국어교육학회, 53-78면.

김창원(2009), 「국어 교과의 정당성과 정체성에 대한 회의」, 『한국초등국어교육』 40, 한국초등국어교육학회, 71-96면.

김창원(2011a), 『문학교육론—제도화와 탈제도화』, 한국문화사.

김창원(2011b), 「국어과 교육과정의 생태학(1) : 2011년 교육과정 개정에 관한 성찰」, 『국어교육』 136, 한국어교육학회, 325-355면.

남민우·최숙기(2012) 「2009 개정 국어과 교육과정 '내용 성취 기준'의 적합성 조사 연구」, 『국어교육』 137, 한국어교육학회, 327-351면.

민현식 외(2011a), 『국어과 교육과정 개정을 위한 교육과정 개발 방향 공청회 자료집』.

민현식 외(2011b), 「2011 국어과 교육과정 개정을 위한 시안 개발 연구」, 정책2011-교육과정-위탁-2, 교육과학기술부.

박순경 외(2011), 「2009 개정 교육과정에 따른 고등학교 선택 과목 재구조화 방안」, 연구보고 CRC 2011-1, 한국교육과정평가원.

정구향 외(2009), 「고교 국어 선택 과목 교육과정 개정 연구」, 연구보고 CRC 2009-43, 한국교육과정평가원.

2부 국어교육의 실제에 관하여

2015 교육과정을 통해 본
국어과 교육과정 발전의 논제

김창원

1. 문제 공유: 교육과정사 안에서의 2015 교육과정

김창원(2011)은 2011 교육과정[1] 개정 결과를 검토하면서 기존 교육과정의 틀과 방향을 유지한 사항 7가지, 공통 <국어>[2]의 개선 사항 10가지, 고등학교 선택 과목의 개선 사항 11가지를 추출하였다. 그중 유지한 사항 7가지는 2015 교육과정에서도 대체로 비슷하게 유지되었다. 그 내용은 다음과 같다.

① 국어과의 목표를 '의사소통, 국어, 문학'에 관한 지식·기능·태도의 습득과 숙달, 함양으로 보았다.

② 듣기·말하기·읽기·쓰기·문법·문학을 국어과의 기본 영역으로 보았다.

③ 지식과 기능의 통합을 통한 창의적이고 비판적인 국어 활동을 중시하였다.

④ 발달주의, 기능주의, 분석주의, 망라주의의 관점에서 성취 기준을 나열하였다.

⑤ 의사소통 목적에 따른 텍스트의 유형과 실제 활동의 과정을 중심으로 교육 내용을 체계화하였다.

⑥ 국어 활동에서의 다양한 텍스트와 맥락, 그리고 매체의 중요성을 강조하였다.

⑦ 총체적 국어 능력 신장을 위해서 하위 영역의 균형 있는 발전을 강조하였다.

이들은 국어교육의 일반 방향이자 교육과정 실행에서의 주안점에 관한 내용으로서, 국어과 교육과정의 역사적 항존성을 보여 준다. 이 항목들은 멀리는 교수요목(70년), 가까이는 4차 교육과정(34년), 아무리 늦춰도 7차 교육과정부터(18년)의 일관된 흐름을 계승하고 있다.

---

1 2009 총론에 따른 각과 교육과정이지만 각론이 실제 고시된 연도를 기준으로 표시하였다.
2 국어과의 여러 하위 과목 중 1~9(또는 10)학년용 공통 과목을 가리킨다. 이하 같다.

그에 비해 2011년에 변화를 시도했던 내용들은 2015 교육과정에서 다시 많은 변화를 겪었다. 2011에서 공통 <국어>의 개선안으로 나왔던 10가지 사항이 2015 교육과정에서는 어떻게 되었는지 살펴보자.

[표 1] <국어> 과목 교육과정 개선의 방향—2011에서 2015로

2011 교육과정에서의 개선 방향	2015 교육과정에서의 처리
① 공통교육과정의 기간을 10년에서 9년으로 줄였다.	① 공통교육과정을 다시 10년으로 늘렸다.
② 학년별 교육과정을 학년군별 교육과정으로 바꾸어, 1학년부터 9학년까지를 1~2학년군, 3~4학년군, 5~6학년군, 7~9학년군의 4단계로 재편하였다.	② 초·중학교의 학년군 구분은 동일하나, 10학년이 추가되어 5단계가 되었다.
③ 교육과정 문서에서 '성격' 항목을 삭제하고 그 내용을 '목표'로 옮겨 서술하였다.	③ '1. 성격' 항목을 부활시켰다.
④ '학년군 성취 기준'과 '영역 성취 기준'을 신설하였다.	④ '학년군 성취 기준'은 유지하되 '영역 성취 기준'은 삭제했다.
⑤ 내용 성취 기준을 251개(1~10학년)에서 151개(1~9학년)로 줄였다.	⑤ 내용 성취 기준을 또 줄였다(1~9학년 151개를 1~10학년 159개로).
⑥ 교육과정 해설을 별도로 개발하지 않고, '내용 성취 기준'에 통합 기술하였다.	⑥ 기조는 유지하되, 모든 성취 기준에 해설을 붙이지 않고 일부 항목만 선별해서 붙였다.
⑦ 국어과의 영역을 '듣기, 말하기, 읽기, 쓰기, 문법, 문학'의 6개에서 '듣기·말하기, 읽기, 쓰기, 문법, 문학'의 5개로 줄였다.	⑦ 유지
⑧ 내용 체계에서 '맥락' 요소를 삭제하고 '태도' 요소를 추가하여, '(지식 + 기능) + 맥락' 체계를 '지식 + 기능 + 태도' 체계로 재구조화하였다.	⑧ 내용 체계를 '핵심 개념+일반화된 지식+(학년군별)내용 요소+기능' 체계로 새로 구성하였다.

2부 국어교육의 실제에 관하여

⑨ '글/담화/언어 자료/작품의 수준과 범위'를 영역별로 제시하지 않고 학년군별로 '국어 자료의 예'로 통합하여 제시하였다. ⑩ '6. 평가' 항목을 '가. 계획, 나. 목표와 내용, 다. 방법, 결과의 활용'에서 '5. 교수·학습'의 항목에 맞추어 '가. 계획, 나. 운용, 다. 결과 활용'으로 재조직하였다.	⑨ 유지 ⑩ '5. 교수·학습 방법'과 '6. 평가'를 통합하여 '4. 교수·학습과 평가의 방향'으로 단순화하고, 그와 별도로 성취 기준 그룹(영역)별로 '교수·학습 방법 및 유의 사항'과 '평가 방법 및 유의 사항'을 제시하였다. ⑪ 부활한 '1. 성격'에 국어과 핵심 역량과 교과 통합의 방향을 제시하였다. ⑫ 세부 목표의 순서를 '지식-기능-태도'에서 '기능-지식-태도'로 바꾸었다. ⑬ 성취 기준 그룹(영역)별로 '학습 요소'를 제시하였다.

2011에서 개선한 10개 항목 중 2015에서도 그대로 유지한 항목은 3개(②, ⑦, ⑨)이고, 추세를 더 강화한 항목이 2개(⑤, ⑥), 유지하되 일부를 수정한 항목이 1개(④)이다. 거기에 체재 자체를 완전히 새로 구성한 항목 2개(⑧, ⑩)와 새로운 추가적 변화 3개(⑪, ⑫, ⑬)가 있다. 또, 2개 항목(①, ③)은 옛날(2007 교육과정)로 돌아갔다. 이것이 4년 만에 이루어진 <국어> 과목 교육과정의 외적 변화이다. 절반쯤은 2011 교육과정의 취지를 계승하였고, 절반쯤은 새로운 방향으로 나아갔으며, 두 항목은 과거로 회귀했다.

문제는 유지든 강화든 회귀든 추가든, 그를 위한 논리적·경험적 근거가 취약하다는 점이다. 2011도 그러했지만 2015 교육과정 역시 교육계나 교과 내부가 아니라 외부의 요구 때문에 개정한 정황이 짙다. 2007-(2009)[3]-2011로 이어지는 급박한 교육과정 개정 국면에서 국어과의 자체 논리가 작동하기는 어려웠으며, 이는 2015도 마찬가지다. 실제로 [표 1]의 2015 교육과정 항목에서 ①, ②, ③, ⑤, ⑥, ⑧, ⑩, ⑪, ⑬은 국어 교과의 결정이 아니라 총론팀의 일반 지침에 의한 것이다. 국어과는 ⑦, ⑨를 유지하고 ④를 수정하며 ⑫를 조정하는 정도만 할 수 있었다. 물론 목표, 내용, 방법에 관한 구체적인 내용은 많은 숙의를 거쳐서 개정했고 수면 아래의 90%는 이전 교육과정들의 흐름을 이었지만, 시대 변화에 맞추어 국어과의 큰 틀이나 방향을 개선하기에는 관련 연구와 주어진 시간이 너무 부족했다.

이 상황을 이해하기 위해 교육과정 개정의 역사를 톺아보면, 두 방향에서 두 힘이 교차하는 양상을 발견할 수 있다. 첫째는 교육과정의 항존성과 가변성이고 둘째는 교육과정 총론의 의지와 국어 교과의 논리이다. 이들은 [그림 1]과 같이 서로 밀고 당기면서 교육과정 개정의 방향과 폭을 결정한다.

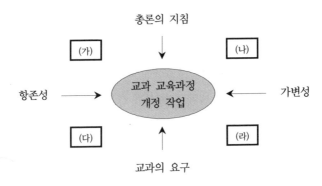

[그림 1] 교과 교육과정 개정에 미치는 힘

---

3 2009 총론이 갑작스레 고시되면서 급한 대로 고등학교 선택 과목만 통합하여 고시했을 뿐, 내용은 2007과 거의 같다.

2부 국어교육의 실제에 관하여

여기서 (가)는 총론 차원의 항존성으로, '홍익인간'으로 집약되는 학교 교육의 목적이나 '추구하는 인간상', 교과별 시간 배당 등이 대표적이다. (나)는 총론 차원에서 추구하는 가변성으로서 [표 1]에서 본 ①, ②, ③, ⑤, ⑥, ⑧, ⑩, ⑪, ⑬이 그 예이다. 교과 차원의 항존성인 (다)는 이 글의 첫머리에서 살펴본 7가지의 유지 사항을 예로 들 수 있고, 교과 차원의 가변성인 (라)는 [표 1]의 ④, ⑦, ⑧, ⑨, ⑫가 예가 된다.(⑧은 두 사분면에 겹쳐 있다.)

여기서 문제를 공유해 보자. (가)는 주로 거시적인 교육 철학 및 제도에 관한 문제로서 쉽사리 변하지 않으며, 개별 교과보다는 교육 일반이나 국가·사회의 컨센서스를 바탕으로 조정해야 할 문제다. 국어교육학자가 직접적이고 구체적으로 개입할 여지가 별로 없다는 뜻이다. (다)는 국어교육 전문가와 교사가 '거시 담론의 상시화'를 통해 장기적으로 논의하면서 조금씩 조정해 갈 문제다. 주로 국어 교과의 개념과 본질, 선택 과목 편제, 각 과목의 성격과 목표, 내용 체계, 그리고 교수·학습과 평가의 일반 방향 등이 이에 해당한다.

문제는 가변성인데, 앞에서 보았듯이 (나)가 워낙 과격하고 급하게 이루어지는데다 각과에 '지침'으로 적용되다 보니 교과의 특성이나 요구가 전혀 반영되지 않는 문제가 있다.[4] 총론 팀과 교과의 상호 소통이 일차적인 해결책이 되겠지만, 개정 작업을 시작하기 전에 일단 '큰 틀'이 정해지면 그 후로는 교과의 의견을 반영하여 틀을 바꾸기 어렵다는 한계가 있다. 교과 교육과정 팀이 현실적으로 할 수 있는 범위는 지침의 형식 요건을 지키면서 그 안에서 교과의 요구를 반영하기 위해 노력하는 일뿐이다. 이것이 '문제 1'이다.

---

4 이에 대해서는 구본관·이관희(2013)가 비판적으로 논의한 적이 있다.

(라)는 다른 사분면에 비하면 교과가 비교적 자유롭게 논의하며 교육과정을 개선해 갈 수 있는 부분이다. (다)에 바탕을 두어 구성하는 학년별·영역별 세부 내용이 이에 해당하며, 교육과정 개정 팀이 주로 시간을 투자하는 부분도 이곳이다. 언뜻 생각하면 총론의 간섭 없이 국어과 내부에서 쉽게 해결할 수 있는 내용인 것 같지만, 그 안에서 다시 교과 차원의 '총론-각론'이 대립하고5 이론과 실제의 괴리가 드러나는6 문제점이 있다. 어떻게 보면 (나)는 교육과정 총론이 정해 주기 때문에 마음에 안 들어도 교과 내부에서 다툴 여지가 없지만, (라)는 교과 안에서 영역별, 학교급별로 치열하게 경쟁하고 협상해야 하기 때문에 더 힘든 부분이라 할 수 있다. 무엇보다도, 국어과 교육과정의 개정에 구체적인 근거가 될 수 있는 연구의 부족이 제일 큰 어려움이다. 국어과가 자율적으로 해결할 수 있는 이 부분과 관련한 문제가 '문제 2'이다.

이 글은 '문제 1'과 '문제 2'에서 출발하여, 2015 교육과정이 어떤 사고를 거쳐 개정됐고 그 과정과 결과에서 어떤 성과와 한계를 지니는지를 '영역'과 '내용 체계' 중심으로 살펴보려 한다. 교육과정 개정 국면마다 나오는 '총론의 압박', '관련 연구 부족', '촉급한 시간' 등의 자탄을 다음 개정 때에는 반복하지 않기 위해서이다. 이 문제의식에는 교육과정은 개정 시점의 시대적 소임에 응답하면서 조금씩 진화하게 마련이고, 거기에는 총론과 각론, 항상성과 가변성의 길항이 작용하며, 그 작용상은 어느 날 갑자기 구체

---

5 국어과 교육과정사에서는 '문학', '문법', '매체'를 둘러싼 논란이 가장 대표적이다. 이와 관련하여 영역의 문제는 이 글에서 언급할 것이고 선택 과목 문제는 다른 자리에서 논할 것이다.
6 교육과정에 대한 학교 현장의 무관심과 냉소가 전형적이다. 이 때문에 2015 교육과정에서는 개정 연구팀에 교사를 40% 이상 포함시키도록 했지만, 대다수가 참여 교수와 사제 관계로 묶여 있어서 원래의 의도를 구현하는 데에는 한계가 있었다. 20개월 동안 세 단계로 나누어 이루어진 개발 작업에 둘째 단계까지 참여했던 '전국국어교사모임'이 마지막 단계에서 다른 교과와의 보조 문제로 철수한 점도 아쉬운 일이다.

화되는 것이 아니라 이전 교육과정의 실행과 교육과정 연구를 통해 농축되는 것이라는 시각이 담겨 있다. 아울러 과거로부터 미래로 투사되는 교육과정의 개선 방향을 미리미리 점검해야 한다는 현실적인 위기감도 담겨 있다. 그렇지 않으면, 언제가 될지 모르지만 다음 교육과정 개정 때 또 총론의 지침에 얽매이고 국어과 내부의 갈등에 신경 쓰면서 무난한 선에서 미봉할 가능성이 크다.

2. 교육과정의 진화론적 선택, 그리고 요구 — 영역, 내용 체계

1) 〈국어〉 과목의 영역

영역(scope)은 단순한 분류 표지가 아니라 '한 교육과정에 포함할 내용 또는 경험의 범주'로서, 교육의 전 과정을 통해 학생들에게 제공하는 교육적 경험의 폭, 다양성, 그리고 유형을 보여 준다(염은열, 2014: 339). 교육 내용의 체계화를 위해 교과마다 영역을 두며, 교과별 특성에 따라 그 방식은 다양하다. 국어과의 '개념'과 '목표'가 학교 교육의 큰 틀 안에서 총론 및 다른 교과와 대조하며 논의해야 할 문제라면, '영역'은 국어과 안에서 구체적인 목표·내용과 관련하여 논의해야 할 문제다.

2015 교육과정에서 각 교과는 공통 과목의 영역을 다음과 같이 구분했다.(역사과는 영역을 따로 두지 않아서 뺐고, 한국어과와 한문과는 필수 과목은 아니나 비교를 위해 넣었다. 사회과, 과학과, 기술·가정과의 대괄호는 이해의 편의를 위해 필자가 넣은 것이다.)

[표 2] 2015 교육과정 공통 과목의 영역

국어	듣기·말하기, 읽기, 쓰기, 문법, 문학
영어	듣기, 말하기, 읽기, 쓰기
한국어	언어 기능, 언어 재료, 문화 의식과 태도
한문	한문의 이해, 한문의 활용
사회	**[일반 사회]** 정치, 법, 경제, 사회·문화 **[지리]** 지리 인식, 장소와 지역, 자연 환경과 인간 생활, 인문 환경과 인간 생활, 지속 가능한 세계 **[역사]** 역사 일반, 정치·문화사, 사회·경제사
도덕	자신과의 관계, 타인과의 관계, 사회·공동체와의 관계, 자연·초월과의 관계
수학	수와 연산, 문자와 식, 함수, 기하, 확률과 통계
과학	**[물리]** 힘과 운동, 전기와 자기, 열과 에너지, 파동 **[화학]** 물질의 구조, 물질의 성질, 물질의 변화 **[생물]** 생명, 과학과 인간의 생활, 생물의 구조와 에너지, 항상성과 몸의 조절, 생명의 연속성, 환경과 생태계 **[지학]** 고체 지구, 대기와 해양, 우주
기술·가정	**[가정]** 인간 발달과 가족, 가정생활과 안전, 자원 관리와 자립 **[기술]** 기술 시스템, 기술 활용
정보	정보 문화, 자료와 정보, 문제 해결과 프로그래밍, 컴퓨팅 시스템
체육	건강, 도전, 경쟁, 표현, 안전
음악	표현, 감상, 생활화
미술	체험, 표현, 감상

여기에는 ① [일반 사회(정치, 법…)], [지학(지질, 해양…)]처럼 대학 수준의 학문 영역에 따라 영역을 구분한 경우, ② [역사(정치사, 사회사…)], 수학(대수, 함수…), [물리(역학, 전자기…)]처럼 해당 학문의 세부 분야에 따라 영역을 구분한 경우, ③ [지리(지리 인식, 지속 가능한 세계…)], [생물(생물의 구조와 에너지, 환

경과 생태계…)], [가정(인간 발달, 가정생활…)처럼 학습 주제에 따라 영역을 구분한 경우, ④ 영어(듣기, 말하기…), 한문(이해, 표현…), 음악(표현, 감상…)처럼 활동영역에 따라 영역을 구분한 경우가 혼재되어 있다. 이들과 비교하면 <국어>는 의사소통의 활동 영역을 기준으로 했다는 점에서 ④와 비슷하지만, 한편으로 국어국문학과 의사소통학의 학문 분야를 영역으로 정했다는 점에서 ②와도 비슷하다. 국어과 자체가 복합적인 교과이기 때문이다. 특히 영어과와 비교할 때 국어과의 복합적인 성격이 선명하게 드러난다.[7] 그렇다면 국어과도 사회과나 과학과, 기술·가정과처럼 대영역을 설정하고 그 아래 소영역을 둬서 복합성을 해소하는 방법을 고려할 만하다.

국어과로 범위를 좁혀 보자. <국어>는 '교수요목'에서 이미 5개(국민학교)~6개(중학교) 영역을 설정하고 4차 교육과정에서 '언어'와 '문학'을 추가한 이후 큰 틀을 그대로 유지해 왔다. 변화의 추이를 살펴보기 위해 교육과정별로 중학교의 학년별 지도 내용(교육과정에 따라 '학년별 목표', '성취기준'으로 쓰기도 한다.)을 구분한 '영역'을 살펴보면 다음과 같다.[8](주목할 부분을 굵게 표시했다.)

---

7 국어교육과 한국어교육, 영어교육의 목표·내용이 같을 수 없다면 당연히 영역도 달라야 한다. 자국어교육과 외국어/제2언어교육 사이의 차별점은 기능이 아니라 문화와 가치관 측면에서 찾아야 할 터인데, 문제는 그것을 어떻게 영역에 반영하는가이다.
8 '지도 내용'을 중심으로 본 이유는 '목표'나 '내용'의 영역과 '학년별 지도 내용'의 영역이 다른 경우가 있기 때문이다. 1차와 2차 교육과정이 그렇다. 예컨대 1차 교육과정은 ① '지도 목표'는 말하기·듣기·쓰기(+글짓기)·읽기, ② '지도 내용'은 발음·문자·어휘·어법·문학, ③ '각 학년의 지도 내용'은 말하기·듣기·쓰기·읽기·언어 과학으로 영역을 달리 구분했다. 그에 비해 2차 교육과정은 ① 언어 소재(발음·문자·어휘·어법·문학), ② 언어 운용(말하는 힘·듣는 힘·쓰는 힘·읽는 힘·감상하는 힘), ③ 언어 사용(말하기듣기·쓰기·읽기), ④ 언어문화(문화 및 예술·언어 과학)로 다면적으로 서술했다. 교육과정의 입체성을 위해서는 2차 교육과정의 방법도 유의미해 보인다. 2015 교육과정의 영어과도 이와 비슷한 방식을 취했다.

[표 3] 중학교 <국어>의 영역

1차	말하기, 듣기, 쓰기(글짓기), 읽기
2차	말하기, 듣기, **읽기, 쓰기**
3차	말하기, 듣기, 읽기, 쓰기
4차	**표현·이해**(말하기, 듣기, 읽기, 쓰기), **언어, 문학**
5차	말하기, 듣기, 읽기, 쓰기, 언어, 문학
6차	말하기, 듣기, 읽기, 쓰기, 언어, 문학
7차	**듣기, 말하기**, 읽기, 쓰기, **국어 지식**, 문학
2007	듣기, 말하기, 읽기, 쓰기, **문법**, 문학
2011	**듣기·말하기**, 읽기, 쓰기, 문법, 문학
2015	듣기·말하기, 읽기, 쓰기, 문법, 문학

여기서 볼 수 있는 변화는 다음과 같다.

(가) 순서 변화

① 쓰기-읽기에서 읽기-쓰기로(2차)
② 말하기-듣기에서 듣기-말하기로(7차)

(나) 명칭 변경

• 언어(4~6차) → 국어 지식(7차) → 문법(2007~2015)

(다) 영역 신설(혹은 분리)

• 언어, 문학 신설(4차)

(라) 영역 통합과 분리

① 쓰기(글짓기)에서 쓰기로 일반화(2차)
② 말하기, 듣기, 읽기, 쓰기에서 표현·이해로 통합(4차) → 다시 분리
  (5차)
③ 듣기, 말하기에서 듣기·말하기로 통합(2011)

2부 국어교육의 실제에 관하여

(가)는 발달 순서와 언어생활에서의 비중을 고려한 변화이다. 다만 '말하기-듣기'가 워낙 오랫동안 통용돼 왔기 때문에 '듣기-말하기'를 어색해 하는 경우도 있지만, 그리고 교재 개발이나 수업에서는 말하기가 중심이 되고 듣기는 그에 부수되는 경우가 많지만, 대체적인 합의에 따라 영어과와 함께 '듣기-말하기'가 정착돼 가는 상황이다.(개발 과정에서 '말하기 · 듣기'로 돌리자는 의견도 일부 있었다.)

(나)는 영역 명칭의 문제이자 영역의 성격 문제이다. 김창원(2009)에서 지적했듯이,9 그리고 [표 2]의 다른 교과의 예에서도 봤듯이, 교과나 과목, 영역의 명칭은 해당 학문이 아니라 교육의 체제를 기준으로 정하는 것이 원칙이다. 정치학이 사회학의 두 단계 아래 개념이라서 '사회'과 안에 '일반사회' 영역을 두고 다시 그 아래 '정치' 영역을 둔 것이 아니다. 사회과의 구조를 그렇게 설계했을 뿐이고, 그 이유는 학교 교육의 체제와 관련된다. 대학에도 '일반 사회' 전공은 없다. 오로지 사범대학에 과목 담당 교사를 양성하기 위해서 '일반사회교육' 전공을 둘 뿐이다. 자연대학에 '과학' 전공이 없는데 사범대학에 '과학교육' 전공이 있는 것도 마찬가지다. 문법 영역이 '언어 → 국어 지식 → 문법'으로 명칭이 계속 바뀌는 것은 학문의 요구와 교육 체제의 요구 사이에서 전문가들이 망설였기 때문이다. 학교 밖 사회와 교육과정 총론에서 요구하는 것이 무엇인지에 대한 성찰을 바탕으로 영역의 명칭과 성격을 다시 설계할 필요가 있다.10

---

9 '국어'보다 상위 개념인 '언어'가 <국어> 과목의 하위 범주로 들어올 수 없다는 주장에 대해 김창원(2009)은 "교과로서의 '국어'와 개별 언어로서의 '국어'를 혼동한 데서 나온 오류"로 규정하였다. 국어과는 국어학에서 다루는 개별어로서의 국어만 다루는 교과가 아니라, '국어'라는 이름 아래 관련되는 여러 분야의 내용을 두루 모아서 편제한 교과이기 때문이다. '도덕', '사회', '과학', '실과(기술 · 가정)' 같은 교과에서도 비슷한 현상을 볼 수 있다. 이관규(2011)도 CCSS에서 영어 과목의 영역명으로 'Language'가 사용된 예를 들면서 이 문제에 대한 고민을 요구하였다.

(라)-①은 쓰기가 사실상 '글씨쓰기'와 '글쓰기'의 두 영역을 담고 있다는 데서 비롯된 문제다. 이 두 영역은 문식성 발달의 초기에는 잘 구별이 되지 않지만 일단 기초 문식성을 갖춘 후에는 거의 연관이 없다고 해도 과언이 아니다. 이는 국어 능력이 기초 능력과 수행적 능력으로 나뉜다는 점을 암시한다.[11] 나아가, 글쓰기에도 실용적·기능적인 쓰기와 창조적·심미적 쓰기가 있다는 점까지 고려하면 과정·기능 중심의 '쓰기'의 영역은 뜻밖에도 좁아질 수 있다.[12]

(라)-②는 <국어>의 영역을 단층 체제로 갈 것인지 '대영역-소영역'의 복층 체제로 갈 것인지의 문제로 귀결된다. (다)와 연관 지어 보면, 그리고 사회, 과학, 기술·가정 등의 다른 교과를 둘러보면 복층 체제가 더 효과적일 수 있다는 점을 검토할 필요가 있다. 듣기·말하기·읽기·쓰기와 동일한 차원에서 문법과 문학을 분리해 내기가 쉽지 않기 때문이다. 그렇다고 해서 반드시 4차와 동일한 방식을 취할 필요는 없다. 다음과 같은 여러 방안을 검토해서 합리적이고 다수가 동의하는 방식을 이끌어내야 할 것이다.

① 단층 체제 : 듣기·말하기, 읽기, 쓰기, 문법, 문학—5차 교육과정 이후 방식(사실상 복층인데 단층으로 제시했다.)
② 복층 체제 1 : 기초 능력(발음·문자·어휘·어법), 언어 기능(말하기·듣기

10 문법교육학 쪽에서는 '문법'의 개념을 생활 중심, 활동 중심으로 바꿔서 교육과정의 요구에 부응하려고 노력하고 있고, 그 성과도 많이 축적되었다. 그러나 아직 학교 밖 사회는 물론이고(교과)교육학자들, 무엇보다도 국어학자들이 그 새로운 문법 개념을 수용하지 않는 것으로 보인다. '국어 문법론', '교육 문법', '학교 문법' 등의 용어 역시 아직은 전통적인 '문법'의 개념에 얽매여 있다.
11 7차 교육과정에서 '청각적 식별(듣기), 발성과 발음(말하기), 이해(읽기), 글씨 쓰기(쓰기)'를 각 영역의 기초 기능으로 제시한 사례를 참고할 수 있다.
12 이는 읽기에 관해서도 같다. '독해'라고 할 기능적 읽기와 '독서'라고 하는 것이 적절할 텍스트 내용 읽기 지도는 분명히 다르다. 2015 교육과정의 <독서> 과목도 독해 관련 요소는 최소화하도록 하였으나 아직은 방향이 선명치 않다.

2부 국어교육의 실제에 관하여

· 읽기 · 쓰기), 언어문화(문학 · 언어과학) - 1차 교육과정 방식
③ 복층 체제 2 : 언어 활동(듣기 · 말하기 · 읽기 · 쓰기), 주요 텍스트 형식—
　3차 교육과정 방식
④ 복층 체제 3 : 이해 · 표현(듣기 · 말하기, 읽기, 쓰기), 언어, 문학—4차 교
　육과정 방식
⑤ **복층 체제 4 : 기초 영역(발화 · 문식 · 어휘 · 어법), 기능/수행/도구 영역(듣**
　말 · 읽기 · 쓰기 · 매체), 문화/지식 영역(언어[13] · 독서 · 문학)

　굵게 표시한 것으로 암시했듯이, 필자의 관점은 ⑤이다. 학교 밖 사회나 교육과정 총론에서 국어과에 요구하는 내용이 이것들이기 때문이다.—말 똑바로 하고 글씨 잘 쓰고, 어휘 풍부하고, 어법/문법에 맞게 말하고 쓰는 사람. 이해력이 뛰어나고 발표나 회의, 보고서 쓰기 등을 잘하며 미디어 커뮤니케이션에 익숙한 사람. 나아가 정전급의 글과 문학 작품을 폭넓게 읽었고 언어와 문학에 관한 상식이 풍부한 사람. '이상적인 국어 주체'의 모습을 상상하면 대체로 이 정도가 될 터인데, 이 능력들은 수평으로 나뉘는 것이 아니라 입체적으로 조직된다. '지식, 기능, 태도'라는 방향은 영역명으로 붙일 것이 아니라 총괄 목표 차원에서 서술하면 된다.(영어과와 한문과에서도 비슷한 방식을 쓰고 있다.)

　2차에서 듣기 · 말하기 · 읽기 · 쓰기의 4분 체제가 정립되고 4차에서 '언어'와 '문학'이 추가된 이후 30년 넘게 비슷한 체제가 유지되고 있는데, 그것이 지금도 맞는 옷인지 돌아봐야 한다. 영역의 통합을 염두에 두고 한 말이지만, "국어과 목표로부터 영역이 도출되고 영역으로부터 내용 요소가 도출되어야 함에도, '듣기', '말하기', '읽기', '쓰기', '문법', '문학' 등 실재하

---

13 여기서의 '언어'는 언어와 국어 자체에 대한 이해이다. 언어의 본질, 국어의 특질, 세계의 언어, 국어의 역사, 한글의 가치 등이 이에 포함된다.

는 영역을 그대로 두고 그 각각의 영역에서 가르칠 내용을 포괄할 수 있도록 국어과 교육과정의 영역과 목표를 정하는 식(염은열, 2014: 339)"은 아무래도 문제가 있어 보인다.[14] 필자의 주장은 1차와 비슷하기도 한데, 그것을 과거로의 퇴행으로 볼 것인지 교육과정의 거대 순환 구조로 볼 것인지에 관해 깊이 있는 논의가 필요하다.[15]

추가로 짚어 볼 것은 '매체'의 처리 문제다. 현재는 <국어>의 여러 영역 내에 매체 관련 요소를 통합하여 기술하고 있다. 하지만 2007 교육과정에서 <매체 언어> 과목을 독립시키고[16] 2015에서 <언어와 매체>로 부분적으로 독립시킨 것처럼, 공통 <국어> 내에서도 하나의 영역으로 '매체'를 설정하는 방안에 대해 논의해야 한다.[17] 질문은 매우 간단하다―① 학교에서 미디어 리터러시를 가르칠 필요가 있는가? 가능한가? ② 그렇다면 어느 교과

---

14 하지만 현실은 '국어교육 전공 영역의 반영'이라 볼 수 있다. 2011, 2015 교육과정 개발진도 기본적으로 영역을 기반으로 구성되었다. '화법, 독서, 작문, 문법, 문학, 매체'의 영역별로 교수진과 교사진을 안배하고, 거기에 교수 · 학습과 평가 전문가를 더하는 식이다. 이런 방식의 문제점에 대해서는 김창원(2011) 참조.

15 교육과정마다 일종의 '시대적 소임'이 있다. 3차 · 4차 교육과정이 학문 중심을 표방하면서 가치관(3차)과 기초 학문(4차) 지향의 차이를 보이거나 5차에서 기능을 내세운 것, 명료하지는 않지만 전략(6차)이나 문화(7차)에 대한 관심들은 모두 이론의 발전과 시대의 소임을 함께 고려한 결과이다. 오늘날 국어교육의 시대적 소임은 무엇인가?―학교 밖 사회와 교육과정 총론의 요구를 생각하면 아마 기능 · 전략을 넘어선 소통 · 교감 · 인성 등이 될 것 같고, 국어과에서 그것을 가르치는 데 제일 적절한 방법은 다양한 주제와 문제 상황을 담고 있는 '좋은 텍스트'라고 생각한다.

16 <매체 언어> 과목이 2009와 2011 교육과정에서 사라진 것은 과목의 정당성과 타당성에 문제가 있어서가 아니라 교육 외적 상황 때문에 2007 교육과정이 2년 만에 폐기되고 선택 과목 수를 6개에서 3개로 줄이면서 유탄을 맞았기 때문이다. 2007에 <매체 언어> 과목을 신설할 때에는 충분한 이유와 논의가 있었고, 그 필요성은 오늘날 더하면 더했지 결코 줄어들지 않았다. 이에 대해서는 구영산(2011) 참고.

17 이와 달리 다른 교과(예컨대 사회과나 정보과)에 매체 과목을 편제하는 방법도 있고, 별도 편제 없이 여러 교과에서 분산 처리하는 방법도 있다. 현재 매체 윤리는 도덕과에서, 매체 현상에 대해서는 사회과에서, 매체에 관한 기술적인 부분은 기술 · 가정과에서, 그리고 매체를 활용한 소통과 매체 기반 예술(주로 영화)은 국어과에서 다루고 있다. 음악과와 미술과에서도 매체 예술을 다룬다.

2부 국어교육의 실제에 관하여

에 편제할 것인가? 국어과는 어떤가? ③ 국어과에서 매체를 다룬다면 어떤 내용을 다뤄야 하나? 다른 교과에서 다루는 내용과 어떻게 다른가? ④ 매체에 독립 영역을 배당하는가, 아니면 다른 영역과 통합하여 다루는가?— 어떤 식이든 학교 교육에서는 매체 관련 내용을 다룰 터이며, 현 상태로는 교과 간, 국어과 내의 영역 간·과목 간 중복이나 간섭을 피할 수 없게 되어 있다. 2015 교육과정이 진술한 대로 국어과를 '언어적 사고와 의사소통, 문화를 담당하는 교과'로 정의한다면, '매체에 기반을 둔 의사소통과 문화 현상'은 국어과의 범위에서 벗어날 수 없다.[18] 또한 듣기·말하기, 읽기, 쓰기가 모든 교과, 모든 과목, 모든 영역에 공통됨에도 불구하고 독립 영역으로 설 수 있다면, 매체라고 해서 안 될 이유가 없다.

각 영역에서 하위 범주를 나누는 방법도 검토해야 한다. 현재는 영역마다 하위 범주나 내용을 추출하는 기준이 다르다. 예컨대 듣기·말하기는 대체로 담화 유형 중심으로, 쓰기는 과정 중심으로 내용을 체계화하고 있다. 그에 비해 읽기는 읽기의 수준을 바탕으로 하되 글 유형(설명적 글, 설득적 글…)과 내용 분야(인문 분야, 과학 분야…)도 고려한다. 영역마다 고유한 특성이 있기는 하지만, 그 저변에는 더 근원적인 심급이 있을 것이다.[19] 제일 쉬운 방법이 ① 유형과 과정(방법)을 교직해서 하위 범주를 조직하거나 ② 기능·활동 부분과 문화·내용 부분을 나눠서 복층으로 체계화하는 방법

---

18 매체 영역 설정에 대한 반대 의견은 "매체는 듣·말, 읽기, 쓰기와 분리되지 않으므로 그 영역에서 통합하여 다루면 된다."는 원론적인 의견과 "도입하더라도 국어 교사 중에서 매체를 담당할 교사가 없다."는 현실적인 의견이 대세이다. 나아가, "매체교육의 내용이 사회과나 정보과, 연극·영화과와 겹친다."는 다소 소극적인 의견도 있다. 둘째와 셋째는 기술적으로 해소·해결할 수 있는 문제이므로 첫째 의견에 관해 깊이 있는 논의가 이루어져야 한다. 과연 매체는 (학교에서 가르칠 수 있는) 교과나 영역으로 성립할 수 없는가?

19 이 차이는 교과서 개발에서 금방 문제가 된다. 영역별로 단원 구성의 방법이 달라지기 때문이다. 영역 독립 단원은 특성을 살려 그대로 개발한다 해도 통합 단원은 그렇게 하기 어렵다. 그 결과 학습 내용이 토막토막 끊어지는 현상이 생기고 학습 효과는 떨어지게 된다.

이다. 다만, 그렇게 하면 내용의 체계가 너무 복잡해지는 단점이 있다. 어느 선에서 절충해야 할지를 미리미리 논의해 둘 필요가 있다.(이 문제는 '내용 체계' 부분에서 더 논의된다.)

2) 〈국어〉 과목의 내용 체계

국어과에서 교육과정 문서로 '내용 체계'를 제시한 것은 6차 교육과정부터이다. 물론 그 이전에도 내용의 체계를 고려하여 교육과정을 개발했지만 표 형태로 제시하지는 않았다. 논의를 위해 공통 〈국어〉 '읽기' 영역의 내용 체계표를 뽑아 보자.

[표 4] 공통 〈국어〉 '읽기' 영역의 내용 체계(6차~2011)

6차 교육과정			
국민학교	1. 읽기의 본질 1) 읽기의 중요성 2) 읽기의 기본 과정 3) 읽기의 기본적 상황	2. 읽기의 원리 1) 표기 해독의 기본 원리 2) 단어 이해의 기본 원리 3) 내용 이해의 기본 원리 4) 평가 및 감상의 기본 원리	3. 읽기의 실제 1) 정보를 전달하는 글 읽기 2) 설득하는 글 읽기 3) 친교 및 정서 표현의 글 읽기 4) 기초적 읽기의 태도 및 습관

중학교	1. 읽기의 본질 　1) 읽기의 특성 　2) 정확한 읽기의 　　방법 　3) 읽기의 여러 　　가지 상황	2. 읽기의 원리 　1) 단어 이해의 여러 　　가지 원리 　2) 내용 이해의 여러 　　가지 원리 　3) 평가 및 감상의 여러 　　가지 원리	3. 읽기의 실제 　1) 정보를 전달하는 글 　　읽기 　2) 설득하는 글 읽기 　3) 친교 및 정서 표현의 　　글 읽기 　4) 정확한 읽기의 태도 　　및 습관
고등 학교	1. 읽기의 본질 　1) 읽기의 특성 　2) 효과적인 　　읽기의 방법 　3) 읽기의 여러 　　가지 상황	2. 읽기의 원리 　1) 단어 이해의 여러 　　가지 원리 　2) 내용 이해의 여러 　　가지 원리 　3) 평가 및 감상의 여러 　　가지 원리	3. 읽기의 실제 　1) 정보를 전달하는 글 　　읽기 　2) 설득하는 글 읽기 　3) 문학적인 글 읽기 　4) 효과적인 읽기의 　　태도 및 습관

7차 교육과정

• 읽기의 본질	• 읽기의 원리	• 읽기의 태도
- 필요성　- 목적 - 개념　　- 방법 - 상황　　- 특성	- 낱말 이해 - 내용 확인 - 추론 - 평가와 감상	- 동기　- 흥미 - 습관　- 가치

• 읽기의 실제

- 정보를 전달하는 글 읽기　- 설득하는 글 읽기
- 정서를 표현하는 글 읽기　- 친교의 글 읽기

2007 교육과정

읽기의 실제

- 정보를 전달하는 글 읽기　- 설득하는 글 읽기
- 사회적 상호 작용의 글 읽기　- 정서 표현의 글 읽기

지식	기능
◦ 소통의 본질 ◦ 글의 특성 ◦ 매체 특성	◦ 내용 확인 ◦ 추론 ◦ 평가와 감상

맥락
　◦ 상황 맥락
　◦ 사회·문화적 맥락

2011 교육과정

실제
• 다양한 목적의 글 읽기
- 정보를 전달하는 글　　- 설득하는 글　　- 친교 및 정서 표현의 글
• 읽기와 매체

지식	기능	태도
• 읽기의 본질과 특성 • 글의 유형 • 읽기와 맥락	• 낱말 및 문장의 이해 • 내용 확인 • 추론 • 평가와 감상 • 읽기 과정의 점검과 　조정	• 가치와 중요성 • 동기와 흥미 • 읽기의 생활화

여기서 손쉽게 몇 가지의 논점을 찾아낼 수 있다. 정리해 보자.

(가) 학교급별로 내용 체계를 달리 하는 문제 : 6차는 그렇게 하였다.

(나) 읽기 지식의 문제 : ('본질≒지식'이라고 인정한다면) 6차에서는 학교급에 따라 '중요성, 특성, 과정, 방법, 상황'으로 체계화했던 것을 7차에서 '개념, 필요성, 목적, 특성, 방법, 상황'으로 세분했다가 2007에서 '본질, 글의 특성, 매체 특성'으로 단순화하고 2011에서는 '본질, 특성, 글의 유형, 맥락'으로 다시 조정하였다.

(다) 읽기 기능의 문제 : ('원리≒기능'이라고 인정한다면) 6차에서는 '표기 해독, 단어 이해, 내용 이해, 평가와 감상'을 기본 기능으로 봤는데 7차에서는 '표기 해독'을 빼고 대신 '추론'을 넣었으며, 2007에서는 다시 '단어 이해'를 빼고 '내용 확인, 추론, 평가와 감상'만 남겼다. 2011에서는 '낱말 및 문장의 이해'와 '점검과 조정'을 추가하여 5가지(사실상 6가지)로 확대했다.

(라) '태도' 범주의 설정 문제 : 6차는 '실제' 아래에 두었다가 7차에서

　　　　　　　　　　　　2부 국어교육의 실제에 관하여

독립시켰고, 2007에서는 아예 없앴다가 2011에서 다시 살렸다. 하위 요소는 '태도 및 습관'(6차)에서 '동기, 흥미, 습관, 가치'(7차), '가치, 중요성, 동기, 흥미, 생활화'로 변화하였다.

(마) 텍스트 유형(글의 목적)의 문제 : 6차에서 '정보 전달, 설득, 친교 및 정서 표현'의 3종으로 분류한 것을(고등학교에서는 '친교 및 정서 표현의 글' 대신 '문학적인 글'로 특정했다.) 7차에서 '정서 표현'과 '친교'를 나누어 4종으로 세분했고, 2007에서는 '친교'를 '사회적 상호 작용'으로 바꿨다가 2011에서 다시 6차처럼 3종으로 회귀했다.

(바) 매체의 문제 : 2007 교육과정에서 처음 등장하여, 처음에는 '지식' 범주에 있다가 2011에서는 '실제' 범주로 옮겼다.

(사) 맥락의 문제 : 역시 2007에서 처음 등장하여 '지식, 기능, 실제'를 아우르는 독립 범주로 있다가 2011에서는 '지식' 범주로 옮겼다.

(가)와 관련하여 6차 교육과정을 보면 '기초적 읽기(초) - 정확한 읽기(중) - 효과적인 읽기(고)'처럼 학교급에 따라 조금씩 초점을 달리 하였음을 보게 된다. 이처럼 '수식어로 구분하는' 위계화가 실질적인 의미를 지니기 어렵다는 반성 때문에 7차부터는 모든 학교급의 내용 체계를 동일하게 구성하였으나, 그러다 보니 내용 체계표만으로는 학교급에 따른 국어교육의 차이를 알기 어렵게 되었다. 이와 관련하여 김창원(2015)은 초등학교 1학년부터 고등학교 3학년에 이르는 12년 동안의 언어 발달 양상 및 그에 따른 교육의 초점을 내용 체계로 보여 주는 일이 필요하다는 인식 아래 다음과 같은 가안을 제시하였다.(음영은 추가되는 영역이다.)

[표 5] 발달 단계에 따른 내용 체계의 차별화 안

• 초 1~2 : 입문기 리터러시 교육을 통해 기초 학습 능력을 신장한다.

	기능	경험
한글		
듣기·말하기		
읽기		
놀이		

• 초 3~6 : 다양한 국어 활동에 참여하며 평생 독서 습관을 기른다.

	기능	태도	경험
듣기·말하기			
읽기			
쓰기			
문학			
규범과 예절			

• 중 1~3 : 국어 활동의 영역에 대한 이해를 높이고 실제 능력을 기른다.

	지식	기능	태도	경험
듣기·말하기				
읽기				
쓰기				
언어				
문학				

이 단계를 거친 뒤 고등학교에서 여러 선택 과목을 이수하게 하면 발달 단계에 따른 내용의 위계화를 내용 체계로 보여 줄 수 있게 된다. 요컨대 하나의 내용 체계로 초·중학교(때에 따라서는 고등학교도 포함하여) 국어과의 내

용을 조직하는 방식은 재고해 봐야 한다는 뜻이다.

(나)부터는 언뜻 보면 읽기의 문제인 것 같지만 사실은 모든 영역에 공통되는 문제이다. (나)에서 보듯이 국어과 수행 영역(듣·말·읽·쓰)의 지식을 보는 관점은 교육과정에 따라 계속 변해 왔다. 이는 국어 교과 지식(PCK)의 성격이 일반적인 '지식'과 다르기 때문이다. 국어과에서는 지식을 개념적 지식·방법적 지식·맥락적 지식(또는 그와 유사한 용어들)으로 구분해 온바, 내용 체계에서 제시한 지식 요소 중 '개념, 본질, 목적, 중요성, 필요성, (읽기의) 특성, 글의 특성, 글의 유형, 매체 특성'은 개념지로, '과정, 방법'은 방법지로, '상황, 맥락'은 맥락지로 분류할 수 있다. 하지만 현장에서는 '과정, 방법'과 '상황, 맥락'을 방법지나 맥락지로 이해하기보다 "읽기는 ~한 과정으로 이루어진다."라든지 "읽기는 ~한 상황의 영향을 받는다."는 식으로 개념지로 환원해서 이해하는 것이 보통이다. 게다가 의미상 큰 차이 없는 용어들을 그때그때 바꿔 쓰다 보니(엄밀하게 따지면 다른 개념이겠지만 현장에서 그 차이를 인식하기는 어렵다.) 지식의 타당성 자체에 회의가 생겼다. 전문가들의 세밀한 논리 싸움보다는 현장에서 이해하기 쉬운 방향으로 국어 교과 지식을 정리할 필요가 있다. 이는 (라)의 태도에 대해서도 똑같이 적용되는 문제다.

읽기교육의 핵심이라 할 기능, 곧 (다)에 대해 살펴보자. 내용 체계에 기능과 관련하여 제시한 내용 요소는 '표기 해독, 단어 이해/단어 확인, 낱말 및 문장의 이해(=낱말 이해, 문장 이해), 내용 이해/내용 확인, 추론, 평가와 감상(=평가, 감상), 점검과 조정(=점검, 조정)'이다. 이것들은 ① 표기·단어·문장의 해독/이해 ② 내용 이해, 추론, 평가, 감상 ③ 점검, 조정의 세 층위로 확연하게 나뉜다. 여기서 ①이 좁은 의미의 '읽기'에 포함되느냐 안 되느냐에 관한 이견 때문에 교육과정이 바뀔 때마다 들고나는 현상이 생긴다. ②

에서 '평가'와 '감상'의 차이, ③에서 '점검'과 '조정'의 관계도 모호하다. 결국 읽기의 범위를 넓게 보느냐 좁게 보느냐, 독자의 위상을 어떻게 보느냐에 따라 기능의 내용 요소가 유동하는 것이다. 이 역시 '교과 지식은 전문 지식의 단순화, 기능화'라는 관점에서 현실적으로 접근할 필요가 있다. 교사나 학생들에게 과도한 개념 구분을 요구하는 것은 불필요하고 부당한 일이다.

 (라)의 태도 범주에 대해 얘기하려면 내용 체계의 역할에 대한 질문이 선행해야 한다. 교육과정에서 '내용 체계'란 무엇인가? '과목 목표와 관련하여 학생들이 일련의 학습 프로그램을 통해 습득·신장해야 할 능력'을 내용이라 말한다면, 내용 체계는 그러한 내용들이 어떤 원리에 의해 추출되고 조직되는지를 보여 주는 틀이 될 것이다. 내용 체계에 어떤 항목이 설정되면 그와 관련한 '내용(성취 기준)'이 어느 학년엔가 있어야 하고, 그에 따라 교과서가 편찬되어 교수·학습과 평가가 이루어져야 한다. 바꿔 말하면, 내용 체계는 내용 자체의 체계만이 아니라 교재 및 교수·학습, 평가의 체계 역할도 감당해야 하는 것이다. 이 부분에서 교육과정기마다 태도 범주가 들어갔다가 빠졌다가 하는 이유를 짐작할 수 있다. 태도 범주를 넣는 경우는 '내용의 논리적 체계'를 중시한 것이고 빼는 경우는 교재, 교수·학습, 평가 등 '교육의 실제'를 염두에 둔 것이다. "태도를 교재화해서 제한 시간 내에 교실 수업을 통해 가르치고 결과를 평가할 수 있는가?" 하는 아주 실용적인 질문이 그 중간에 자리잡는다. 교과서를 만들면서 태도 관련 목표를 처리할 때의 난감함을 생각하면, '객관적인 태도 평가'를 위한 체크리스트를 만들어서 적용할 때의 무력감을 생각하면 그 답은 부정적이다. 태도는 내용 체계에 넣을 것이 아니라 목표 차원에서 다뤄야 한다는 2007 교육과정의 문제의식이 솔직한 태도로 보인다.

(바)와 관련하여 필자는 '매체'를 여러 영역에 어정쩡하게 흩어 놓기보다 독립 영역으로 설정하는 것이 효율적이라는 관점에서 접근했으며, (사)의 맥락이 지식인가 실제인가 하는 문제도 더 논의해야 한다.

2015 교육과정에서는 이러한 논의들을 단숨에 무화시키는 내용 체계가 시도됐는데, 역시 '읽기' 영역만 예로 들어 보자.(학년군별 성취기준을 일 대 일로 반영한 '내용 요소'는 뺐다.)

[표 6] 2015 교육과정 읽기 영역 내용 체계

핵심 개념	일반화된 지식	기능
▶ 읽기의 본질	읽기는 읽기 과정에서의 문제를 해결하며 의미를 구성하고 사회적으로 소통하는 행위이다.	• 맥락 이해하기 • 몰입하기 • 내용 확인하기 • 추론하기 • 비판하기 • 성찰·공감하기 • 통합·적용하기 • 독서 경험 공유하기 • 점검·조정하기
▶ 목적에 따른 글의 유형 • 정보 전달 • 설득 • 친교·정서 표현 ▶ 읽기와 매체	의사소통의 목적, 매체 등에 따라 다양한 글 유형이 있으며, 유형에 따라 읽기의 방법이 다르다.	
▶ 읽기의 구성 요소 • 독자·글·맥락 ▶ 읽기의 과정 ▶ 읽기의 방법 • 사실적 이해 • 추론적 이해 • 비판적 이해 • 창의적 이해 • 읽기 과정의 점검	독자는 배경지식을 활용하며 읽기 목적과 상황, 글 유형에 따라 적절한 읽기 방법을 활용하여 능동적으로 글을 읽는다.	
▶ 읽기의 태도 • 읽기 흥미 • 읽기의 생활화	읽기의 가치를 인식하고 자발적 읽기를 생활화할 때 읽기를 효과적으로 수행할 수 있다.	

'핵심 개념, 일반화된 지식, 내용 요소, 기능'으로 구획된 내용 체계는 총론 팀의 지침으로서 전 교과에 공통 적용되었다.(이는 [그림 1]의 (나)에 해당하며, 최종 적용되기까지의 과정은 개발 보고서(김창원 외, 2015a; 김창원 외, 2015b)에 기술되어 있다.) 여기서 문제는 그동안 기능이나 태도로 분류해 왔던 '과정, 방법, 흥미, 생활화' 등도 '일반화된 지식'과 연계되었다는 점이다. "읽기의 가치를 인식하고 자발적 읽기를 생활화할 때 읽기를 효과적으로 수행할 수 있다."를 아는 것이 학생들의 국어에 대한 태도를 함양한다고 보기는 어려울 것이다. 그렇다면 이 표에서 '핵심 개념'으로 제시된 항목들을 '▶'의 수준에서 ① (기능) 읽기의 과정, 읽기의 방법, 읽기와 매체 ② (지식) 읽기의 본질, 목적에 따른 글의 유형, 읽기의 구성 요소 ③ (태도) 읽기의 태도로 재분류한 뒤 그 각각의 개념과 기능을 설명하는 방식으로 다시 읽는 것이 바람직하다. 내용 체계를 '기능-지식-태도'로 구조화한 과목의 목표와 대응시켜 읽는 방법이다.

그러면 <국어> 과목, 특히 의사소통 영역의 내용 체계는 다시 기능-지식-태도로 돌아가게 된다. 여기에 다양한 경험(교육과정에 따라 '실제'로 표현하기도 하였다.)을 투사하면서 발달 단계에 따라 차별성을 두면 된다. 과목의 목표 아래 통시축(발달 단계, 곧 학년 또는 학년군)과 공시축(내용 영역)이 입체적이고 역동적으로 조직된 체계표가 필요하다.

2부 국어교육의 실제에 관하여

3. 문제 해결 : 교육과정 체계화의 방향 모색

교육과정의 역사를 돌아보면, 이론적으로 시도해 볼 만한 것은 다 시도해 보았다고 해도 과언이 아니다. 아직 시도하지 않은 것은 현실성이 없거나 너무 변화가 커서 투입할 엄두가 나지 않는 방안들뿐이다. "교육과정이 바뀌어도 현장은 변하지 않는다."는 지적은, 한편으로 보면 현장의 무감각성에 대한 비판일 수 있지만 다른 한편으로 보면 '돌고 도는' 교육과정의 문제점에 대한 비판일 수도 있다. 필요한 것은 이론과 실제를 두 기둥으로 삼아 분명한 철학과 방향 아래 개정하되, 작업 전, 중, 후에 꼼꼼한 논의와 광범위한 합의를 이끌어 내기 위한 노력이다. 그렇게 하면 그동안 엄두가 나지 않아서 시도하지 못했던 아이디어들을 투입할 수 있다.

교육과정 자체가 큰 틀에서 돌고 돌듯이, 개정 과정에서의 쟁점들도 시기별로 대동소이하다. 이와 관련하여 김창원(2012)에서는 2011 교육과정 개정을 돌아보면서 주요 쟁점을 8가지 범주로 나누어 정리한 바 있다. 그중 이 글과 관련된 것들만 추려 보면 다음과 같다.(숫자로 된 번호는 김창원(2012)의 범주별 번호이고, (가)~(라)는 이를 상호 관련성에 따라 다시 분류한 것이다.)

    (가) 3-② 각 과목의 하위 영역 설정 및 영역별 '내용 체계표' 구성
         8-⑦ 학년(군)별 '문법' 영역의 특성과 비중
         8-⑧ 국어 활동 영역과 '문학' 영역의 관계
         5-⑥ 어휘 관련 내용의 처리
    (나) 8-④ 하위 영역 설정 및 발달 단계에 따른 영역 간 비중
         4-② 5대 영역의 학년군별 비중 및 초등 국어교육과 중등 국어교육의 차별성
    (다) 7-② 학년군 내에서 영역 간 연계

여기서 (가)는 영역 설정과 관련된 쟁점이다. 핵심은 ① 공통 과목에 문학 영역을 별도로 두어야 하는지? ② 언어/국어지식/문법 영역을 별도로 두어야 하는지? 둔다면 성격과 명칭은 어떠해야 하는지? ③ 매체 영역을 별도로 두어야 하는지? 둔다면 성격과 명칭은 어떠해야 하는지? ④ 기초 영역을 별도로 두어야 하는지? 등이다. 각각의 하위 쟁점도 있고(예컨대 ①의 하위 쟁점인 연극·영화를 문학에 포함해야 하는지? 등) 여기에 포함되지 않는 작은 쟁점도 있다.(예컨대 글씨쓰기-글쓰기, 독해-독서를 분리해야 하는지? 등) 이에 대해서 여기서는 복층 체제를 주장했는데, 영역이 더 복잡해진다는 비판을 할 수 있다.[20] 발전적인 논의를 위해 아래의 검토안을 제시한다.

---

20 새로운 영역의 도입에 대해 '교사들이 사범대학에서도 학교 현장에서도 관련 내용을 배운 적이 없는데, 무턱대고 도입하면 어떻게 가르치는가?'라고 걱정할 수 있다. 그렇다고 해서 교육과정에 넣지 않으면 교과서든 임용시험이든 나올 수가 없고, 당연히 교·사대 교육과정에도 반영되지 않는다. "교육과정에 없다. → 교·사대에서 가르치지 않는다. → 교육과정에 넣어도 교사들이 가르치지 못한다. → 그러니 교육과정에 못 넣는다."는 악순환에 빠지는 것이다. 교육과정 개정과 교사양성대학의 커리큘럼 개정이 동시에 가야 하는 이유이다. 그렇다고 해서 "○년 뒤에 교육과정을 이렇게 바꿀 예정이니 교·사대에서는 그에 맞춰서 미리 커리큘럼을 조정하라."고 말하는 것도 현실적으로 어렵다. 결국 단기적·한시적으로 연수 등으로 문제를 해결하면서 장기적으로 교사를 양성하는 것이 제일 합리적이다.

2부 국어교육의 실제에 관하여

[표 6] 공통 <국어>의 영역과 내용 체계 구성안

① 기초 영역

영역	주요 요소
발화	발음, 발성(속도·성량·어조 등), 소통(시선·몸짓·도구 활용 등)
문식	글자 익히기, 글씨 쓰기(손글씨), 입력·편집·출력(온라인/오프라인)하기
어휘	어휘의 양과 질, 어휘 사용
어법	단어, 문장

② 수행 영역

영역	알아야 할 지식	익혀야 할 기능과 전략	해 봐야 할 경험
듣기·말하기	특성과 원리 관습과 문화	이해, 표현, 소통	담화 유형별
읽기			글 유형별
쓰기			
매체			텍스트·소통 유형별

③ 문화 영역

영역	알아야 할 지식	접해야 할 텍스트
언어	언어의 본질, 국어의 특질, 세계의 언어, 국어의 역사, 한글	시대별, 지역별, 갈래/양식별, 분야/주제별 텍스트
독서	특성과 원리, 관습과 문화	
문학	문학의 본질, 한국문학의 특질, 특성과 원리, 관습과 문화, 문학사	

다시 앞으로 가면, (나)와 (다)는 영역 운영과 관련된 쟁점이다. 현재처럼 영역 간에 전문성을 존중하고 서로 간섭하지 않는 체제 아래에서는 국어 교육의 모든 연구·실천이 영역 기반으로 이루어지고, 영역의 주변부, 틈

새, 새로운 영역은 고사되게 된다. 영역 간 형평성의 논리에 따라 국어과의 실제 운용이 왜곡되는 현상도 나타난다. 21세기의 학교가 추구하는 방향이 있고 언어 발달의 양상이 있으며 학생들의 요구도 있는데, 학자로 이루어진 공급자 중심 사고의 결과인 영역 논리는 이러한 요구를 제대로 반영하기 어렵다. 그 결과는 국어과에 대해 '시수만 많이 차지한 고루한 교과'라는 인식이 깊어지고 교과의 위상이 낮아지는 것으로 나타날 것이다. 일상 생활 및 학습에서의 비중과 학교 교육에서의 필요성과 가능역을 고려하여 영역 간 비중을 차등화 · 최적화해야 하는 것이다.

이는 영역의 공시적 비중뿐 아니라 학년군 발달에 따른 통시적 비중에도 마찬가지로 적용된다. 예컨대 공통교육과정 9년을 <2-2-2-3년>으로 구획한다면, 1기(1~2학년)에는 기초 문식성 습득을 위해 '읽기'와 '(글자)쓰기'의 비중을 높이고, 학년(군)이 올라갈수록 '쓰기(작문)'와 '문법'의 비중이 높아지는 방안 등을 생각할 수 있다(김창원, 2011).[21] 또한 고등학교 선택 과목에서 처리할 내용은 공통 <국어>에서는 과감하게 삭제하는 작업도 필요하다. 이러한 작업을 위해서는 국어과 내부뿐 아니라 외부의 눈이 필요하다. 전통적인 철학, 교육학 외에도 언어심리, 언어사회, 미디어 · 언론학, 정보과학 등의 도움을 받으면 국어과의 영역을 점검할 상위 눈을 얻을 수

---

21 예컨대, 발달 단계에 따라 아래와 같이 '기능 요소'와 '문화 요소'의 비중을 조정하는 방안은 이미 오래된 아이디어다. 하지만 교육과정 문서에서 이처럼 영역 간 비중을 조정한 사례는 없다.

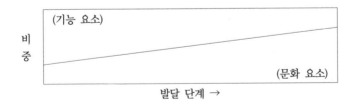

있을 것이다.

┃이 글은『국어교육학연구』51(국어교육학회, 2016)에 발표한「2015 교육과정을 통해 본
  국어과 교육과정 발전의 논제—영역과 내용 체계」를 부분 수정한 것이다.

참고문헌

구본관·이관희(2013), 「교육과정 총론과 국어과 교육과정의 길항 관계—2011 국어과 교육과정 개정에 미친 총론의 영향을 중심으로」, 『교육연구와실천』 79, 서울 대 교육종합연구원, 59-85면.

구영산(2011), 「국어 교육 정책 종결 과정에서 형성된 고교 선택 과목에서의 '선택'의 의미—'매체 언어' 과목의 폐지를 중심으로-」, 『국어교육학연구』 42, 국어교육 학회, 241-279면.

김창원(2009), 「국어 교과의 정당성과 정체성에 대한 회의」, 『한국초등국어교육』 40, 한국초등국어교육학회, 71-96면.

김창원(2011), 「국어과 교육과정의 생태학 (1): 2011년 교육과정 개정에 관한 성찰」, 『국 어교육』 136, 한국어교육학회, 325-355면.

김창원(2012), 「국어과 교육과정의 생태학 (2): 2011년 교육과정 개정에서의 쟁점과 그 해소」, 『국어교육학연구』 43, 국어교육학회, 155-190면.

김창원(2015), 「문·이과 통합형 교육과정 논의와 국어과 교육과정의 시계열적 구조화 」, 『국어교육』 148, 한국어교육학회, 1-32면.

김창원 외(2014), 『문·이과 통합형 국어과 교육과정 재구조화 연구』, 2014년 정책연 구보고서, 교육부.

김창원 외(2015a), 『2015 개정 교과교육과정 시안 개발 연구 I —국어과 교육과정』, 연구 보고 CRC2015-14, 한국교육과정평가원.

김창원 외(2015b), 『2015 개정 교과 교육과정 시안 개발 연구 II —국어과 교육과정』, 연 구보고 CRC 2015-25-3, 한국교육과정평가원.

민현식 외(2011), 『2011 국어과 교육과정 개정을 위한 시안 개발 연구』, 2011년 정책 연구개발사업 보고서, 교육과학기술부.

염은열(2014), 「언어사용 영역과 문학 영역의 소통과 통합」, 『문·이과 통합 교육과정과 국어과의 영역 문제』, 제278회 학술대회자료집, 한국어교육학회, 331-343면.

이관규(2011), 「2011 국어과 교육과정의 실제와 과제」, 『국어과교육연구』 19, 국어과 교육학회, 7-37면.

임칠성(2011), 「국어과 교육과정의 현실과 지향―다시 '통합'을 논하며」, 『국어과교육 연구』 18, 국어과교육학회, 7-37면.

국어교육과
한국어교육의 관계*

서혁

---

* 여기에서의 국어교육은 자국어로서의 한국어교육을 뜻하고, 한국어교육은 '외국어로서의 한국어교육'을 뜻한다. 후술되지만 박영순(2001) 등에서의 제안처럼 이들은 '한국어교육'으로 통칭하는 것이 바람직하다고 본다. 또 장기적으로는 세계화 시대에 걸맞게 '(제1언어로서의) 한국어교육, 제2언어로서의 한국어교육, 외국어로서의 한국어교육'과 같이 구분하는 것이 바람직하다고 본다. 그러나 잠정적으로는 기존의 '국어교육', '한국어교육'을 각각 '(한)국어교육', '(외)한국어교육'으로 구분하여 사용하는 것도 대안이 될 수 있을 것이다. 본고에서는 명확한 구분이 필요한 경우 후자와 같이 구분하여 표기하기로 한다.

1. 들어가며

인류의 역사상 외국어교육의 기원을 정확히 알 수는 없으나 언어가 서로 다른 국가 간의 교류가 빈번해지면서 이루어지기 시작되었을 것이라는 점은 추측하기 어렵지 않다. 우리나라에서는 이미 삼국시대에 당(唐), 인도, 아랍 상인들과의 교역이 상당히 활발하게 이루어졌다는 것이 역사적으로 밝혀진 바 있다. 삼국유사(三國遺事)의 '가락국기(駕洛國記)'에는 김수로왕이 아유타국(阿踰陀國)의 허황옥(許黃玉) 공주를 맞아 국제결혼식을 올린 후 첫 날 밤 대화를 나누는 다음과 같은 장면이 나온다.

> 왕과 왕후가 함께 침전에 들게 되었는데, 왕후가 조용히 왕에게 말하였다. "저는 아유타국(阿踰陀國)의 공주인데, 성은 허(許)요, 이름은 황옥(黃玉)이며, 나이는 16세입니다. (중략) 본국에 있던 금년 5월에 부왕과 왕후가 저를 보고 말하기를, '아비와 어미가 어젯밤 똑같은 꿈을 꾸었는데, 꿈에 상제(上帝)를 보았다. 상제께서는 가락국의 임금 수로는 하늘이 내려 왕이 되게 했으니 신성한 사람이며, 또 새로 나라를 세워 아직 짝을 정하지 못했으니, 그대들은 모름지기 공주를 가락국으로 보내 수로왕의 짝이 되게 하라 하고 말을 마치자 하늘로 올라가셨다. 그런데 꿈을 깨고 난 후에도 상제의 말이 귀에 남아 있으니 너는 여기서 빨리 우리를 작별하고 그곳으로 향해 가거라.' 하셨습니다. (중략) 왕이 대답하였다.
> "나는 태어나면서부터 자못 신성하여 공주가 먼 곳에서 올 것을 미리 알았으므로 왕비를 맞이하자는 신하들의 간청을 구태여 따르지 않았소. 그런데 이제 현숙한 당신이 몸소 내게 오셨으니, 못난 나에게는 다행이오."
> 드디어 혼인을 하고 이틀 밤을 지내고 또 하루 낮을 지냈다. 그리고는 마침내 타고 온 배를 돌려보냈는데, 뱃사공이 모두 15명이었다. 이들에게 각기 양식으로 쌀 10석, 베 30필씩을 주어 본국으로 돌아가게 하였다.[1]

---

[1] 일연 지음, 김원중 옮김, 『삼국유사』, 을유문화사, 2005:242-244.

이설(異說)이 있기는 하나 허왕후가 인도 출신이 맞다면2, 김수로왕과 허왕후는 어떤 언어를 사용하여 대화를 나누었을까? 일연의 <삼국유사> 기록이 12세기 후의 기록이라는 점에 비추어 김수로왕과 허왕후의 첫날밤 대화는 다분히 일연에 의해 재구성된 것이라고 봐야 하겠지만, 어떤 방식으로든 이미 1세기를 전후하여서도 한반도에 국왕의 국제결혼이 이루어질 만큼 국제 교류가 크게 이루어졌으며, 그에 필요한 국제적 의사소통 체계가 자리 잡고 있었음을 추측하게 해 준다. 또한 만약 허왕후가 제한적이나마 한국어3를 사용하여 김수로왕과 소통하였다면, 아마도 외국어로서의 한국어를 사용한 가장 오래된 역사적 인물 중 한 명이 될 것이다.

신라의 승려 혜초가 당나라를 거쳐 인도를 순례하고 <왕오천축국전>을 쓴 것이 8세기로 알려져 있다. 그런데 그보다 700여 년 전인 1세기에 이루어진 김수로왕의 국제결혼은 어떤 형식으로든 아주 이른 시기부터 한반도에도 국제 교류가 매우 활발했다는 점을 말해 준다. 그리고 이들이 소통했을 언어가 당시의 국제어 역할을 했을 중국어나 불교의 영향에 따른 산스크리트어로 기본적인 직접 소통을 했을 수도 있다. 더 현실적으로는 각자 해당 국가의 언어로 말하되 사적인 자리에서는 비언어적 의사소통을 중심으로 하되, 비공식적인 석상에서는 통역을 통한 간접적인 소통 방식을 취했을 가능성이 높다고 봐야 할 것이다.

---

2 한편 허왕후가 중국에서 왔다는 설도 강하게 제기된다. 『삼국유사』의 가락국기(駕洛國記)에는 허황옥(許黃玉)이 가락국에 입국할 때 함께 온 신하의 이름이 '신보(申輔), 조광(趙匡)'이고 그들의 아내 두 사람의 이름은 각각 '모정(慕貞), 모량(慕良)'이라고 서술하고 있다. 또한 그들이 가지고 온 금수능라(錦繡綾羅)와 의상필단(衣裳疋緞) 등 주로 비단류의 귀중품을 많이 가지고 온 것으로 기술되고 있다. 특히 '중국[漢]에서 나는 여러 가지 물건[漢肆雜物]'도 모두 수레에 싣고 대궐로 옮긴 것으로 서술되고 있다. 이러한 내용들이 부분적으로나마 사실에 입각한 기술이라고 받아들인다면, 허황옥의 중국 출신설도 상당한 설득력을 갖는다.
3 엄밀하게 당대의 언어를 가리키는 것이라면 그 실체를 알기는 어려우나 가야어가 될 것이다.

2부 국어교육의 실제에 관하여

역사적으로 한반도에서의 외국어교육은 한어, 몽고어, 여진어, 왜어에 대해 이루어져 왔으며, 신라시대는 특히 일본 사신들을 위한 접대 기관인 왜전(倭典), 영객전(領客典), 사빈부(司賓府), 영객부(領客府) 등이 있었고, 이를 위해 전문 통역관 양성 교육이 있었을 것으로 추측되고 있다. 고려시대는 통문관(通文館), 사역원(司譯院), 한어도감(漢語都監), 역어도감(譯語都監), 조선시대는 사역원 등을 설치하여 외교관과 통번역관을 양성했다는 역사적 기록이 전해지고 있다(정광, 1990. 강신항, 2000. 민현식, 2007:19에서 재인용).

고대와 중세시기에 외국어로서의 한국어교육에 대한 자세한 기록은 확인되지 않고 있으나, 한반도에서 교육을 실시한 주변국들 역시 유사한 기관들이 있었을 것이 분명하고, 이들도 각각 해당 시기의 한국어 통번역관 양성을 위한 한국어교육을 실시했을 것으로 추정할 수 있다. 실제로 일본의 대마도에는, 부산에서 조선어 학습 체험을 한 유학자 아메노모리 호슈(雨森芳洲)의 건의에 의해 1727년 조선어 통번역 기관인 외국어학교 한어사(韓語司)가 설립되어 12~17세의 청소년 30명이 선발되어 교육을 받기 시작했다고 한다(박갑수, 1998).

국내에서 근대적 개념의 국어교육이 본격적으로 시작된 것은 19세기 말부터이다. 반면에 한국어 교육이 본격적으로 시작된 것은 대체로 1959년에 설립된 연세대 한국어학당이라는 점에는 일치한다. 그러나 그보다 훨씬 이전인 1877년에 존 로스(J. Ross) 목사가 초급 한국어 교재인 'Corean Primer'를 발간하고, 1897년에는 러시아 상트페테르부르크 동방학연구소에서 한국학 연구가 시작되어 한국어 교육의 역사도 19세기 말까지 거슬러 올라간다.

국내에서 한국어교육이 본격적으로 시작된 것은 1959년도부터 연세대 한국어학당의 교육으로 인정되고 있다. 따라서 한국어교육의 실천 활동이 반세기에 이르고 있는 반면에 본격적으로 학술적 접근이 이루어진 것은 그보다 훨씬 뒤인 1980년대 전후라고 할 수 있다. 최근에는 연구자들도 많이 양성되어, 2019년 현재 '한국어 교육'을 내용으로 하는 석박사 학위 논문만도 약 12,000여 편에 이르고 있다.4 이는 한국어교육학회나 한국학회 등 다양한 국제 · 국내 학술대회를 중심으로 연구 성과의 축적된 결과이기도 하다. 2019년 현재 국내에 이미 한국어교육 전공 과정으로 44개 학부 과정과 107개 대학원 과정에 설치된 것으로 알려져 있다.5

한국어교육은 기존에 국어학과 국어교육의 하위 학문 분야로 설정되었다가, 2002년에 교육부의 학문분류체계에서 독립된 영역으로 인정되고, 2004년도부터는 국어학연감과 한국학술진흥재단의 분류에서도 독립 영역으로 설정되고 있다. 이러한 맥락에서 본고에서는 한국어교육과 국어교육의 관계를 학제적 관점에서 점검해 보고, 상호발전과 세계화를 위한 과제를 제안해 보고자 한다.

2. 국어교육과 한국어교육의 인접성과 차별성

1) 용어와 개념

민현식 외(2005:13)에서는 국어교육, 제2언어로서의 한국어교육, 외국어로서의 한국어교육에 대해 언급한 바 있다. 즉, '국어교육'은 내국인을 위한 모국어교육(L1)이고, '제2언어로서의 한국어교육'은 국외의 한인 공동체의

---

4 'RISS 통합 검색'(2019.09.02. 기준)에서 '한국어 교육'을 검색한 결과이다. 실제 내용은 대부분 외국어로서의 한국어 교육과 관련되는 내용이다.
5 이는 국립국어원(https://kteacher.korean.go.kr)에서 제공하는 한국어교원 양성기관 현황 자료(2019.09.02.) 중에서 오프라인 학위 과정을 운영하는 학부와 대학원 과정만을 대략적으로 검색한 결과이다.

후손 학습자(heritage learner)들을 대상으로 한국어를 가르치는 것이며, 이와 무관한 외국인 학습자(non-heritage learner)들을 대상으로 할 때는 '외국어로 서의 한국어교육'을 가리킨다. 제2언어로서의 한국어교육은 일반적으로 외국어로서의 한국어교육을 포함한다.

최근에 한국어교육 전공자들은 '외국어로서의 한국어교육'에서 한 걸음 더 나아가서 '제2언어로서의 한국어교육'을 지향해야 한다는 점을 제안하고 있다.(2007년 국제한국어교육학회 제17차 국제학술대회 주제토론에서)

한편 일찍이 박영순(1997)에서는 '한국어의 세계화'라는 시대적 요청에 부응하기 위해서도 '국어' 대신 '한국어'라는 용어를 사용할 것을 제안한 바 있다. 국어교육과 한국어교육은 독립적인 문제가 아니고 넓은 의미의 한국어교육 속에 포함된 문제이며, 한국어교육 이론의 심화 확대와 그 활발한 응용은 국어교육이 당면한 많은 문제들을 해결해 줄 것이라고 보았다(박영순, 1997:14-15).

실제로 최근에 '한국어문법(론)', '한국어 담화·텍스트론'과 같이 외국인 학습자를 위한 교재는 아니지만 '한국어'라는 명칭을 사용하는 경향이 크게 늘고 있다. 대한제국 시기까지 '국어'로 불리던 명칭이 일제강점기 하에서 '조선어'로 바뀐 것은 국권 침탈에 의한 것이었지만, 이제 한국의 국제적 위상 제고와 세계화 차원에서 국제적 조류에 따라 '한국어'로 명명하는 경향이 늘고 있다. 전술한 국어기본법에서는 국어와 한국어를 동일시하면서 '국어'라는 명칭을 기본으로 사용하고 있기는 하나 '한국어'라는 명칭이 통용될 날이 그리 멀지 않아 보인다. 이는 단지 언중의 용어 선택의 문제가 아니라 '국어 문법'의 보편화 추구와도 관련된다. 예컨대 기존의 전통 국어 문법에서는 '이다'를 서술격 조사로 처리해 왔지만, 최근 한국어학계에서 '이다'를 용언(형용사 또는 동사류)로 보려는 경향은 시사하는 바 크다.

즉 최근에 외국어로서의 한국어교육문법에서는 '이다'를 용언(동사류)으로 명시하고 있다(허용 외, 2005:27, 49). 최근에 발간된 국립국어원(2021:346)의 <외국인을 위한 한국어문법 1>에서는 '이다'가 접사, 동사, 형용사, 조사의 성격을 모두 가지는 것으로 설명하고 있다.

국가의 공식적인 문서인 '국어기본법'에서의 명칭 변화도 좋은 참조가 된다. 2005년 1월에 공포된 국어기본법 제3조에서는 '국어'를 '대한민국의 공용어로서 한국어를 말한다.'고 명시하고 있다. 이는 '국어=한국어'임을 명시하고 있는 것이다. 이러한 관점은 '제6조 (국어발전기본계획의 수립)'에서 '국어의 국외보급'과 더불어 '국내 거주 외국인의 국어사용 상의 불편 해소' 사항을 포함하고 있는 점에서도 재확인된다. 국어기본법의 '제19조 (국어의 보급 등)'에서는 "문화관광부장관은 재외동포나 외국인을 대상으로 국어를 가르치고자 하는 자에게 자격을 부여할 수 있다."고 규정하고 있다.

그런데 2005년 7월에 공포된 국어기본법 시행령 '제13조(한국어교원 자격 부여 등)'의 "재외동포나 외국인을 대상으로 국어를 가르치는 자(이하 '한국어교원'이라 한다)의 자격"과 관련된 기술에서 '외국어로서의 한국어 교육 분야'로 명시하고 있다. 6개월 사이에 '국어=한국어'에서 '외국어로서의 한국어'로 구체화되었음을 알 수 있다. 이는 현실적으로 '한국어교육'과 '외국어로서의 한국어교육'이라는 용어 구분 의식을 공식적으로 반영하고 있는 셈이다. 일부 연구자들은 편의상 '외국어로서의 한국어교육'을 줄여서 '외한국어교육'이라 칭하기도 한다.

2부 국어교육의 실제에 관하여

2) 목표와 내용

국어교육의 목표가 창의적 국어사용(활동) 능력, 국어적 사고력[6], 문화 창조로 요약되는 반면에 한국어교육의 목표는 의사소통 능력과 기본적인 문화 이해에 초점이 놓인다. 이는 학습 대상자의 목표 언어에 대한 능력, 문화적 지식과 경험의 차이에 기인한다.

국어교육과 한국어교육의 목표 차이는 모국어와 외국어 교육 목표의 차이라고 할 수 있는데, 영국이나 미국 등 영어권의 자국어교육과 외국어교육의 교육과정에 접근하는 핵심 개념이나 기준에 잘 반영되어 나타난다. 즉, 영국의 자국어 교육과정의 '기본 개념(Key Concepts)'인 4C[7]와 미국의 외국어 교육과정의 기준인 5C[8]의 비교를 통해서도 쉽게 파악된다.

먼저 영국의 자국어 교육 목표는 2007년에 새로 개정된 영어과 교육과정에 잘 나타난다. 즉, 2008년도부터 적용된 영국의 국가 수준의 교육과정 중 Key Stage 3, 4에서는 교육과정의 기본 개념(Key Concepts)을 '능력(Competence), 창의성(Creativity), 문화 이해(Cultural Understanding), 비판적 이해(Critical Understanding)'의 4C's로 제시하고 있다.[9] 이러한 기본 개념들은 학생들이 영어 말하기, 듣기, 읽기, 쓰기 능력을 증진시키기 위해 기본적으로 알아야 할 필수 개념으로 규정되고 있는데, 영어과 학습 목표에 해당한다고 볼 수 있다.

'능력(Competence)'은 문어 관습(문법, 철자법, 구두법)을 정확하게 이해하기,

---

6 '국어적 사고력'과 관련한 논의는 이삼형 외(2007)의 5장을 참조할 수 있다.
7 Competence, Creativity, Cultural Understanding, Critical Understanding.
8 Communication, Cultures, Comparisons, Connections, Communities.
9 2007년에 개정된 영국의 교육과정에 대한 소개는 영국의 아동·학교·가족부(DCSF. Department of Children, Schools and Families) 산하 기관인 QCA(Qualification and Curriculum Authority)의 웹사이트를 참고할 수 있다.

일련의 글을 읽고 이해하며 적절하게 반응하기, 구어와 문어 소통을 정확하고 효과적으로 하기 등을 포함한다. 이러한 언어 능력은 학습은 물론 일상생활을 성공적으로 수행할 수 있게 하는 기본 요소이다.

'창의성(Creativity)'은 풍부한 언어와 문학적 경험을 활용하여 어떤 아이디어, 경험, 텍스트를 창의적으로 이해하고, 창의적으로 문제를 해결하거나 아이디어를 전개해 나가는 것을 말한다. 창의성은 학습자들 스스로 고등 수준의 이해 능력을 신장하는 데 필수적인 요소이다.

'문화 이해(Cultural Understanding)'는 문학적 전통을 이해하고, 아이디어, 경험, 가치들이 일련의 문화와 전통 속에 어떻게 서로 다르게 반영되어 있는지 탐구하기, 국내와 세계에서 문화적 다양성과 주체성에 따른 다양한 영어의 모습 이해하기 등을 포함한다.

'비판적 이해(Critical Understanding)'는 어떤 아이디어나 텍스트에 제시된 주요 쟁점들에 대해 이해하고 반응하기, 서로 다른 자료로부터 정보와 아이디어의 타당성과 의의를 평가하기, 다른 사람의 생각을 탐구하고 자신의 생각을 발전시켜 나가기, 구어와 문어에 담긴 의미를 감상하기 위해 분석하고 평가하기 등을 포함한다.

4C로 요약되는 영국의 영어과 교육과정은 기본 방향이 우리나라의 국어과 교육과정과 크게 다르지 않다. 다만 영어가 국제어적 지위를 누리고 있다는 점에서 '문화 이해'가 더욱 중요하게 고려되고 있음을 알 수 있다.

반면에 외국어교육의 목표는 미국의 "21세기에 대비한 외국어습득의 기준"[10]에 제시된 5C를 참조할 수 있다. 손호민(1999)에 따르면, 미국 정부에서는 21세기에 대비한 초등학교와 중·고등학교의 외국어 교육의 발전을

---

10 Standards for Foreign Language Learning : Preparing for the 21st Century.

위해 1993년부터 1996년까지 미국의 주요 외국어교육 협회에 의뢰하여, 초·중·고등학교의 외국어교육 목표와 교육내용의 기준을 개발케 하였고, 그 결과는 연방정부와 주정부의 정책지침으로 채택되었고 미국 전역 42개의 외국어교육협회가 인준하여 사용되고 있으며, 더 나아가서 대학의 외국어교육에까지 적용되고 있다고 한다.

여기에 담긴 교과과정의 목표는 의사소통(Communication), 문화(Cultures), 다른 학과목과의 연계(Connections), 비교(Comparisons), 다문화 사회에의 참여(Communities)의 5C로 요약된다.[11] '의사소통'은 해당 외국어의 구어와 문어로 소통할 수 있는 능력, '문화'는 외국의 문화에 대한 지식과 이해를 말한다. '다른 학과목과의 연계'는 외국의 각종 학과목을 해당 외국어로 습득하여 지식과 정보를 넓히는 것을 가리킨다. '비교'는 습득한 외국어나 외국 문화를 모어나 모어 문화와 비교하여 언어와 문화의 본질을 이해하는 것을 말한다. '다문화 사회에의 참여'는 국내외의 다언어, 다문화 사회의 생활과 삶에 참여하여 해당 외국어를 활용하는 것을 말한다. 이러한 외국어 교육의 다섯 가지 목표(5 C's)는 상호 불가분의 관계를 가지고 있는데, 그중 의사전달 목표가 핵심을 이루고 있다.(손호민, 1999:62-82)

전술한 영국의 자국어 교육과정과 미국의 외국어 교육과정의 기준을 간단히 비교·대조하여 제시하면 다음과 같다.

---

11 손호민(1999)에서는 5C를 "의사전달(Communication), 문화터득(Cultures), 다른 학과목과의 연계(Connections), 비교(Comparisons), 다문화 사회에의 참여(Communities)"로 번역 소개하고 있다. 본고에서는 영국의 자국어 교육과정과 쉽게 비교하기 위해 일반적인 용법에 따라 '의사소통', '문화' 등으로 번역했다.

영국의 자국어 교육과정 기준	미국의 외국어 교육과정 기준
의사소통 능력(Competence) 창의성(Creativity) 문화 이해(Cultural Understanding) 비판적 이해(Critical Understanding)	의사소통(Communication) 문화(Cultures) 다른 학과목과의 연계(Connections) 비교(Comparisons) 다문화 사회 참여(Communities)

[표 1] 영국의 자국어 교육과정과 미국의 외국어 교육과정 기준 비교

여기에서 알 수 있는 바와 같이 자국어 교육과정과 외국어 교육과정은 표면적으로는 '의사소통, 문화' 등에서 매우 유사한 모습을 보인다. 그러나 자국어 교육과정에서는 '창의성, 비판적 이해'와 같이 사고력 부분을 훨씬 강조하고 있음을 알 수 있다. 의사소통 능력이나 문화 이해에 있어서도 자국어 교육이 종적인 심화를 추구한다면, 외국어 교육은 횡적인 확장을 추구한다고 할 수 있다. 이러한 차이는 다음과 같은 언급에서도 쉽게 확인된다.

"한국어교육학에서 최종 목표는 학습자가 배운 문법을 사용하여 상황에 맞게 이해하고 표현할 수 있게 하는 것이다. 그렇기 때문에 어학을 전공하는 유학생이 아닌 일반 학습자에게 국어 이론을 드러내 놓고 강조하지는 않는다. 국어 이론 연구에서는 언어의 특이성이나 불규칙성을 찾아내고 규명하려 하지만 외국어 교육에서는 언어의 보편성을 중심으로 교육한다는 점도 국어학과 국어교육학이 한국어 교육학과 다른 점이다. (중략) 한국어 교육에서 문학 교육의 목표는 언어 훈련을 위해서, 그리고 한국인과 같은 담화공동체에 동화되고 한국인의 가치관과 정서를 이해하고 공유하도록 하기 위해서이다. 작품을 통해서 자기 계발을 한다는 일반 한국인의 독서 목적은 그 다음의 문제라고 할 수 있다."(백봉자, 2007:28-29)

한편 김대행(2003:6)에서는 미국의 연방정부가 외국어교육의 기준으로 제시하고 있는 5C 정책과 관련하여, 외국어교육을 단순히 의사소통이라는 실용적이고 소극적인 목적에 한정하지 않고 있다는 점을 강조한 바 있다. 자국민에게 외국어를 교육하되 그 목적이 그 언어를 통한 사회적 접근과 삶의 통합까지를 겨냥하고 있다는 점에서 세계국가로서의 야심을 엿보게 해 준다는 것이다. 아울러 외국의 경우 자국어교육 목적을 개인의 성장, 범교과적 도구, 성장 후의 필요성, 문화의 계승 창달, 문화 분석 능력 등으로 제시하고 있다는 점을 언급하면서 국어교육에서의 참조 필요성도 밝히고 있다.

물론 미국의 외국어 교육의 기준인 5C가 자국어 교육의 기준으로도 통용될 수 있다 하더라도 그 구체적인 내용은 상당 부분 다를 수밖에 없다. 학습자의 문화적 배경 지식이나 수준, 언어 능력 수준, 언어 학습의 목적 등에서 차이가 나기 때문이다. 또한 이들 내용이 달라짐에 따라 교수·학습의 방법이나 평가 역시 상응하여 달라진다. 그런데 국어교육이 다문화적 관점에 서게 되면 현행보다 기존의 단일민족과 민족 단일어의 관점에서 탈피하여 다양한 문화와 언어, 학습자를 상정하지 않을 수 없게 된다. 국어교육의 외연의 확장과 함께 목표, 내용, 방법의 확장도 피할 수 없게 된다. 장기적으로 국어교사는 교실 학습 상황에서 제1 언어로서의 국어뿐만 아니라 제2 언어로서의 한국어를 염두에 두어야 할 것이다. 특히 다문화 가정의 자녀나 국외 동포 자녀들에 대한 교육은 이중언어교육이나 제2 언어교육의 관점에서 국어교육적 접근을 하는 것이 바람직하다. 이러한 이중언어교육적 관점의 필요성은 박갑수(2005), 박영순(1997, 2001) 등에서는 강조된 바 있으며, 특히 박영순(2001:242-244)에서는 구체적으로 개인적 차원, 민족적 차원, 국가적 차원으로 구분하여 그 필요성을 강조하고 있다.

반면에 부모의 직업상의 이유나 학습자의 단기 조기 유학 등의 목적으로 2~3년 이내의 비교적 짧은 기간 동안만 국외에 체류하고 귀국 예정인 학생들의 경우에는 제1 언어적 차원에서 지속적인 국어교육을 필요로 한다. 이들이 귀국 후 큰 어려움 없이 국내 교육과정으로 복귀하기 위해서는, 김창원(2005)에서 싱가포르 사례를 통해 보여주듯이, 국어과 교육과정에 따른 체계적이고 지속적인 국어교육이 요구된다.

3) 내용과 방법

국어교육이나 한국어교육 모두 한국어를 주요 교수학습 내용으로 한다는 점에서는 차이가 없다. 그러나 구체적으로 살펴보면 상당한 차이가 있음을 볼 수 있다.

단적인 예로 국어교육에서는 문어 중심과 국어어문 규정에 따른 정확하고 효과적이며 창의적인 국어사용을 강조하고, 국어 표현 · 이해와 국어 문화, 문학 작품 등과 관련한 지식과 그 활용 능력, 창의적 생산 등을 강조한다. 이를 위해 문학 작품을 비롯한 다양한 텍스트에 대한 경험과 생산 활동을 하게 된다. 교수학습 방법으로는 직접교수법을 비롯하여 토의토론, 대화주의(반응중심), 과정 중심, 창의성계발학습법, 문제해결학습법, 탐구학습법 등 학습자들의 사고력 자극을 통한 국어 능력을 신장하는 데 초점을 둔다.

반면에 한국어교육에서는 일상적인 의사소통 능력을 중시하기 때문에 구어 중심과 국어어문 규정에 어긋나는 일상적인 한국어 표현도 중요하게 고려하고 있다. 그밖에 한국어 화자들에게는 크게 고려되지 않는 다양한 조사와 어미의 형식, 용법, 의미의 비교 · 대조 등을 중요하게 고려한다. 다뤄지는 텍스트는 일상적으로 사용되는 최소한의 유형으로 한정되며, 문학 작품도 문화 이해 차원에서 매우 제한적으로 다뤄지거나 거의 다뤄지지 않는 형편이다.

한국어교육의 교수학습 방법에 대한 연구는 아직 이론적으로 깊이 있게 다뤄지지 못한 편이며, 최근에는 국어교육의 방법들을 적용하는 시도가 늘고 있다. 다른 한편으로는 외국어 교수학습 방법에 유사한 양상을 보여주는데, 예컨대 영어교육의 경우처럼 놀이와 게임, 노래, 그림 등을 활용한 방법이 자주 활용된다. 특이한 것은 국어교육에서 직접교수법으로 널리 알려진 것이 한국어교육에서는 '직접식 교수법(The Direct Method)'으로 불리기도 하는데, 핵심 내용 또한 '외국어는 외국어로 가르쳐라'로 요약된다. 그 외에 외국어 교수법에서 전형적으로 등장하는 청각구두식 교수법(Audio-lingual Method), 침묵식 교수법(The Silent Way), 집단언어 교수법(Community Language Learning), 암시 교수법(Suggestopedia), 의사소통 교수법(Communicative language learning), 전신반응 교수법(Total Physical Respond), 자연 교수법(The Natural Approach)등이 소개되고 있다(허용 외, 2005:338-362).

한국어교육의 교수학습 방법과 관련하여 백봉자(2007:23-24)에서는, 한국어교육이 외국어 교수법 이론의 영향을 많음을 비판하고 한국어 교육에 적합한 교수법에 대한 논의는 시급한 과제임을 지적하고 있다. 특히 한국어 읽기 교육이 구성주의에 기초한 교수법을 표방하고 있지만 현장에서는 널리 적용되지 못하고 있다는 점, 쓰기 교육에서 과정중심 교수법이나 과제해결 중심 교수법이 소개되고 있지만 한국어 교육 현장에서는 문장 단위 중심의 문법연습을 주로 하면서 의사소통 능력보다는 정확성에 치중하고 있다는 점을 지적하고 있다. 초급과 고급 수준에서 같은 방법만을 사용하여 연습이 반복적으로 이루어지기 때문에 능력 있는 학습자들은 도전할 수 있는 기회 제공이 안 된다는 것이다.

이와 관련하여 한국어 문자 텍스트의 특성을 어휘, 문장, 단락, 텍스트, 장르별 차원에서 재정리하되, 학습자의 목적과 특성에 맞게 적용하는 방안에 대한 연구가 활성화 될 필요가 있다. 예컨대 초급이나 중급 수준의 한국어 학습자에게는 이메일이나 편지와 같은 친교적 의사소통 중심의 텍스트의 특성과 구조, 관습화된 표현 방식과 특징 등에 중점을 두는 것이 효과적이다. 더 나아가서는 일상생활의 화제들과 관련되거나 초등학교 저학년 국어 텍스트 수준의 텍스트 특성과 수준을 반영하는 정보전달적 텍스트, 설득적 텍스트를 중점적으로 다룰 필요가 있다. 또한 각 학습자의 인지적·정서적 발달 단계에 해당하는 한국의 어린이들이 즐겨 읽는 국내외 문학적 텍스트들을 해당 한국어 학습자들이 쉽게 이해하고 느낄 수 있도록 함으로써 간접적이나마 정서적 호환이 일어날 수 있도록 하는 것도 중요하다. 또 대학생이나 성인 학습자라 하더라도 한국의 어린이들이 배우거나 알고 있는 이야기에 대해서 이해하고 비교문화적 관점에서 평가할 수 있는 능력을 갖추는 것도 의미가 있다. 예컨대 '토끼와 거북이' 이야기가 대학생 학습자들에게는 적절한 수준이라고 보기는 어렵다. 하지만 이는 한국의 모든 학생들이 즐겨 읽고 알고 있는 하나의 문화적 현상이고, 더 나아가서는 비슷한 유형의 이야기가 세계 여러 나라에 보편적으로 존재하기 때문에 외국인 학습자들에게 '토끼와 거북이'를 감상하고 평가하는 경험을 갖는 것도 의미가 있다. 더 나아가서 '심청전', '흥부전' 등을 학습자 수준에 맞게 개작하여 쉽게 읽고 감상할 수 있도록 하는 것도 매우 중요하다. 한국어교육의 세계화는 지적인 관심과 함께 문화 이해가 선행되어야 하며 궁극적으로는 정서적 이해가 가장 확실한 세계화의 성취라고 할 수 있다.

또한 한국에 유학 온 대학생들의 경우에는 전문적인 전공 학습과 보고

서나 논문 작성 등을 위한 고급의 국어 이해·표현 능력을 필요로 한다. 따라서 이들에게는 보고서와 논문의 표현과 구조 등을 가르치고 효과적인 읽기 능력과 쓰기 능력을 병행할 필요가 있다. 아울러 한국어 학습자들이 본국에서 학습 경험이 없는 경우, 이들에게 과정 중심의 읽기·쓰기 교수 학습 방법과 같이 효과적인 교수학습 방법을 알고 직접 활용할 수 있도록 지도하는 방안도 고려해 보아야 할 것이다.

3. 연구 영역과 학제적 관계

한국어 교육은 한국어를 교육적 대상과 목적으로 하여 가르치는 행위 또는 현상을 의미하고, 한국어교육학은 한국어교육을 대상으로, 한국어교 육에 관한 제반 문제를 연구하는 학문을 가리킨다(박영순, 2001:11-12).

한국어교육학의 학제적 성격에 대해서는 민현식(2005:14)에서 언급된 바 있다. 즉, 대체로 한국어교육학은 국어학, 국문학은 물론 독서, 화법, 작문 론을 포함하는 광의의 국어국문학과 외국어교육학 및 교육학이 결합한 응용학문으로 볼 수 있다는 것이다.

한편 서상규(2007)에서는 국어학 및 국어교육학의 하위 분야로 설정되던 한국어교육학 분야가 독립해 나오는 과정을 구체적으로 보여주고 있다. 즉, 국립국어원에서 발행된 <국어학연감>(2001-2004), <국어연감>(2005)과 관련 분야의 자료들을 바탕으로 "2000년대 초반을 거치면서, 국어학 분야에서 이전부터 '국어학>국어교육>한국어교육'이라는 포함관계로 인식되어오던 것이, 2002년경부터 한국어교육을 독립적 분야로 인정하는 변화가 일어났음을 알 수 있다는 점이다.

실제로 <국어학연감(2004)>에서 한국어교육이 독립 분야로 설정되어 상술되고 있다. 이는 한국어교육이 2002년에 교육부에서 정한 학문 분야 체계에서 독립되고, 한국학술진흥재단의 학문분류체계에서도 독립 영역으로 반영된 결과라 할 수 있다. 2007년 현재 한국학술진흥재단의 학문 분류 체계로는 '사회과학>교육학>교과교육학>한국어교육학'과 같이 국어교육학, 외국어교육학과 함께 교과교육학의 하위 분야로 설정되어 있다. 반면에 국어교육은 '인문학>한국어와문학>국어교육'에도 설정되어 있다.

강현화(2007)에서는 한국어교육학의 기초학문이나 인접학문과의 관계를 고려하여 인문학과 국어학의 하위 분야로 설정될 필요성이 있으며, 이를 위한 행정적 노력이 부족했다는 점을 지적한 바 있다. 이는 상당 부분 타당하다고 본다. 비록 하나의 학문이 상이한 다른 분야에 소속되는 것이 비체계적으로 보일 수는 있으나, 다양한 접근은 해당 학문 영역의 발전을 위해서 긍정적인 측면도 있기 때문이다.

한편 김하수(2004)에서는 한국어교육학의 인접 분야로 언어정책, 교육심리학, 계량언어학, 심리언어학, 문화사회학, 사회언어학을 제시하고 있다. 반면에 김중섭(2004)에서는 한국어 교육학의 정체성과 관련하여 '한국어' 우위 분야로는 '언어학, 국어학, 교육학'의 순으로 제시하고, '교육' 우위 분야는 '국어교육, 외국어교육, 국어학' 순으로 제시하고 있다.

서상규(2007:60)에서는 한국어교육(학)과 관련한 기존의 논의들을 종합적으로 검토한 후, 한국어교육학을 통합적 학문 분야로 재해석할 것을 주장하고 다음과 같이 도식화하여 제시하고 있다.

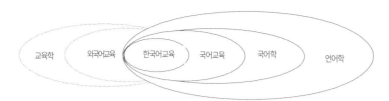

[그림 1] 하위분야로서의 한국어교육(서상규, 2007:60)

[그림 2] 독립분야로서의
한국어교육(서상규, 2007:60)

　서상규(2007)에서는 위 [그림 2]의 빈 공간은 향후 다양하게 채워질 수 있다고 보았다. 또 한국어교육학을 통합적 학문 분야의 기초와 응용(활용) 분야는 상대적이라는 관점이 눈에 띈다.

　그러나 최근 한국연구재단(2021)의 연구 분야 검색 시의 학문 분류 체계에 따르면 '사회과학>교육학>교과교육학>국어교육학, 한국어교육학'으로 나타난다. 이는 국어교육학 및 한국어교육학이 사회과학 하위에 교과교육학으로 분류되어 있음을 확인할 수 있다. 이는 국어교육학은 물론 한국어교육학도 교과교육학의 하위 분야로 자리 잡았음을 보여주는 것이라 할 수 있다. 한편 '국어교육'과 관련해서는 '인문학>한국어와문학>국어교육'으로도 검색된다. 이는 국어교육이 특히 문법교육이나 문학교육을 포괄한다는 측면에서 인문학적 영역과 밀접한 관련을 가지고 있다는 점을 보여주는 것이라 할 수 있다.

한국어교육학의 구체적인 연구 영역 구분과 관련하여 눈에 띄는 것은 대체로 크게 내용학과 방법론(또는 교수학)으로 나누어 접근하고 있다는 점이다. 이러한 접근법은 안경화(2007), 강현화(2007)에서도 잘 보여준다.

즉, 안경화(2007)에서는 한국어교육학 연구 층위를 크게 층위 1, 2, 3의 셋으로 나누고 층위 1에는 기반이론 영역(언어학(국어)학, 한국학, 사회(언어)학, 심리(언어)학, 교육학)을, 층위 2는 한국어교육학 영역으로 크게 내용학(한국어음운론, 한국어어휘론, 한국어문법론, 한국어담화론, 한국문화론)과 방법론(내용 관련 교육론, 언어기능교육론, 교육과정론, 교수학습론, 교재론, 평가론 등)으로 구분하고 있다. 층위 3은 한국어교육 현장 영역으로 한국어교육 수행, 정책과 행정 영역으로 구분하고 있다.

또한 강현화(2007)에서는 한국어교육학의 세부 영역을 내용학과 교수학으로 구분하고 있다. 내용학에는 '음운, 어휘, 문법, 담화, 문화' 내용학과 '대조분석, 사전학, 연구방법론, 연구사 등'의 내용학을 설정하고, 교수학에는 '영역별 교수학(발음, 어휘, 문법, 담화, 문화)', '기능별(말하기, 듣기, 읽기,쓰기)', '교육과정론, 평가론, 교수·학습론, 교재론 등'으로 구분하고 있다. 그리고 관련 인접 학문으로 내용학 쪽에는 '언어학(국어학), 문화인류학'을, 교수학 쪽에는 '교육학, 심리학, 사회학'을 배치하고 있다. 강현화(2007)에서 특징적인 것은 한국어교육학 고유의 내용학을 강조하고자 했다는 점과 이론과 실제 부분을 구분하고자 하고 있다는 점이다. 그런데 '국어학/국어교육학'과 '한국어교육학'의 차별성을 명시하고 있으나, 이 중 상당수가 '국어교육학'과는 일치하는 경우가 많다. 즉 학습자와 학교급의 차이에 따라 내용의 심화 정도나 방법 등에서 차이가 날 수 있겠지만, '(정확한) 조음 위치 및 조음 방법', '문법-의사소통 기능 연계', '담화기능-문법 연계, 담화분석, 언어와 연계된 생활 문화, 행동문화, 가치 문화, 학습자 오류 분석' 등은 국어교육에서도 중요하게 다루는 내용들이다.

안경화(2007), 강현화(2007), 서상규(2007) 등 한국어교육학의 연구 영역과 관련하여 전반적인 공통점은 내용학과 방법학(또는 교수학)을 확연히 구분하고 있다는 점이다. 이는 자칫 한국어교육이 한국어에 대한 연구와 그에 대한 교육으로, '한국어+교육'이라는 분리하여 보려는 시각을 드러내는 듯하여 재고가 요구된다고 본다.

이상으로 살펴본 바와 같이 한국어교육학이 하나의 독립된 학문 분야로 더욱 확고하게 자리를 잡아가고 있다. 다만 기존에 한국어교육의 성격을 논의한 관점들이 대체로 국어학 중심의 제한된 접근을 보여주고 있다. 이는 두 가지 이유로 설명될 수 있는데, 첫째 이유는 초급 수준의 언어 교육에서 문법 중심의 접근이 상당 부분 중요하게 고려될 수밖에 없다는 점이다. 둘째 이유는, 첫째 이유에 따라 초급 수준의 언어교육이 주로 언어학자들의 손에 의해 시작되어 왔다는 점이다. 그러나 전술한 미국의 5C 정책에서 볼 수 있는 바와 같이 최근에는 문화적 접근의 중요성이 점증하고 있고, 이에 따라 문학적 관점의 접근이 중요하게 고려되고 있다. 궁극적으로 한국어교육은 한국학 속에서 중요한 한 분야로 자리잡는 방향으로 나아가게 되리라고 본다.

4. 상호 발전과 세계화를 위한 과제

1) 한국학적 접근의 필요성

한국학(Korean Studies)은 한국에 관한 인문 · 사회 · 자연과학 · 예술 · 체육 등 모든 학문적 혹은 일상 분야에서 각 영역별 또는 학제적 접근을 통해 한국 및 한국문화의 성격을 규명하고자 하는 학문 분야이다. 이러한 한국학에 대한 적극적이고 구체적인 관심은 19세기를 전후하여, 국내의 해외 유학 지식인들이나 내한한 외국의 기독교 선교사들의 한국에 대한 관심에 의해 자연스럽게 축적되기 시작하여 오늘에 이르고 있다. 앞으로 한국어교육학이 더욱 발전해 나가고 세계화를 위해서는 한국학의 대표 영역이라는 의식이 필요하며, 그러기 위해서는 다양한 인접 학문을 수용해 나가는 자세가 필요하다. 이와 관련하여 국어 현상, 국어교육 현상, 국어문화와 예술 현상에 대해 폭넓게 연구하고 실천 방향을 제시해 온 국어교육학자들도 적극적인 관심과 참여가 요구된다.

또한 강현화(2007)에서는 국내 14개 대학의 한국어교육 전공 학부와 대학원의 교육과정을 정리하여 제시하고, 최근 국어기본법의 시행령에서 제시한 한국어 교육과정이 큰 영향을 미쳐서 점차 표준화 경향을 보이고 있다는 점을 밝히고 있다. 강현화(2007)에서는 이들 교육과정을 국어학, 언어학, 한국어교육학, 한국학 관련(문학 포함), 실습과 기타로 구분하여 제시하고 있다. 그런데 이들 중에는, 구체적인 강의의 교육과정의 내용을 정밀 분석해 봐야 알 수 있겠지만, 한국어교육 고유의 내용이나 성격이 잘 드러나지 않아 보이는 과목들도 많이 눈에 띈다. 특히 교육 실습 등의 과목이 아직 준비되지 않은 경우도 많다. 이를 분명히 구분하고자 하는 의도를 가진 경우 '외국어로서의'라는 수식어를 붙인 경우가 이를 간접적으로 말해 주는 것으로 보인다. 앞으로 한국어교육학 자체의 고유성과 깊이를 위해 고민해 나갈 부분이다.

2) 다문화적 접근과 학습 대상자의 다양성

최근에 국어교육은 물론 한국어교육에서 다문화 가정과 그 자녀들에 대한 교육 지원 방안이 관심의 초점으로 대두하고 있다. 국내 다문화 가정의 증가에 따라 최근에는 한국어교육학 분야뿐만 아니라 인류학과 등에서도 관련 연구에 큰 관심을 보이고 있다. 심지어는 수적인 비율에 비해 과도한 것이 아니냐는 의문이 제기될 정도로 거의 모든 정부 부처에서 관심을 가져왔다.

한국의 경제적 위상이 커지면서 대두된 세계화와 한류 문화의 열기 속에 국내에 거주하는 다문화 현상에 따라 의사소통 문제, 교육 문제, 인권 문제 등이 우리 사회의 큰 관심사로 자리 잡고 있다. 또한 단일민족, 백의민족을 자랑스럽게 교육했던 관점들이 재고되어야 한다는 주장이 자리를 잡아가고 있다. 이에 따라 외국인 근로자와 국제결혼 가정의 정체성 혼란뿐만 아니라, 한국인의 정체성에도 혼란이 따를 소지를 안고 있다. 이러한 현상은 이른바 다문화 가정에 대한 접근이 우리 사회의 모든 구성원들을 대상으로 거시적이고도 장기적인 안목에서 이루어질 필요가 있음을 시사한다.

최근에 관심의 대상이 되고 있는 다문화 가정의 문제는 국제결혼에 따른 이주 여성 및 외국인 노동자의 유입, 북한이탈주민의 증가 등 한국 사회 내에 대한민국(남한)이 아닌 다른 문화권으로 이루어진 가정의 생성을 의미한다. 서혁(2007)에서는 이를 8가지의 하위 유형으로 구분하여 제시한 바 있다. 여기에 한국어 학습 목적(학문, 직업, 교양 등), 학령(유, 초, 중, 고, 대, 일반), 문화적 배경(한국인, 교포, 동포, 외국인), 한국어 능력(1~6급, 모어 화자 수준)에 따라 적절하고도 다양한 교육적 지원 방안이 마련되어야 할 것이다.

권순희(2006)에서는 다문화 교육의 주요 대상을 '① 부모(특히 외국 문화 배경의 어머니) 대상, ② 다문화 가정 자녀 대상, ③ 일반 학생 대상, ④ 교사 대상'으로 유형화하여 제시하고 있는데, 좋은 참조가 된다. 특히 다문화 가정 자녀들을 대상으로 하는 교육 내용으로 '한국어(문식력)교육, 보충학습' 등을 제시하고 있는데, 이는 모든 교과 학습과 관련되는 부분으로 국어교육에서 일차적인 관심을 가져야 할 중요한 부분이다.

여기에서 우리는 다문화 교육이란 무엇인지에 대한 정확한 논의가 필요하다. Banks(2001)는 다문화 교육을 "모든 학생들이 그들의 문화적, 인종적, 민족적, 성별, 사회적 계급의 특성에 관계없이 학교에서 평등한 교육을 받는 것을 의미한다."고 하였다(장인실, 2003: 412). 평등교육과 적절한 교육환경을 제공하는 것이 최근의 진정한 다문화 교육의 핵심인 것이다. 따라서 다문화 가정의 부모나 자녀들을 대상으로 하는 교육 방안이나 지원책들에 있어서 동화에 초점을 두는 네티비즘(nativism)이나 다인종주의, 민족교육과 같은 열등주의 패러다임에 빠져서는 안 된다는 점이다. 그보다는 문화적 다양성과 차이 그리고 그에 바탕을 둔 구성원 모두가 모두 중요한 국가 자원이라는 생각에 바탕을 두어야 한다는 점이다.[12]

이러한 맥락에서 최근 우리 사회의 다문화 교육의 개념은 대상의 범위와 내용 면에서 지금보다 훨씬 더 넓고 융통성 있는 개념으로 확장될 필요가 있다. 예컨대 국제결혼이나 외국인 근로자, 새터민 등을 중심으로 하는

---

12 미국에서의 다문화 교육의 전개에 대한 논의는 장인실(2003) 참조.

2부 국어교육의 실제에 관하여

다문화 가정뿐만 아니라 국내의 한부모 가정과 그 구성원, 장애인 등을 모두 포함하여 상대적으로 사회, 정치, 경제, 심리, 신체적으로 소외된 개인이나 가정, 계층을 모두 대상으로 하는 광의의 다문화 교육을 고려할 필요가 있다. 아울러 재외 한국교포와 동포 및 그 자녀, 단기간 국외에 체류하는 한국의 초·중등학생 등에 대한 고려도 필요하다.

특히 한국어 학습자에서 가장 큰 부분을 차지하는 층의 하나가 바로 재외 한국 교포와 재외동포일 것이다. 박갑수(2005:245)에서는 이와 관련하여 교포(僑胞) 또는 교민(僑民)이란 같은 국적을 가진 우리 국민을 가리키며, 동포(同胞)란 우리와 같은 피를 나눈 민족으로 국적이 다양할 수 있음을 언급하고 있다. 한국 정부는 1997년 '재외동포재단'을 설립하면서 재외동포의 범위를 '대한민국 국민으로서 외국에 장기 체류하거나 외국의 영주권을 취득한 자, 또는 국적을 불문하고 외국에서 거주 생활하는 한민족의 혈통을 지닌 자'로 정의하고 있다.

교포와 동포 및 그 자녀들은 한국어 수준이 다양하기는 하지만 한국 문화에 대한 배경을 가진 경우가 많다는 점에서 순수 외국인 학습자와 구별된다. 이들 중 한국어 능력이 대체로 우수한 학습자들은 학문 목적으로 한국의 대학을 진학하거나 기업체 등의 전문 직종에 종사하는 경우가 많다. 그리고 동료에 비해 부족한 한국어 능력을 보완하기 위해 한국어 학습을 원하는 경우가 많은데, 이들에 대한 교육은 국어교육적 접근이 요구된다. 외국인 학습자와 같이 고급 한국어 반을 수강하기에는 부적절한 경우가 많기 때문이다. 그러나 이들에 대한 관심이나 노력이 그동안 거의 없었다. 다문화 가정 자녀들에 대한 관심과 지원 못지않게 이들에 대한 (재)교육이 요구된다. 특히 재외 동포들의 국적 교육을 위하여 한국 교육과정을 바탕으로 하여 한국 및 현지 교육부의 인가를 받아 운영하는 해외 한국학교 학생들에 대한 국어교육도 점차 크게 관심을 기울여야 하는 부분이다. 교육부의 '2020년 재외한국학교 현황' 자료에 따르면, 2020년 현재 재외한국학교는 총 16개국에 34개교에 이른다. 그중 중국에 15개교(홍콩, 타이완 포함)가 있어서 가장 많고, 일본에 4개교, 사우디아라비아에 2개교가 있으며, 동남아시아 각국, 남미, 러시아, 이집트 등에 11개교가 개설되어 있다. 학생 수는 약 14,000명이며 교원 수는 약 1,300여 명이다. 점차 늘어날 것으로 보이는 이들에 대한 관심도 교육복지 차원에서 중요한 부분이다.

교수학습 내용 역시 언어 교육 차원이 아니라 모든 교과와 생활의 모습이 담겨야 할 것이다. 이러한 관점과 맥락에서 접근하자면 기존의 국제결혼 가정과 그 자녀들을 대상으로 하는 한국어교육 또는 사회 적응을 돕기 위한 한국어교육이나 문화 교육적 접근은 한계가 크다. 좀 더 심하게 말하자면 기존의 교육지원 접근법이 전술한 열등주의 패러다임과 관련되는 것은 아닌지 반성할 필요가 있다. 다문화주의 철학의 핵심은 상호 수용과 인정, 존중이라고 할 수 있다. 다문화 가정 교육지원의 원리로는 수요자 중심의 다양성과 실제성, 경제성, 단계성, 분담과 공조, 다중언어적 접근 등을 들 수 있다. 가정과 학교, 지역사회, 방송과 언론 등이 유기적으로 관련을 맺으며 기존 혹은 신규 프로그램을 통해 다양한 서비스 제공과 당사자들의 선택을 전제로 하는 지원 체제를 구축하면서 노력해 나갈 때 다문화 가정에 대한 교육 지원 방안은 실효성을 거둘 수 있을 것이다.

3) 문화 콘텐츠의 적극적 개발과 활용

전술한 바와 같이 지금까지 한국어교육학은 국어학적 관점의 접근이 지배적이었다. 이는 언어교육의 초기 단계에서 학습자의 문법능력을 확고히

　　　　　　　2부 국어교육의 실제에 관하여

해 줄 필요가 있다는 점에서 필연적이라고 할 수 있다. 그러나 고급의 단계로 올라갈수록 자료 차원이건 문화 차원의 접근에서건 문학적 접근이 강화될 필요가 있다고 본다. 현재는 대체로 문화 영역 속에 문학을 포함시키는 정도이나 한국어교육에서 실질적으로 문학이 가질 수 있는 잠재력은 문화 영역의 절반 이상일 수 있다. 이는 최근의 국외 여러 나라의 현지 한국어 교재 개발 과정에서 우리의 고전과 현대 문학 작품들을 참조하고 포함시키고자 하는 점에서도 드러난다. 이는 학습자의 동기 유발은 물론 문화체험과 관련하여서도 직·간접적으로 관련되기 때문이다.

김창원(2007:110)에서는 한국어교육과 문학 텍스트의 연결고리를 분명히 할 필요가 있다고 언급하면서, 한국어 교실에서 문학 텍스트를 활용하는 일은 이제 보편화 되었지만, 한국어 문화 능력에서 문학 텍스트가 지니는 의의에 대한 근본적 탐색이 부족했다고 보고 재검토가 필요함을 지적하고 있다. 이에 따라서 김창원(2007)에서는 한국어 문화 능력 평가의 내용으로 일반 문화와 언어문화로 나누고, 후자는 다시 어휘, 표현, 화용, 비언어·반언어적 요소, 스크립트, 언어생활, 언어 예술, 언어 예절, 언어 의식으로 구체화하고 있다.

필자의 경험으로는 러시아와 동유럽 등의 현지 한국어 교원들은 한국어 읽기 교재에 한국의 설화나 흥미로운 이야기들을 실어 주기를 원하는 주문이 많았다. 이야기 텍스트는 학습자들의 동기와 흥미를 유발하고, 한국의 (전통)문화적 특성과 가치들을 잘 반영하고 있다는 점에서 적극적으로 고려할 필요가 있다고 본다. 특히 현재 대부분의 한국어 교재들이 의사소통 중심의 관점에서 제작되었기 때문에 읽기 교재의 경우 말하기, 듣기, 쓰기 등 통합적인 관점을 유지하면서 일상생활 중심으로 이루어져 있기 때문에 한국의 전래동화 등은 전혀 다루고 있지 않다. 따라서 최소한 한두 단원 정도는 한국의 전래 동화를 다루는 것도 읽기 단원 구성에는 효과적인 방안이라고 판단된다. 이때 문학 텍스트의 경우 초급 수준에 맞게 가능한 한 개작을 하여 제시할 필요가 있다. 그리고 필요하다면 교사용 지도서에 작품 전체를 부록으로 제시하는 것도 좋은 방안이라고 하겠다. 초급 수준 읽기 교재에서 다룰 수 있는 한국 전래 이야기의 예로는 '흥부와 놀부', '춘향전', '토끼와 거북이', '심청전' 등을 들 수 있다. 이들 작품은 한국인들에게 널리 알려져 있는 대표적인 한국의 언어 예술일 뿐만 아니라 한국인의 가치관을 담고 있는 텍스트들이기도 한다. 또한 이들 작품들의 핵심적인 모티프들은 아시아 여러 나라에서도 유사하거나 공통적인 특성을 보여주는 것으로 알려져 있다. 아울러 '여우와 두루미'는 한국의 전래 동화로 인식될 만큼 전세계 보편적인 이솝 우화로 판단되는데, 이러한 텍스트도 학습자들에게 쉽게 다가갈 수 있을 것이다.

그밖에 다문화와 세계화 시대에 걸맞게 국어와 한국어 교육과정의 수정 보완이 요구된다. 즉, 소수 민족이나 소수자 문화적 배경에 대한 고려가 필요하다. 특히 지나치게 의사소통 능력 중심의 평가 기준 제시 양상을 보여주고 있는 한국어 교육과정도 수정 보완의 여지가 있다고 생각된다.

4) 교원의 양성

한국어 학습자의 다양성과 양적 팽창에 따라 교원 부족 현상 문제가 제기되고 있다. 특히 한국어 교원 양성의 근본적인 문제는 학부에 학과가 없다는 점이 지적된다. 최근 국립국어원이 추진하고 있는 세종학당이나 어린이 교육, 초·중·고등학교 교육, 노동자와 결혼 이주 여성 집단을 대상으로 하는 교육 등 다변화 현상은 많은 교사를 필요로 하고 있다는 점이다.

이를 위해서는 학부와 대학원에 한국어 교육학 학사, 석사, 박사 과정이 있어야 한다는 주장이 제기된 바 있다(백봉자, 2007:25).

이러한 언급은 한국어교육의 발전을 위해서 매우 필요하고도 중요한 내용이다. 그런데 이와 관련한 교육정책적 차원에서 인적 자원의 개발과 효율적인 관리 및 활용 측면을 반드시 고려할 필요가 있다. 한국어교사에 대한 수요가 증가하고 있다고 해서 무분별하게 학부의 한국어교육과 개설을 시도할 경우 자칫 사범대학의 예비 교원 적체와 같은 문제를 야기할 수 있다. 따라서 학부 한국어교육과 신설을 남발할 것이 아니라 한국어 교원 자격을 대학원 과정에서 부여하도록 하는 것이 효과적이라고 본다. 이는 특히 다음 두 가지 이유에서 그러하다.

첫째, 이미 다양한 학부 전공을 배경으로 하는 졸업생들이 대학원 과정에서 한국어교육을 전공하고 있고, 또 국어국문학이나 국어교육학을 전공한 다수의 고급 인력들이 한국어교육으로 전공을 전환하여 역할을 수행하고 있다. 대학에서 외국어로서의 한국어교육을 가르치는 교수들은 물론이고 대학 부설의 언어교육원 등에서 한국어를 가르치고 있는 교원들도 대부분 국어국문학이나 국어교육학을 전공으로 한 사람들이며, 이들은 국내외 한국어 교육 경험을 바탕으로 그 역할을 잘 수행하고 있다. 그만큼 학문적 인접성이 강하기 때문이다.

둘째, 현재도 그러하지만 장기적으로도 한국어교육의 연구와 실천은 폐쇄적 접근보다는 개방적 접근이 바람직하다. 즉, 한국어교육은 학부 수준에서부터 전문적인 교육과정에 의해 교사와 연구자 등 전문가를 양성하는 것도 필요하지만, 가능한 한 이는 최소화하고 대학원 과정에서 접근하는 것이 효율적이고 바람직할 것이라는 점이다. 2007년 국제한국어교육학회(IAKLE)의 제17차 국제학술대회에서 다뤄진 것처럼 한국어교육이 발전하기 위해서는 다양한 기초학문과 인접학문을 바탕으로 할 필요가 있다. 특히 이 학술대회의 주제토론 등에서 제기된 것처럼 한국어교육은 대조언어학적 접근법에 따라 제2언어 교육(KSL)과 같은 이중언어교육의 관점이 요구되고 있다. 이는 특정 외국어를 능통하게 구사하는 국어 전문가가 가장 바람직하겠으나 현실적인 어려움이 있기 때문에, 한국어가 아닌 외국어 구사 능력과 지식이 뛰어난 사람이 유리할 수 있다는 점을 시사한다. 또한 한국학의 관점에서 언어뿐만 아니라 문화와 문학, 예술, 역사, 경제 등 다양한 학제적 접근이 요구되고 있다. 이와 관련하여 이미 미국의 여러 대학에서 한국어 교육에 종사하고 있는 교원들의 다양한 전공 배경은 시사하는 바가 크다.

더구나 법학전문대학원(law school)이나 의학전문대학원(medical school)에서 더 나아가서 교육전문대학원 논의가 심도 있게 논의된 바 있듯이(교육혁신위원회, 2007), 다양성과 전문성을 동시에 요구하는 최근의 조류에 비추어 한국어교사 양성 체제도 그 시작 단계에서부터 신중하게 고려될 필요가 있다고 본다.

한국어교육과 국어교육은 여러 측면에서 분담과 공조의 원리를 통한 체계적 접근이 필요하다. 한국어교육, 국어교육, 교과교육의 통합적 접근과 분담, 공조 체계가 요구된다. 다문화 가정의 자녀 교육과 관련하여 초중등 교사, 국어과 교사, 타 교과교사 등이 좀 더 적극적으로 관심을 가질 필요가 있다. 방과 후 교육의 경우에도 '외국어로서의 한국어교육(KSL)'을 전담하는 한국어 교사가 유익한 경우도 있는 반면에, 학과 학습과 상급학교 진학을 고려할 때는 국어과 교사가 더 필요한 경우도 있다. 여기에도 적절한 역할 분담이 요구된다. 한국어 교사를 당장 모든 학교에 배치하지 않더라도 다문화 가정이 많은 주요 지역들을 중심으로 거점 학교와 거점 센터를 운영하는 방안도 효과적일 것이다. 이주여성이 포함된 다문화 가정의 자녀 교육을 위해서는 초·중등학교 교사와 국어 교사, 국어교육 전문가 등이 공동의 관심을 가지고 적극적으로 관여할 필요가 있다. 이를 위해서 교육 인적자원부도 더욱 다각적인 관심을 기울여야 할 것이다. 특히 이주여성을 위한 한국어교실 지원에는 북한 이주 여성들도 포함하여야 할 것이며, 그 자녀들에 대한 교육 지원 방안도 포함하는 것이 마땅하다. 특히 해마다 급증하고 있는 단기 국외 체류 한국 학생들과 국외 교포 및 동포와 그 자녀들을 위한 국어교육에 대한 관심과 지원도 중요하다. 이들은 한국어 능력이나 한국문화에 대한 이해 정도가 훨씬 높기 때문에 한국어교육 차원이 아니라 국어교육 차원에서 접근해야 할 것이고, 이들 자녀들에 대한 교육도 상위 학교 진학을 위한 국어교육과 기타 교과 학습 지원 차원에서 접근되어야 한다. 아울러 장기적으로는 다문화 가정의 자녀교육도 단지 한국어교육 지원 차원이 아니라 다양한 교과 학습 지원을 통해 상위학교 진학 능력을 제고해 주는 차원까지 고려되어야 할 것이다(서혁, 2007 참조).

5. 나가며

한국어교육은 기존에 국어학과 국어교육의 하위 학문 분야로 설정되었다가, 2002년에 교육부의 학문분류체계에서 독립된 영역으로 인정되고, 2004년도부터는 (구)한국학술진흥재단(현 한국연구재단)의 분류에서도 독립 영역으로 설정되고 있다.

국어교육의 목표가 창의적 국어사용(활동) 능력, 국어적 사고력, 문화 창조로 요약되는 반면에 (외)한국어교육의 목표는 의사소통 능력과 기본적인 문화 이해에 초점이 놓인다. 이는 학습 대상자의 목표 언어에 대한 능력, 문화적 지식과 경험의 차이에 기인한다. 2007년에 개정된 영국의 자국어 교육과정에서는 '의사소통(Communication), 창의성(Creativity), 문화이해(Cultural Understanding), 비판적 이해(Critical Understanding)'의 4C를 기본 목표로 하고 있다. 반면에 미국의 외국어 교육 기준에서는 '의사소통(Communication), 문화(Culture), 교과 연계(Connection), 비교(Comparison), 다문화 사회 참여(Communities)'의 5C를 강조하고 있다. 자국어 교육과정과 외국어 교육과정은 표면적으로는 '의사소통, 문화' 등에서 매우 유사한 모습을 보인다. 그러나 자국어 교육과정에서는 '창의성, 비판적 이해'와 같이 사고력 부분을 훨씬 강조하고 있음을 알 수 있다.

한국어교육학이 하나의 독립된 학문 분야로 자리 잡아가고 있다는 점은 교육부와 학진의 분류체계로 보나 이 분야의 연구자 수나 성과물의 축적에 비추어 부인하기 어렵다. 다만 기존에 한국어교육의 성격을 논의한 관점들이 대체로 국어학 중심의 제한된 접근을 보여주고 있다. 앞으로 국어교육과 한국어교육은 모두 한국학이라는 광의의 범주에 속한다는 점, 다문화적 접근과 학습자의 다양성에 대한 고려, 문화 콘텐츠의 적극적 개발과 활용, 교원의 양성 등에 대해 깊이 있는 연구가 필요하며 상호 공조와 협력이 요구된다. 특히 두 분야 모두에서 기존에 다문화 교육에 대한 접근과 관련하여 다문화의 개념을 지나치게 협소하게 해석하거나 동화에 초점을 둔 열등주의 패러다임에 따르고 있는 것은 아닌지 교육 정책, 연구, 현장 실천 차원에서 모두 반성이 요구된다.

국어교육이 다문화적 관점에 서게 되면 현행보다 기존의 단일민족과 민족 단일어의 관점에서 탈피하여 다양한 문화와 언어, 학습자를 상정하지 않을 수 없게 된다. 국어교육의 외연의 확장과 함께 목표, 내용, 방법의 확장도 피할 수 없게 된다. 장기적으로 국어교사는 국내 국어교육 장면은 물론 국외의 교포나 동포와 그 자녀, 단기 체류 한국인 학생 등을 포괄하는 다문화 교육의 관점에서 제1 언어(L1)로서의 국어뿐만 아니라 제2 언어(L2)로서의 한국어도 염두에 두어야 할 것이다. 특히 다문화 가정의 자녀나 국외 동포 자녀들에 대한 교육은 이중언어교육이나 제2 언어교육의 관점에서 국어교육적 접근이 요구된다.

장기적으로 한국어교육의 연구와 실천은 폐쇄적 접근보다는 개방적 접근이 바람직하다. 한국어교육은 학부 수준에서부터 전문적인 교육과정에 의해 교사와 연구자 등 전문가를 양성하는 것도 필요하지만 가능한 한 이는 최소화하고 대학원 과정에서 접근하는 것이 효율적이고 바람직할 것이라는 점이다. 법학전문대학원이나 의학전문대학원에서 더 나아가서 교육전문대학원 논의에서처럼 다양성과 전문성을 동시에 요구하는 최근의 조류에 비추어 한국어교사 양성 체제도 그 시작 단계에서부터 신중하게 고려될 필요가 있다.

세계화의 지름길은 수용과 확산에 있다. 우리는 지금까지 수용에 초점을 두어 온 감이 없지 않다. 이제 우리의 것을 알려 나가면서 동시에 새롭게 수용하고 융합하여 확대 재생산하는 노력이 필요하다. 이를 위해 한국어교육과 국어교육은 여러 측면에서 분담과 공조의 원리를 통한 체계적 접근이 요구된다.

❚이 글은 국어교육학회 제 37회 학술발표대회(2007.8.25.)에서 발표하고『국어교육학연구』제 30집(2007.12.)에 게재된 것을 일부 수정·보완한 것이다.

참고문헌

강승혜(2003), 「한국어교육의 학문적 정체성 정립을 위한 한국어교육 연구 동향분석」, 『한국어교육』 14-1, 국제한국어교육학회, 1-27면.

강현화(2007), 「한국어교육학 내용학의 발전 방향 모색」, 『외국어로서의 한국어교육학—교육과 연구의 방향성 정립』, 국제한국어교육학회(IAKLE) 제17차 국제학술대회, 87-110면.

교육인적자원부(2007), 『2007년도 다문화가정 자녀 교육지원 계획』. 교육인적자원부홈페이지 정보자료실.

국립국어원(2021), 『외국인을 위한 한국어문법 1』, 커뮤니케이션북스.

권순희(1996), 「언어 문화적 특성을 고려한 한국어 교육의 교재 편성 방안」, 『국어교육연구』, Vol. 3, 1-19면.

권순희(2006), 「다문화 가정을 위한 언어 교육 정책 모색—호주의 언어 교육 정책 검토를 중심으로—」, 『국어교육학연구』 제 27집, 국어교육학회, 223-251면.

김대행(2003), 「국어교육과 한국어교육의 거리」, 『국어교육』 112. 한국어교육학회, 1-19면.

김종운·박갑수·김영자·이종희·성광수·김성찬·이관규(1995), 「한국어의 세계화 방안, 『이중언어학』 12권 1호, 이중언어학회.

김중섭·서혁·이정희(2004), 『한국어교재 중앙아시아 현지화 작업』, 한국어세계화추진위원회.

김창원(2005), 「싱가포르 한국학교의 사례를 통해 본 해외 한국 학교의 국어교육 프로그램 개선 방안」, 『한국초등국어교육』 28, 한국초등국어교육학회, 6-34면.

김창원(2007), 「한국어 학습자를 위한 문화 능력의 평가 방안」, 『한국어교육』 18-2, 국제한국어교육학회, 81-114면.

김하수(1999), 『범용 한국어 교육 교재(초급)의 개발』, 한국어세계화추진위원회 사업 보고서.

민현식(2000), 「한국어 교재의 실태 및 대안」, 『국어교육연구』 제7집, 서울대학교 국어교육연구소, 5-60면.

민현식·조항록·유석훈·최은규 외(2005), 『한국어교육론 1』, 한국문화사.

박갑수(1998), 「외국어로서의 한국어 교육과 문화적 배경」, 『선청어문』 26, 서울대 국어교육과, 133-150면.

박갑수(2005), 『국어교육과 한국어교육의 성찰』, 서울대학교출판부.

박영순(1997), 「국어교육과 한국어교육」, 『한국어학』 6, 한국어학회, 1-17면.

박영순(2001), 『외국어로서의 한국어교육론』, 도서출판 월인.

백봉자(2007), 『외국어로서의 한국어 교육학의 정체성을 다시 생각한다』, 국제한국어교육학회(IAKLE) 제 17차 국제학술대회, 21-31면.

서상규(2007), 『한국어교육과 기초학문―외국어로서의 한국어교육학 교육과 연구의 방향성 정립』, 국제한국어교육학회(IAKLE) 제 17차 국제학술대회, 49-66면.

서혁(2004), 「호주의 한국어교육 정책의 현황과 문제점」, 『한국어교육』 15(2), 국제한국어교육학회, 145-173면.

서혁(2007), 「다문화 가정 현황 및 한국어교육 지원 방안」, 『인간연구』 12, 가톨릭대 인간연구소, 57-92면.

손호민(1999), 「미국에서의 한국어 교육, 『국어교육연구 6집, 서울대 국어교육연구소, 62-82면.

윤여탁(2007), 「한국어교육학과 한국학」, 『외국어로서의 한국어교육학―교육과 연구의 방향성 정립』, 국제한국어교육학회(IAKLE) 제 17차 국제학술대회, 115-128면.

윤희원·이수미·이상일(2006), 『다문화가정 지원 우수 사례 연구』 보고서, 교육인적자원부.

이삼형·김중신·김창원·이성영·정재찬·서혁·심영택·박수자(2007), 『국어교육학과 사고』, 도서출판 역락.

이상억(1983), 「해외 교포 자녀를 위한 국어교육의 효율적 방안」, 『이중언어학』 1(1), 이중언어학회.

일연 지음, 김원중 옮김(2005), 『삼국유사』, 을유문화사, 242-244면.

장인실(2003), 「다문화 교육(Multicultural Education)이 한국 교사 교육과정 개선에 주는 시사점」, 『교육과정연구』 Vol. 23, No. 3, 409-431면.

조영달·윤희원·권순희·박상철·박성혁(2006), 『다문화 가정 교육 지원을 위한 자료 개발 연구』, 교육인적자원부.

조항록(2003), 「한국어 교재 개발을 위한 기초적 논의」, 『한국어교육』 14(1), 국제한국 어교육학회, 249-278면.

한재영·윤희원·서혁(2001), 『21세기 해외 한국학 진흥 및 국제교류 활성화 방안 연 구』, 문화관광부 연구보고서.

허용·강현화·고명균·김미옥·김선정·김재욱·박동호(2005), 『외국어로서의 한국 어교육학개론』, 도서출판 박이정.

Darling-Hammond, L., Wise, A. E., & Klein, S. P.. A license to teach: Building a profession for 21st-century schools. Boulder, CO: Jossey-Bass, 1999.

Joyce E. King, Etta R. Hollins, Warren C. Hayman, ed., Preaparing Teachers for cultural diversity, NY: Teachers College Press. 1997.

Leo Van Lier, "Traditions and New Directions in Foreign Language Research and Teaching: Korean as Foreign Language", 『외국어로서의 한국어교육학 —교육과 연구의 방향성 정립』, 국제한국어교육학회(IAKLE) 제17차 국제학술 대회, 2007, 35-45면.

QCA, National Curriculum Key Stage 3, 4. www.qca.org.uk / curriculum (2007.9.1.)

3 부

국어교육의 미래를 관하여

스마트 미디어 시대와
독서교육

이삼형

1. 스마트 미디어란?

스마트 미디어라는 말이 널리 쓰이고 있다. 그럼에도 불구하고 스마트 미디어라는 용어가 명확하게 규정되어 있지 않은 것 같다. 그 이유가 무엇인지 명쾌하게 설명할 수는 없지만, 스마트 미디어의 진화 속도가 엄청나게 빠른 것이 주요한 이유 중의 하나임에 틀림없다. 스마트 미디어의 인터페이스 환경이 계속해서 바뀌고 새로운 기능들이 계속 추가되어 그 진화 속도를 따라가기 벅찰 정도라는 것은 현실에서 충분히 실감하고 있다. 이런 까닭에 스마트하다는 것이 무엇을 의미하는지 명확하게 규정하기 어렵다.

스마트(smart)는 '똑똑하다'라는 뜻으로 번역되는데, '똑똑하다'는 의미는 기존의 여러 논의들을 종합하면 다음 세 가지로 정리된다.

첫째, 스마트하다는 것은 미디어가 융합적이라는 뜻이다. 예전의 미디어들은 전화나 무전기는 통신 기능, 라디오나 TV는 방송 청취 기능과 같이 하나의 기능을 담당하는 기기(디바이스)였다. 스마트 미디어에 오면 방송과 통신이 융합되고 여기에 다양한 기능들을 통합해 나간다. 스마트폰(모바일 디바이스)을 통해서 우리는 다른 사람들과 소통하고, 방송을 청취하며, 정보를 검색하고, 사진을 찍어 기록을 남긴다. 이러한 통합은 스마트폰에서만 일어나는 것이 아니다. 많은 기기들이 여러 기능들을 함께 갖는 방향으로 진화하고 있다. 요즘의 텔레비전은 방송 청취 기능에 더해서 외부 기기와 연결하여 영화 감상을 가능하게 하고 인터넷 기능을 추가하여 복합적인 매체로 변신을 꾀하고 있다. 5G가 일반화되면 모든 디바이스들이 하나로 연결되는 사물인터넷 시대가 도래한다고 한다. 미디어들은 더 많은 기능들을 융합해 나갈 것이며 그에 따라 우리 삶도 더욱 스마트해 질 것이다.

둘째, 스마트하다는 것은 유연하다는 것을 의미한다. 사실 인터넷 환경에서도 어느 정도 융합적이었기 때문에, 스마트하다는 것을 융합적이라는 하나의 특성으로만 설명하기 어렵다. 스마트 미디어는 디바이스들이 구동되는 플랫폼이 개방되어 있으며 다양한 사회적 연결이 이루어지는 네트워크와도 연동되어 있다. 그래서 누구나 참여할 수 있는 개방적인 여건이 주어져 있다. 즉, 유연한 구조로 되어 있다. 누구나 동영상을 만들어 유튜브에 올릴 수 있으며 '좋아요' 혹은 '싫어요'와 같은 반응은 물론이고 자신의 의견을 자유롭게 개진할 수 있다.

셋째, 스마트하다는 것은 지능형 서비스가 제공된다는 점을 의미한다. 현재 스마트 미디어 생태계에는 가공되었거나 가공되지 않은 방대한 양의 정보들이 쌓이고 유통되고 있다. 이러한 정보들을 기반으로 이용자들에게 최적화된 서비스를 제공하게 된다. 지난 2013년 페이스북에서 선보인 그래프 검색(facebook Graph Search)이 하나의 예이다. 그래프 검색 이전의 페이스북은 나와 관련된 사람들을—나의 친구, 나의 친구의 친구를 연결해 주는 것이 주된 기능이었다. 페이스북의 그래프 검색이 주목받았던 이유는 연결 기능에 검색 기능을 추가했다는 점도 있지만 기존의 검색과는 다른 차원의 검색을 지원한다는 점이었다. 기존의 검색이 지식을 기반으로 한 유사어 중심의 검색이었다면 그래프 검색은 네트워크를 통한 검색을 제공한다. 그러니까 페이스북에서 맺고 있는 관계와 그들이 올린 정보나 이미지, 영상 등을 연결지어 '소셜 검색'을 제공한다. 이를 통해 내가 원하는 사람, 장소, 관심사 등을 찾을 수 있다. 예를 들어 '나와 고향이 같으면서 음악을 좋아하는 사람', '인도 출신 사람들이 찾는 서울의 인도 음식점' 등을 페이스북 그래프 검색을 통해서 찾을 수 있다.

소셜 검색이 가능하게 된 것은 모바일 디바이스가 생활의 필수품이 되었기 때문이다. 이용자의 모든 이동 경로, 구매 목록, 식사한 장소, 스케줄,

그리고 사회적 네트워크에서 구독하고 '좋아요' 라고 반응한 것 등이 모두 데이터로 전환되기 때문이다. 이렇게 쌓여진 빅데이터들을 이용하여 이용자의 구매 패턴, 생활 패턴, 정치적 성향 등을 분석해 내고 이용자에게 가장 적절한 검색 결과를 제공하는 것이 소셜 검색의 기술적 특성이다. 스마트 미디어들은 이용자의 상황과 미디어 소비 패턴 등 사용자 관련 지식을 이용하여 자동적으로 사용자의 의도에 최적화된 서비스를 제공하는(윤장우, 2013:11-12)하는 방향으로 진화하고 있다.

이러한 스마트 미디어가 우리의 삶을 어떻게 변화시키고, 독서 현상에 어떤 영향을 미치며, 그에 따라 독서교육은 어떻게 대처하는 것이 좋을 것인지 생각해 보자.

2. 스마트 미디어와 삶, 소통, 텍스트

1) 스마트 미디어와 삶

우리가 스마트폰 하나로 할 수 있는 일이 얼마나 될까? 우리들의 하루를 스마트폰과 관련지어 따라가 보자. 아침에 일어나면 스마트폰을 들고 오늘의 날씨가 어떤지, 약속 장소와 만날 사람들을 확인한다. 약속 장소가 처음 가는 낯선 곳이라도 지도의 길 찾기 기능을 통해서 어렵지 않게 가는 방법을 알 수 있다. 버스 도착 시간이 언제인지 알아내고 지하철의 최단 경로를 통해 시간에 맞추어 약속 장소에 도착한다. 필요한 경우 택시나 공유차량을 호출하며 서비스를 받고 내가 받은 서비스 질을 평가하기도 한다. 급한 업무가 생겨도 시간과 장소에 구애받지 않고 스마트폰을 이용하면 어느 정도 처리가 가능하다. 오피스 관련 앱을 이용하여 공문이나 메일을 확인하고, 필요한 경우 문서를 작성하여 보낼 수 있다. 금융과 관련한 일도 스마트하게 처리한다. 굳이 은행에 가거나 ATM 기를 사용하지 않더라도 계좌를 확인하고 송금하는 일을 처리할 수 있다. 건강관리에도 스마트폰을 이용한다. GPS 기능을 포함한 건강 관련 앱을 활용하면 등산이나 자전거 탈 때 이동거리와 칼로리 소모량을 알 수 있다. 쇼핑도 하고 문화생활을 하는 데에도 활용된다. 스마트폰을 통하여 각종 문화생활과 관련된 정보를 얻을 수 있고, 스포츠 경기를 시청하며, 공연이나 연극, 영화를 간편하게 예매할 수 있다. 무언가를 배우는 데에도 도움을 받는다. 유튜브에 떠 있는 각종 교양강좌를 듣거나 어학학습 앱을 이용하여 배우고 싶은 언어를 학습한다. 그리고 카톡, 밴드, 페이스북을 이용하여 수시로 여러 사람들과 소통하며 지낸다. 우리들의 하루 일과는 스마트폰에서 시작하여 스마트폰으로 끝난다고 해도 과언이 아니다.

우리에게 펼쳐진 스마트 미디어 환경은 우리의 일상을 재구조화하고 있다. 언제 어디에서나 접속이 가능한 미디어 환경은 시간과 공간의 제약을 뛰어넘게 만들고 있다. 현대인들은 스마트 미디어를 통하여 실생활에 필요한 정보를 얻고, 소셜 네트워크를 통하여 다양한 사람들과 소통하며, 업무도 처리한다. 스마트 미디어는 현실 세계와 가상 세계를 하나로 통합한다. 이제 스마트 미디어가 만들어내는 가상의 세계는 허구적으로만 존재하는 공간에 그치지 않는다. 정수진(2017:241-252)의 말대로 가상 세계는 실생활과 밀접하게 연관되어 있는 하나의 사회적 공간으로, 현실 세계와 구별이 안 가는 실재 세계의 한 부분으로 되어 미디어의 일상화를 넘어서 일상의 미디어화가 된 것이다.

2) 스마트 미디어와 소통

사회적 동물인 인간은 다른 사람과의 관계 속에서 살아간다. 이는 사람과 사람은 연결되어 있다는 것이며 연결을 가능하도록 하는 것이 미디어이다. 미디어의 발달에서 획기적인 사건에 속하는 것은 문자 언어의 발명과 인쇄술의 발달, 라디오나 TV와 같은 전자기기의 등장일 것이다. 소통 방식에서 보면 문자 언어는 면 대 면 소통의 한계를 벗어나게 해 주었다. 인쇄술의 발달은 소통의 방식보다 지식의 대중화를 가져다 주었다는데 의의가 있다. 책을 대량으로 찍을 수 있는 기술은 책의 가격을 낮추었고 대중들도 책을 구입할 수 있게 해 주었다. 이는 특정 계층에게 독점되었던 지식을 대중들이 공유할 수 있게 해 준 것이고 그에 따라 리터러시 즉 읽고 쓰는 능력은 모든 사람이 갖추어야 할 기본적인 능력이 되었다.

라디오나 텔레비전과 같은 전자기기들은 공간의 한계를 벗어나게 하였으며, 새로운 소식들을 실시간으로 전달할 수 있도록 했다. 그러나 이들 전자기기들은 송신자와 수신자가 고정되어 있는 일방향 소통만이 가능하다. 그런데 현재의 스마트 미디어를 기반으로 하는 소셜 네트워크는 실시간적이며 공간의 한계에 구애받지 않는다. 사람들을 많은 사람들과 연결시켜 거미줄 모양의 연결망을 만들었으며, 일방향 소통만이 아닌 쌍방향 소통을 가능하게 하였다.

스마트 미디어가 쌍방향 소통을 가능하게 해 준다는 것은 지금까지 텍스트의 수신자, 소비자에 있던 일반 사람들을 생산자로서 역할을 할 수 있도록 해 주었다는 것을 의미한다. 이러한 위상의 변화가 몰고 온 변화를 가장 잘 실감할 수 있는 곳이 방송 생태계이다. 예전에 방송은 국가에 의해서 통제되거나 미디어 재벌들에 의해서 독점되었다. 우선 전파를 이용할 수 있는 권리를 가지고 있는 주체가 국가이며 아울러 방송에 필요한 장비들은 기술적인 측면이나 가격 면에서 개인들이 접근하기에 불가능했다. 커뮤니케이션의 통로로만 이용되던 통신 네트워크가 방송 네트워크로도 이용 가능하게 되고, 전자 기술의 발전으로 동영상 등 방송 콘텐츠도 스마트 미디어를 활용하여 간단히 제작할 수 있게 되었다. 그에 따라 독립 언론, 시민방송 나아가 1인 방송 등이 등장하게 되었다. 기존의 방송 생태계의 독점 구조가 무너지고 누구나 콘텐츠를 제작하여 송출할 수 있게 된 것이다.

개인들이 콘텐츠를 생산하는 생산자가 됨에 따라 새로운 풍속도가 나타나고 있다. 글로벌 동영상 플랫폼인 유튜브는 전 세계 약 18억 명 이상이 이용하고 있어서 막강한 파급력을 가진다. 이러한 유튜브에는 매우 다양한 크리에이터들이 활동하고 있다. 문학, 역사, 예술 등 전통적인 지식 분야 외에 스포츠, 게임, 요리, 미용 등 각자 전문적인 분야에서 콘텐츠를 제작하여 올리는 것은 물론이고 심지어는 자신의 소소한 일상을 영상으로 기록하여 올리기도 한다. 1인 방송을 하는 사람들을 일컬어 비디오 블로거(video blogger)의 준말인 'V로거'라고 하며, 유튜브에 직접 제작한 영상을 올리는 사람을 '유튜버'라 한다. 이러한 1인 창작자들은 기획, 제작, 송출 등 모든 역할을 혼자서 다 하는데 스마트 미디어가 이런 일들을 가능하게 해 주었다.

그런데 이들이 올리는 콘텐츠를 구독하는 사람들이 늘어남에 따라 파워 크리에이터들이 등장했다. 이들이 올리는 콘텐츠를 구독하는 사람이 늘어나면 크리에이터 스타가 탄생되기도 하고 여기에 광고가 붙어 파워 크리에이터들은 높은 소득으로 연결되기도 한다. 교육부와 한국직업능력개발원이 2018년에 실시한 '2018 초·중등 진로교육 현황조사'에 따르면 유튜버가 초등학생이 희망하는 직업 순위 5위에 올랐다고 한다. 이와 같이 스마트 미디어는 정치, 경제, 사회 문화 등 전 분야에 걸쳐 새로운 변화를 가져오고 새로운 문화를 만들어 가고 있다.

스마트 미디어가 가져다준 새로운 변화는 정보의 독점을 막고 공유한다는 점, 위키피디아와 같이 여러 사람들의 지성을 모아 무언가를 만들어 가는 협동을 통한 창조라는 긍정적인 측면이 많이 있다. 그러나 부정적인 측면을 가진 것 또한 사실이다. 그 대표적인 것이 악성 댓글, 가짜뉴스의 생산, 특정 이념에 빠진 사이트의 등장 등이 그것이다. 댓글은 사실 상호소통 방식의 하나이다. 그러나 악성 댓글은 사이버 공간이라는 익명성을 등에 업고 무분별한 욕설이나 비속어를 사용하여 사회문제를 일으킨다. 논리적으로 논증하기보다 감정적인 욕설이나 비속어 등을 사용하여 언어폭력을 행사하고 개인의 인권을 침해한다. 정확한 자료 제시 없는 근거 없는 비방으로 당사자의 명예를 훼손하는 등의 피해를 입히기도 한다.

스마트미디어는 가짜뉴스의 생산을 용이하게 하고 더 빠르게 전파시킨다. 스마트미디어 이전에도 가짜 뉴스는 있었다. 특정 개인이나 집단이 자신의 이익을 위해 뜬소문을 만들어 퍼뜨리는 일은 어제오늘의 일이 아니다. 그러나 거리와 시간의 장벽이 없이 소통이 가능한 스마트 미디어(소셜 네트워크) 시대에서 가짜 뉴스가 퍼지는 양상은 과거와는 차원이 다르다.

미국 MIT 대학의 연구팀은 진실 뉴스보다 가짜 뉴스가 더 빠르게 넓은 범위로 확산되는 것을 확인했다[1]. 그렇다면 왜 가짜 뉴스가 더 잘 퍼질까? 가짜 뉴스에는 진실한 뉴스에는 없는 새로움과 놀라움이 있고, 사람들은 예상하지 못한 현상이나 대상을 볼 때 뇌에서 도파민이나 아드레날린을

---

1 백소정(2018. 4. 9) 왜 가짜 뉴스가 더 잘 퍼지는 걸까. 전자신문.
　http://100.daum.net/encyclopedia/view/73XXXXKSN5533

방출해서 행복을 느낀다고 한다. 또한 사람들은 행복감을 느끼기에 계속해서 새로움을 전해주는 사람에게 주목과 관심을 주게 되고 가짜 뉴스를 퍼트리는 자들은 정보 권력을 가지게 된다. 가짜뉴스가 범람하게 되면 인류가 오랜 기간 투쟁을 통해 쟁취한 자유와 정의라는 소중한 가치는 무너지고 소모적인 음모론이 득세하게 된다.

또한, 소셜 네트워크는 비슷한 관점과 생각을 갖는 사람들이 연결되는 경우가 많으므로 자연스럽게 나와 의견이 다른 사람들을 만나기 어려운 환경이 만들어진다. 그에 따라 한 방면으로 사고가 고착화되어 다른 관점의 의견들을 무시하거나 혐오하게 된다. 사람들은 보고 싶은 것만 보려고 하는, 즉 원래 가지고 있는 생각이나 신념을 확인하려는 경향성인 확증편향을 가지고 있는데 소셜 네트워크는 이것을 부추기게 하는 경향이 있다. 그래서 자기와는 다른 의견, 다른 성, 다른 지역의 사람들을 혐오하는 나쁜 풍조가 생겨나기도 한다. 이는 심각한 사회적 문제를 야기할 가능성을 내포한다.

3) 스마트 미디어와 텍스트

스마트 미디어는 텍스트의 성격도 바꾸어 놓고 있다. 텍스트의 성격은 텍스트를 구성하는 요소, 텍스트와 텍스트의 연결 등으로 결정된다. 먼저 텍스트를 구성하는 요소들을 생각해 보자. 텍스트는 언어, 이미지, 사운드 등으로 이루어졌는데, 인쇄 텍스트에서는 문자 언어와 이미지를 결합한 시각적 요소들이 의미를 전달한다. 디지털 기술은 텍스트에 시각적 요소 외에 청각적 요소들을 결합을 가능하게 했다. 이제는 문자와 음성 언어가 함께 전달되고, 동영상과 다양한 사운드가 결합된 소위 복합 양식 텍스트가 일반화되어 가고 있다.

스마트 미디어는 하이퍼링크 기능으로 텍스트와 텍스트의 연계를 가능하게 해 준다. 이러한 기능을 가진 텍스트를 하이퍼텍스트(hypertext)라고 하는데, 기존의 텍스트가 선형적 구조라고 하면 하이퍼텍스트는 비선형적 구조로 된 텍스트이다. 하이퍼텍스트는 문서 내에 있는 하이퍼링크 기능을 통해 여러 문서를 넘나들 수 있는 것이 특징이다. 선형적 구조의 텍스트는 처음과 끝이 있기에 서사구조의 완결성이 있지만, 비선형적 구조인 하이퍼텍스트는 정보의 완결성보다 연결성이 강조된다. 이론적으로는 문서와 문서의 연결이 끝이 없기 때문에 정보의 크기를 무한대로 확장할 수도 있다. 하이퍼텍스트는 사용자의 입장에서는 궁금한 점이 있거나 모르는 내용이 있을 때 필요한 부분만 골라서 볼 수 있어서 필요하고 다양한 정보를 빠르게 얻을 수 있는 장점이 있다. 하지만 이러한 연결성이 잘못 강조되면 숲을 보지 못하고 나무에 머물러 있는 것처럼 전체적인 정보에 이르지 못하고 파편적인 정보를 얻는 데 그치기 쉽게 된다.

에스픈 올셋(Espen J. Aarseth)은 스마트미디어 시대의 특징을 가장 잘 가지고 있는 텍스트를 사이버텍스트(cybertext)라고 하였다[2]. 그는 텍스트에 존재하는 기호열을 '텍스톤(textons)', 독자에게 주어지는 기호열을 '스크립톤(scriptons)'이라 하고 텍스톤에서 스크립톤이 생성되는 메카니즘을 '횡단 기능(traversal function)'이라 불렀다. 올셋은 모든 텍스트는 이 횡단 양식에 따라 독특한 속성을 보여주는데 횡단 양식을 결정하는 변인으로 동학(dynamics), 확정성(determinationality), 경과(transiency), 시각(perspective), 접근성(access), 연계(linking), 이용자 기능 등 일곱 가지를 들고 있다.

---

2 이하 올셋의 사이버텍스트에 대한 논의는 이재현(2013)의 제3장 '사이버텍스트'에 의존하였음.

스마트 미디어 시대의 텍스트는 횡단 기능의 양식들에서 일반적인 텍스트와 다른 특성을 가지고 있다. 동학적인 측면에서 일반적인 텍스트가 스크립톤이 일정한 정적인 텍스트인데 반해 하이퍼텍스트는 선택 가능한 텍스톤의 수에 따라 스크립톤의 내용이 변화하는 동적인 텍스트이다. 접근성이라는 측면에서 볼 때, 종이책의 경우 독자는 그 어떤 지점이라도 뛰어넘어 갈 수 있는 반면, 검색 기능이 없는 하이퍼텍스트의 경우는 주어진 옵션 중 하나의 길만을 따라 특정 지점에 갈 수 있다.

사이버텍스트는 이용자 기능에서 가장 큰 차이를 보인다. 올셋은 이용자 기능을 해석적, 탐사적, 구성적, 텍스톤적 기능 네 가지를 들고 있다. 해석적 기능은 이용자가 텍스트에 단지 의미만을 부여하는 것으로 모든 텍스트에서 공통적으로 나타나는 기능이다. 탐사적 기능은 이용자가 어떤 길을 선택할지 결정하는 것을 말하고, 구성적 기능은 스크립톤이 부분적으로 이용자에 의해 선택되거나 만들어지는 경우이며, 텍스톤적 기능은 텍스톤 자체가 이용자에 의해 텍스트에 추가되는 경우다

일반 텍스트는 이용자의 해석적 기능만이 요구되는 반면, 하이퍼텍스트는 해석적 기능에 탐사적 기능이 더해진다. 올셋이 말하는 사이버텍스트는 이런 두 기능 외에 구성적 기능과 텍스톤 기능이 더 요구된다. 즉 사이버텍스트의 경우는 주어진 텍스톤을 해석하고 주어진 길들 중에서 선택하는 것에서 나아가 스크립톤이나 텍스톤 자체를 만든다. 사이버텍스트의 독자는 저자의 기능을 수행하여 텍스트를 공동 저작한다고 할 수 있다. 올셋은 사이버텍스트의 사례로 하이퍼텍스트 소설로 대표되는 하이퍼텍스트, 텍스트 기반의 어드벤쳐 게임, 시를 짓거나 대화 상대가 되어주는 컴퓨터 생성 내러티브 시스템, 그리고 글로벌 네트워크에서 전개되는 텍스트 기반의 사교형 MUD(multi-user dungeons) 등을 들고 있다.

이와 같이 스마트 미디어 시대는 기술의 발전으로 기존의 텍스트가 구현하지 못했던 특성들을 구현하게 하여 새로운 개념의 텍스트를 만들어 가고 있다.

3. 스마트 미디어와 독서

독서는 본질적으로 책을 읽고 이해하는 행위이다. 헤르만 헤세는 책은 인간의 정신으로 만들어낸 세계 중 가장 위대한 세계이며 책이 없이는 역사도, 인간이라는 개념도 존재할 수 없다고 설파하였다. 하지만 현대에 와서는 책은 헤르만 헤세가 말한 만큼의 권위와 가치를 누리지 못하고 있다. 이전에는 책이 인간의 지혜를 담은 유일한 곳이었지만 현대는 세상의 모든 지식이 사이버 공간 속에서 유통되고 있기 때문에 종이책에 의존하는 바가 매우 낮아졌다[3].

책의 위엄이 예전만 못하다고 해서 읽기 행위가 지니는 의의가 감소되는 것은 아니다. 인간은 여전히 읽기를 통해서 살아가는데 필요한 지식을 습득하고 삶의 지혜를 얻기도 한다. 엄밀하게 독서와 읽기를 구분한다면 현대는 독서의 시대가 아니라 읽기의 시대다[4].

읽기 관습은 텍스트 양식과 읽기 환경에 따라 달라진다. 우리에게 익숙하고 보편적인 읽기 관습이라고 생각하는 묵독은 사실 서구의 경우 15세기

---

3 이러한 경향은 종이신문의 종말에서 알 수 있다. 한때 40만부나 발행했던 영국의 일간지 '인디펜던트'사는 2016년 3월 26일자로 종이신문의 발행을 중단하고 인터넷으로만 기사를 공급하기 시작했다.

4 니콜라 멘델손 페이스북 부사장은 페이스북의 일일 동영상 조회수가 2015년 10억뷰에서 2016년 80억뷰로 증가했다고 하며 이 추세대로면 5년 내 모든 글이 동영상으로 대체될 것이라고 예측하기도 했다(중앙일보 2016년 6월 16일).

에 들어와서 자리 잡았다. 14세기경까지는 소리 내어 읽기인 음독이 보편적인 읽기 관습이었다. 이와 같이 음독이 서구에서 상당 기간 동안 보편적인 읽기 관습으로 지속되었던 이유는 다름 아닌 당시의 텍스트 양식에 기인하는 바가 크다. 당시의 텍스트는 지금의 텍스트와는 달리 띄어쓰기, 쉼표, 마침표 등이 없는 연속적인 형태였다. 그에 따라 음독이 보편적인 읽기 관습으로 유지되었다[5].

스마트 미디어에 의해 새로운 읽기 환경이 만들어지고 텍스트의 특성이 바뀌면서 묵독이 아닌 새로운 읽기 관습이 등장하고 있다. 여러 개의 텍스트들을 넘나들며 읽는 다중 읽기, 읽는 과정에서 실시간으로 다른 사람과 의견이나 정서를 교환하는 소셜 읽기, 그리고 텍스트에 부가 정보가 덧붙여진 증강 텍스트를 읽는 증강 읽기 등이 그것이다(이재현, 2013:80~85).

다중 읽기(multiple reading)는 하나의 텍스트에 집중하는 것이 아니라 말 그대로 여러 개의 텍스트를 넘나들며 읽는 관습을 말한다. 이런 읽기 관습은 다분히 다중 윈도(multiple windows)라는 인터페이스의 변화와 하이퍼링크에 의한 하이퍼텍스트의 등장에 기인하는 것이다. 물론 다중 읽기가 이전에도 없었던 것은 아니다. 우리가 공부를 하거나 논문을 쓸 때 이 책 저 책의 내용을 참고하고 정리하는 것도 다중 읽기 방식이다. 그러나 스마트 미디어 환경에서의 다중 읽기는 전통 텍스트를 읽을 때와 달리 비선형으로 읽어나가게 되고, 여러 텍스트를 넘나듦에 따라 하나의 텍스트에 집중하기 보다는 잠시 머무르고 마는 경향이 강하다.

---

5 띄어쓰기와 음독의 연결 관계는 우리나라의 경우도 마찬가지다. 예전 서당에서 공부하던 학동들이나 선비들이 책을 읽을 때는 소리 내서 읽었다는 것은 여러 문헌을 통해서 알 수 있다. 그렇다고 묵독이 전혀 없었던 것은 아니다. 묵독의 관습이 보편화된 것은 서양과 마찬 가지로 띄어쓰기가 적용된 출판물이 일반화된 뒤였을 것으로 추정된다. 참고로 우리나라에 띄어쓰기가 처음 적용된 책은 1877년에 발간된 영국인 목사 존 로스가 쓴 『조선어 첫걸음』이다.

비선형적 읽기는 정보를 접근하는 방식의 문제이므로 읽기의 본질을 훼손하는 것은 아니다. 그러나 하나의 텍스트에 몰입을 하지 못하는 읽기는 읽기의 본질적 문제와 만나게 된다. 스마트 미디어 환경에서는 디바이스의 조작이 수시로 일어나게 된다. 그래서 한 텍스트에 머무르는 시간이 매우 짧다. 그만큼 몰입을 통해서 "텍스트를 넘어 텍스트가 표상하는 세계로 들어가는 읽기(looking-through)가 아닌 텍스트의 표면에 머무는 읽기(looking-at)가 이루어진다는 것이다"(이재현, 2013:82) 전통적인 읽기는 몰입을 특징으로 하지만 다중적인 읽기에서는 읽기의 피상성이 필연적이 될 수밖에 없다.

소셜 읽기(social reading)는 텍스트를 읽기 전이나 후, 그리고 읽는 과정에서 텍스트와 관련된 정보, 의견, 정서 등의 교류가 이루어지는 읽기 관습을 말한다. 이것도 다중 읽기와 마찬가지로 디지털 텍스트 이후에 등장한 것은 아니다. 도서관에서 책을 빌려 보면 밑줄이 그어져 있는 것을 발견할 수 있는데 넓게 보면 이를 통해 나보다 이전에 책을 읽은 사람과 소통하는 소셜 읽기의 한 형태이다. 그러나 스마트 미디어에 의한 소셜 읽기가 이전의 읽기와 다른 점은 교류가 읽는 중에 거의 실시간으로 이루어진다는 점이다. 대표적인 사례는 아마존의 전자책인 킨들(Kindle) 2.5 이상 버전이 제공하는 'Popular Highlights' 기능이다. 킨들 2.5 이상 버전으로 책을 읽다 보면 다른 사람들이 밑줄 친 부분이 표시되고 몇 명이 밑줄을 그었는지도 알 수 있다.

증강 읽기(augment reading)는 증강 텍스트에 의해 가능해진 읽기를 말한다. 증강 텍스트란 원래 텍스트 위에 또 다른 정보 층위가 중첩된 텍스트를 의미한다(이재현, 2014:84). 2009년 독일인공지능연구소(German Research Center for Artificial Intelligence, DFKI)는 '텍스트 2.0'이라는 증강 텍스트를 개발하였다. 독서할 때 안구 움직임을 추적할 수 있는 아이 트래커(eye-tracker)를 활용해 시선이 집중되거나 머무르는 낱말의 뜻을 제공해 주거나 주요하지 않은 단어들은 흐릿하게 하여 빠르게 독서할 수 있게 해 준다. 그들은 기존의 텍스트를 '텍스트 1.0'이라면 자신들이 만든 텍스트는 새로운 개념의 텍스트란 뜻으로 '텍스트 2.0'이라고 하였다. 넓게 보면 증강 텍스트도 스마트미디어 시대에 와서 처음 구현된 것은 아니다. 기존의 텍스트에 무엇인가 쓰여진 메모장이 덧붙여지거나 다른 사람의 밑줄이나 메모가 있다면 이런 텍스트는 증강텍스트라고 할 수 있다. 하지만 '텍스트 2.0'에서 볼 수 있듯이 기술의 발전에 의해서 훨씬 다양한 방식으로 텍스트의 확장이 가능해졌다.

증강현실은 증강이란 단어와 현실이란 단어가 합쳐진 것으로 현실의 실제 환경에 가상의 세계를 합성한 것이므로, 증강독서는 책을 읽는 현실공간에 스마트미디어에 의해 재현되는 가상의 공간을 결합하며 책을 읽는 것을 말한다. 예를 들면 기행문을 읽을 때 여행하는 공간의 이미지나 동영상이 결합됨으로써 실제 여행을 하는 느낌을 갖고 읽게 되는 것을 말한다. 책을 읽으면서 밑줄 긋기나 메모하기와 같은 기능을 도입하면, 증강 텍스트의 확장성은 독자, 즉 이용자 차원에서도 이루어질 수 있다. 이렇게 되면 독자는 확장된 텍스트의 정보 선택과 연결 관계의 강화라는 독자가 증강시켜 나가는 읽기가 가능하다.

소셜 읽기나 증강 읽기가 가지는 장점도 있지만 단점도 있다. 킨들로 읽을 때 다른 사람이 밑줄 친 부분은 지금 읽고 있는 사람에게 영향을 미친다. 텍스트를 이해할 때 다른 사람에게 의존하게 하여 읽기의 자율성을 훼손하게 할 수 있다는 점이 그것이다.

4. 스마트 미디어 시대의 독서교육

본고에서는 독서 현상에 대한 이론과 독서교육은 다르게 접근해야 한다는 입장을 취한다. 3장 스마트 시대의 독서 현상과 4장을 애써 분리한 이유가 여기에 있다. 우리 독서교육을 돌이켜 볼 때, 이 두 현상을 명확하게 구별하지 않은 때가 있었다고 생각한다. 그 대표적인 예가 소위 '스키마 이론'이다. 스키마 이론은 기억이나 앎과 같은 현상을 설명하는 데 유용한 이론이기는 하다. 인지심리학의 독서 이론이 처음 소개되었을 때 우리의 독서교육계는 그것들에 많은 관심을 보였다. 독서교육 이론이 절실했던 당시의 학문적 상황을 고려해 보면 그것은 자연스러운 현상이었다. 그러나 스키마 이론을 독서교육에 적용해 보고 나서 이 이론이 독서교육에 주는 시사점은 매우 한정적이라는 것을 알게 되었다. 독자가 글과 관련된 배경지식을 가지고 있을 때 글을 잘 이해할 수 있다는 것은 설득력이 있는 이론이다. 그러나 그 이론을 교육현장에 바로 적용하는 것이 바람직한가에 대해서는 신중하게 접근해야 한다. 그 이론에 바탕을 둔 읽기 교육은 현실의 읽기 상황과 맞지 않는다. 우리가 평소에 접하는 읽기 상황은 글의 내용과 관련된 배경지식을 갖고 있는 경우도 있지만 그렇지 않은 경우가 더 많다. 배경지식을 갖고 있지 않은 경우 현실에서 누가 배경지식을 제공해 줄 것인가라는 문제에서 스키마 이론에 바탕을 둔 독서교육은 해결책을 제시해 주지 못한다. 읽기 전에 배경 지식을 확인하고 제공하기보다 배경 지식이 없는 글을 어떻게 읽을 것인가를 고민하도록 하는 것이 현실의 읽기 상황에 부합할 것이다.

스마트 미디어 시대의 독서교육에 관한 문제는 새로운 독서 환경에서 독서교육이 나아갈 방향에 대한 문제일 것이다. 여기에도 새로운 독서 환경에 따라 바뀌어야 할 부분과 바뀌지 않을 부분이 있다고 생각한다. 우선 바뀌지 않을 부분은 이런 것들이다. 독서교육은 학습자들의 개개인의 역량을 길러주어 성장에 도움을 주어야 한다는 것은 변하지 않을 것이다. 아울러 인간의 본성이 쉽게 바뀌지 않듯이 우리 사회가 움직이는 구동원리 또한 예나 지금이나, 지금이나 미래에나 크게 바뀌지 않을 것이다. 그에 따라 지금까지 독서교육에서 강조되었던 비판적 문식성, 창의적 읽기 등 읽기의 본질과 관련된 독서교육의 지향점은 미래 사회에도 크게 바뀌지 않을 것이다.

그렇다면 스마트 미디어라는 새로운 환경과 관련지어 독서교육이 관심을 갖고 중시해야 할 바는 무엇일까?

첫 번째로 생각해 볼 수 있는 것이 읽기와 쓰기(텍스트의 수용과 생산)의 통합이다. 읽기와 쓰기의 통합을 강조한 것은 어제오늘의 일이 아니다. 그러나 아직도 읽기와 쓰기의 통합이 만족스러운 수준에서 이루어지고 있다고 보기 어렵다. 스마트 미디어 시대에는 개인들이 콘텐츠 소비자에서 생산자와 서비스 제공 주체자로 활동할 수 있는 환경이 마련되었다. 이런 환경에서 텍스트 이해에 그치는 독서교육보다 텍스트 생산 능력을 기르는 방향으로 전환해야 한다.

텍스트 생산 능력은 개인의 성취는 물론이고 사회적 요구라는 측면에서도 강조되고 있다. 파워 크리에이터가 스타가 되는 풍조를 굳이 들지 않더라고 개인의 발전과 성취에 텍스트 생산 능력이 크게 작용한다. 여기서는 아주 실제적인 예를 들어 보려고 한다. 화장품 회사에 취직하려는 취업 준비생이 자신이 평소에 관심을 갖고 있어서 자연스럽게 만들어 놓았던 화장품 관련 콘텐츠를 면접할 때 제출하여 취업에 성공했다는 이야기가 있다. 회사는 그의 토익 점수나 어떤 스펙보다 텍스트를 만들어 내는 능력을 높이 산 것이다. 또한 숙의를 통해 의사결정이 이루어지는 사회가 바람직한 민주사회라고 가정한다면 사회적 네트워크를 통해 실시간적으로 의견이 유포되고 모아지는 환경에서 논리적이며 설득적인 텍스트를 만드는 능력은 건전한 민주사회를 만들어 가는데 바탕이 되는 능력이다.

독서교육의 관점에서 창의적이고 설득적인 텍스트를 만들어 내는 데에는 읽기 능력이 바탕이 되어 있다는 점이 중요하다. 그럼에도 지금까지 읽기와 쓰기의 통합이 구호에 그친 것은 그것을 가능하게 하는 환경이 만들어지지 않은 점도 있다. 그러나 스마트 미디어가 개인 차원으로 보급되어 저작 도구가 갖추어져 있고, 어릴 때부터 스마트 미디어에 익숙한 학습자들은 텍스트 생산에 매우 적극적이며 재능을 발휘한다는 점을 고려하면 텍스트의 수용과 생산을 통합할 수 있는 환경이 잘 갖추어진 셈이다.

독서교육이 지향해야 할 또 하나의 방향은 텍스트 단위가 아니라 주제 중심으로 나아가야 하며, 그 주제에 대해 종합적으로 파악할 수 있는 읽기가 되어야 한다는 것이다. 학교에서 이루어진 기존의 독서교육은 교과서에 제시되거나 교사가 제공해 주는 한 편의 글을 읽고 그 글의 내용을 이해하거나 비판하는 것이 중심인 텍스트 단위의 읽기 교육이었다. 여기에는 몇 가지 문제가 있다. 우선 텍스트 단위로 접근하는 독서교육은 텍스트에서 논의하는 문제에 관해 피상적인 수준에서 다루고 만다. 그러나 이 세상에 존재하는 다양한 이슈와 문제들은 서로 다른 입장과 견해가 뒤엉켜 있는 것이 대부분이다. 즉 어떤 문제이든 하나의 글로 해결될 수 있는 단순한 성격이 아닌 것이 대부분이다. 그래서 텍스트 단위에서 끝나는 것이 아니라 주제 중심으로 접근해서 그 주제에 관련하여 종합적으로 파악하는 데까지 나아가는 독서교육이 되어야 한다.

또 하나의 문제는 교과서나 교사에 의해서 텍스트가 주어지는 것은 학습자들의 흥미나 관심과 무관하게 주제가 주어지는 것과 같다. 가장 이상적인 독서는 독자 자신이 관심이 있는 주제에 맞는 문헌이나 자료를 찾아 읽는 것이다. 이러한 독서법을 애들러는 『독서의 기술』에서 신토피칼(syntopical) 독서 방법이라고 하였다. 신토피칼 독서는 말의 의미대로(syn은 동시의 뜻을 나타내는 접두사, topical은 화제) 동일 주제에 대해 여러 권의 책을 비교하며 읽는 방법이다. 신토피칼 독서는 정해진 주제에 맞춰 도서관의 목록이나 문헌자료를 조사하여 관련 서적을 선택하고, 선택된 관련 서적에서 내가 원하는 주제와 관련된 책을 선택하고 그 후에 공부하고 싶은 주제를 선정하여 관련된 책을 본격적으로 읽어 가면서 질문을 만들고 책이나 다양한 자료들 속에서 답을 찾는 것이 신토피칼 독서 방법이다.

신토피칼 독서 방법과 본고에서 제안하는 주제 중심의 독서교육의 차이는 주제를 능동적으로 결정하느냐 아니면 주제가 주어지느냐에 있다. 물론 능동적으로 주제를 선정해서 자료를 모으고 독자 스스로 질문을 만들어 답해 나가는 독서를 하는 것이 최상의 목표이기는 하다. 하지만 우리의 현실을 생각해 보면 신토피칼에 입각한 독서교육을 전면적으로 도입하는 것은 무리가 있다. 신토피칼 독서를 시행하면 교과서가 불필요하게 되는데, 현재의 교육 환경과 풍토에서는 교과서 없는 수업을 생각하기 어렵다. 교과서가 주어진다는 것은 텍스트가 주어질 수밖에 없는 구조라는 것이다.

텍스트가 주어질 수밖에 없는 구조라는 것은 자연스럽게 텍스트 단위의 읽기 교육으로 나아가게 된다. 이러한 상황을 고려하면 신토피칼 독서를 도입하는 것은 너무 이상만을 생각한 것으로 실현 가능성이 낮다. 본고가 말하는 주제 중심의 독서교육은 텍스트 단위에서 그치는 현재의 독서교육의 문제를 극복하는 현실적으로 가능한 대안이라고 생각한다.

주제 중심의 독서교육도 텍스트와 주제가 주어지는 구조이기에 학습자의 흥미와 관심과 무관한 주제일 수 있으며 그에 따라 학습자들의 동기를 유발하지 못할 것이라는 비판이 가능하다. 그런데 학습자들은 흥미와 관심을 가지고 있는 존재이기에 그들의 흥미와 관심을 불러일으키면 동기를 유발할 수 있다고 가정해야 한다. 조건만 잘 만들어 주면 얼마든지 새로운 분야와 주제에 관심을 가질 수 있다. 오히려 어느 실업가의 '세상은 넓고 할 일은 많다'라는 말처럼 새로운 분야에 관심을 유도하는 것이 교육적으로 의의가 있을 것이다.

한 편의 글에서 끝나는 텍스트 단위의 독서교육은 어떤 주제에 피상적인 수준에서 접근하고 만다. 어떤 주제에 피상적인 수준에서 머무르고 말게 되면 학습자들에게 관심과 흥미를 불러일으키지 못한다. 어떤 문제를 깊이 파고들다 보면 새롭고 흥미로운 사실들을 알게 된다. 그렇게 되면 학습자들은 텍스트에서 다루고 있는 문제에 자연스럽게 흥미와 관심이 생기게 된다.

텍스트가 다루고 있는 문제에 대해 깊이 있게 읽는 것은 문제가 왜 발생했고 어떻게 전개되었으며 어떤 입장들이 대립되고 있고 관련 영역은 무엇인지 등을 총체적으로 파악하는 것을 말한다. 주제에 대해 종합적으로 이해하는 것이며 이러한 과정에서 자연스럽게 흥미와 관심이 생기면 질문을 만들고 답을 찾아가는 신토피칼 독서가 이루어진다. 이러한 독서는 텍스트의 표면에 머무르는 피상적이며 단편적인 읽기가 아니라 텍스트에 몰입하는 독서이다. 스마트 미디어 시대의 읽기 양식인 다중 읽기의 특성인 텍스트 표면에 머무르고 마는 문제점을 극복하는 읽기 교육이다.

어떤 문제에 종합적으로 이해하려고 하면 자연스럽게 그 문제에 대해서 질문을 던지게 되고 의문을 품게 되어 그 주제와 관련된 의견에 비판적으로 바라보게 된다. 지금까지 비판적 이해 교육 내용으로 타당성, 신뢰성 등을 들고 있었는데, 사실 타당성, 신뢰성 등은 단편적으로 접근해서는 판단을 내리기 어렵다. 제대로 된 비판을 위해서는 그 문제를 종합적으로 바라보아야 한다. 나무 한 그루를 제대로 평가하기 위해서는 숲이라는 거시적 관점에서 바라보아야 하는 것과 같은 이치이다. 그러기에 하나의 텍스트를 제시하고 거기에서 타당성, 신뢰성을 판단하도록 하는 기존의 비판적 이해 교육은 한계를 가질 수밖에 없다. 이를 극복할 수 있는 것이 주제 중심의 종합적인 읽기 교육이다.

종합적인 이해는 소셜 미디어를 통해서 생산되고 유통되는 왜곡되거나 가짜 뉴스나 악성 댓글 등에 휘둘리지 않도록 해 준다. 어떤 문제를 종합적으로 접근하기 위해서는 다양한 관점들을 파악하려고 노력하기 때문에 편견을 극복하고 사태를 객관적으로 볼 수 있게 해 준다.

종합적 읽기는 우리에게 문제를 거시적이며 깊이 있게 조망할 수 있게 해주는 장점이 있다. 예를 들면 석유 매장량이 가장 많은 베네수엘라가 경제가 파탄 나서 국민들이 고통을 받고 있다는 기사가 있다고 하자. 대개는 이런 기사를 보고 그 기사의 내용을 그대로 받아들이고 만다. 그러나 종합적 읽기는 그 기사에 그치는 것이 아니라 베네수엘라와 관련된 정보들을 모으고 각각의 정보들을 비교대조하며 종합해 나가야 한다. 그러면 베네수엘라 사태가 발생한 과정, 원인 등을 알게 되고 베네수엘라 사태가 단지 그 나라 하나만의 문제가 아니라는 것을 알게 된다. 즉 베네수엘라 사태를 남이 주어진 정보만으로 피상적으로 아는 것이 아니라 그 사태에 대해 거시적 관점에서 깊이 있고 종합적으로 이해할 수 있게 된다.

종합적으로 접근하기 위해서는 여러 문헌, 자료들을 찾아보아야 한다. 오프라인에서 여러 문헌이나 자료를 찾는 것은 쉬운 일이 아니다. 그러나 지금은 거의 모든 자료를 온라인상에서 검색하여 구할 수 있다. 글로벌 플랫폼인 유튜브에는 전 세계에서 활동하는 유튜버들 덕분에 기성 언론들에서 얻지 못하는 살아있는 정보들이 많이 있다. 스마트 미디어가 주제에 대해 종합적으로 읽을 수 있는 환경을 만들어 주고 있는 셈이다.

스마트 미디어 시대의 독서교육이 나아가야 할 또 하나의 방향은 독서가 텍스트 내용의 이해에 그치는 것이 아니라 텍스트의 내용을 현실에서 체험하는 것과 연계시켜 나가야 한다는 것이다. 앞에서 살펴 본 바와 같이 스마트 미디어 시대는 미디어의 일상을 넘어 일상의 미디어화가 이루어지고 있다(정수진, 2017). 일상의 일들이 미디어가 제공해 주는 가상공간에 이루어지고 있다는 것이다. 스마트 미디어가 발달할수록 지금 이곳에서 일어나는 눈앞의 세계보다 가상공간에 빠져 있게 된다. 그럴수록 인간이 갖고 있는 보고, 듣고, 냄새 맡고, 맛을 보는 능력을 사용하지 않게 된다. 기술이 발전할수록 현대인들이 느끼는 소외감은 물리적 세계와 단절되는 데에서 기인하는 바가 크다.

유발 하라리는 역설적으로 들릴지 모르겠지만 21세기를 살아가는 현대인은 수렵 채집인에서 배울 점이 많다고 했다. 수렵 채집인들은 살아남기 위해 감각에 민감해야 했고, 환경에 자신을 적응시켜 나가야 했기에 유연성과 적응력이 뛰어났다는 것이다. 수렵 채집인들은 항상 눈으로 주변을 살피고 작은 소리에도 귀를 기울이며 예민하게 반응해야 했다. 하지만 현대인은 가상공간에서 점점 더 많은 시간을 보내면서 자기 몸과 감각에서 멀어지고 있다. 그만큼 현대인들은 행복에서 멀어지고 소외감을 느끼게 된다.

책읽기를 현실 체험과 관련짓는 것이 얼마나 중요한가는 일본 고베 시의 한 고등학교에서 하시모토 선생님이 하셨던 수업의 효과에서 확인된다. 하시모토 선생님이 하셨던 천천히 깊게 읽는 수업은 『은수저』라는 길지 않은 작품 하나를 3년 동안에 걸쳐서 읽되, 작품의 이해가 문자적 수준에서 그치는 것이 아니라 작품에 나오는 장면과 일, 사건들을 현실체험과 연계시켰던 것이다. 그 수업을 받은 많은 학생들이 동경대학에 진학하고 사회에 필요한 인재들이 되었다. 중요한 것은 그들은 하나같이 자신들의 오늘이 있을 수 있었던 것은 하시모토 선생님의 수업이 있었기 때문이라고 증언하였다는 점이다.

우리의 교육현실에서 책읽기를 현실체험과 연계시키기는 쉽지 않을 것으로 예상된다. 그러나 증강현실 기법이라는 디지털 미디어 기술을 도입하면 비록 현실 그 자체는 아니지만 현실감 넘치는 독서를 할 수 있다. 그러나 가능한 현실체험과 연계 짓는 것이 가상세계에서 많은 시간을 보내고 있고 그만큼 소외감을 느끼는 학습자들에게 의의가 있을 것이다. 고도의 기술 환경에서 외로움을 느끼는 현대인들에게 독서교육은 행복한 삶이 무엇인지를 가르쳐줄 필요가 있다. 밤하늘에 쏟아지는 별들의 아름다움을 직접 체험하여 얻는 기쁨이 가상세계와 현실의 경계에서 헤매는 학습자들에게 분명 행복이 무엇인지를 가르쳐줄 것이다.

5. 나가며

기술 발전의 속도가 빨라지고 그만큼 세계가 빠르게 변화하고 있다. 앞으로 우리에게 닥쳐올 미래 세계의 정확한 모습을 그리는 것이 점점 더 어려워지고 있으며 그만큼 우리를 불안하게 만든다. 그러나 크게 두려워하지 않아도 될지 모른다. 그것은 인간이 인갑답게 살아가기 위해 필요한 능력은 크게 변화하지 않을 것이라는 점에서 그러하다.

본고에서 제시한 읽기와 쓰기와 통합, 종합적 읽기와 비판적 읽기, 체험적 읽기 등은 전혀 새로운 아이디어가 아니다. 그러나 이러한 점에 착안한 읽기교육은 4차 산업혁명으로 도래할 새로운 세계를 살아가야 하는 현대인들에게 필요한 지적 정서적 역량을 길러주는 유효한 길이라고 생각한다. 고도로 발달한 스마트 미디어들이 이러한 읽기를 용이하게 해 줄 것이라고 믿는다.

▎이 글은 한국독서학회, 『독서연구』 53권(2019년)에 수록한 원고를 수정한 것이다.

참고문헌

김영석 외(2017), 『디지털 시대의 미디어와 사회』, 나남.

박진우·김예란(2011), 『디지털 시대의 읽기문화』, 한국언론진흥재단.

스마트미디어연구포럼(2014), 『스마트 미디어의 이해』, 미래인.

신윤경(2016), 「증강텍스트 읽기 교육의 방향성과 가치」, 『독서교육』, 한국독서학회, 38면.

유발 하라리, 전병근 옮김(2018), 『21세기를 위한 21가지 제언』, 김영사.

유발 하라리 외, 정현옥 옮김(2019), 『초예측』, 웅진지식하우스.

윤장우(2013), 「스마트미디어 시대의 도래 및 발전 방향」, 『방송과 미디어』 Vol18 No1.

이재현(2013), 『디지털 시대의 읽기쓰기』, 커뮤니케이션북스.

이토 우지다카, 이수경 옮김(2012), 『천천히 깊게 읽는 즐거움』, 21세기북스.

정수진(2017), 「미디어의 일상화」, 『일상의 미디어화』, 일상과 문화, 3.

하성보·강승목(2011), 「스마트폰의 이용형태와 이용환경이 갖는 사회문화적 함의 고찰: 미디어생태학적 관점을 중심으로」, 『한국콘텐츠학회논문지』 Vol.11 No.7.

소통과 통합을 위한
문학교육의 방향

정재찬

1. 들어가며

국어교육, 그 중에서도 문학교육이 우리 사회 구성원 간의 '소통'과 '통합'에 어떻게 기여할 수 있고, 그러기 위해서는 어떤 방향의 노력을 기울여야 할까? 여기에 답하려면 문학이 과연 사회의 '소통'과 '통합'에 적절한 것인지 그 점부터 살펴보되, 그 각각을 나누어서 따져 볼 필요가 있다. 일반적으로 '소통'이 '통합'의 전제 조건처럼 여겨지는 경향이 있지만, '소통'과 '통합'의 의미론적 실천은 전혀 다를 수 있기 때문이다. '소통'이 '통합'을 보장하지도 않으며, '통합'에 이르지 않았다고 해서 '소통'이 이루어지지 않았다고 볼 수도 없다. 더욱이 '통합을 위한 소통'이란 말에는 어딘가 전체주의적인 냄새마저 느껴진다.

이 글은 먼저 소통의 차원에서 주로 언어적 속성을 중심으로 문학의 특성을 살펴본 다음, 소통을 위한 문학교육의 방향을 제안하고자 한다. 그런 연후에 다시 통합의 차원에서 문학의 인문, 예술적 측면을 점검한 다음, 통합을 위한 문학교육의 방향에 대해 논하고자 한다.

2. 소통을 위한 문학교육

먼저 국어과 교육과정에서부터 논의를 시작해 보자. 국어과 교육과정에서 밝히고 있는 국어과 교육의 '성격'을 살펴보면 다음과 같다.

> '국어' 교과에서 학습자는 국어 활동에 대한 지식을 바탕으로 담화 또는 글의 내용을 정확하고 비판적으로 이해하고, 사상과 정서를 효과적이고 창의적으로 표현하는 능력을 기른다. 또한 국어 현상을 탐구하여 국어를 깊이 있게 이해하고 국어 의식을 높인다. 그리고 문학에 대한 기본적

인 지식을 바탕으로 문학 작품을 수용하거나 생산하면서 인간의 다양한 삶을 총체적으로 이해하는 능력을 기르고 심미적 정서를 함양한다. (강조—인용자)

'또한'과 '그리고'로 이어진, 세 문장으로 구성된 이 글의 원형은 잘 알다시피 5차 교육과정기까지 소급될 수 있다. "국어과는 언어사용 기능을 신장시키고, 국어에 관한 기본이 되는 지식을 가지게 하며, 문학의 이해와 감상 능력을 길러 주는 교과이다."라는 3분법이 그것이다. 말하자면 이 틀에서 국어교육은 담화 및 텍스트에 대한 '이해'와 '표현', 곧 '언어사용 기능' 영역이 존재하고, 그와 별도의 성격으로 '문법(국어지식)'과 '문학'이 자리 잡고 있는 셈이다.

그런데 동일한 3분법에 따라 언어기능(말하기, 듣기, 읽기, 쓰기), 언어, 문학으로 구성되었던 국어과 교육 성격 부분이 단 2개의 문장으로 진술된 적도 있었다. 6차 교육과정기의 국어과 교육과정이 그러하다.

국어과에서는 국어가 사용되는 맥락과 목적과 대상을 종합적으로 고려하면서 열린 마음으로 국어 사용 양상과 내용을 정확하고도 비판적으로 이해할 수 있는 능력과, 사상과 정서를 효과적이고도 창의적으로 표현할 수 있는 능력을 기르고, 언어와 국어에 대한 기본적인 지식을 바탕으로 언어 현상을 탐구하고 국어 생활에 활용하는 능력을 기른다. 그리고 문학에 대한 기본적인 지식을 바탕으로 문학 작품을 수용하면서 인간의 다양한 삶을 총체적으로 이해하는 능력과 심미적 정서를 기른다. (강조—인용자)

설마 한 문장으로 쓰기에는 호흡이 너무 길어져 유독 문학 앞에서만 '그리고'라며 한번 쉬어야 했던 것일까? 혹시 집단 주체의 한 사람으로서 이 글을 쓴 저자의 의식 또는 무의식 속에 '언어 사용 기능'과 '언어'는 그래도 한배자식인 반면, '문학'은 별종이라는 생각이 깔려 있었던 것은 아닐까? 그러기에 3분법이라 하더라도, 문학은 어딘가 '주변부'에 '부가적'으로 존재하는 인상을 주게 된 것은 아닐까?

문제는 이런 생각이 여전히 강고하게 우리 주변에 뿌리를 내리고 있다는 사실이다. 널리 유포된 상식을 비유로 표현하자면, 의사소통의 도구로서 일상 언어가 지닌 투명함에 비추어 볼 때 문학 언어의 모호함은 잡음으로 지지거리는 고장 난 라디오 소리와 같다. 문학의 언어는 의사소통에 기능적이지 않을 뿐만 아니라 심지어 방해가 되기도 한다는 것이다.

이러한 인식에는 적어도 두 가지 착각이 있다. 첫째는 일상 언어가 투명하다는 착각이다. 언어생활이란 사실 서로 다른 방언을 구사하는 이들끼리 각자의 방언으로 서로 이해하고 또 이해시키기 위해 표현하는 과정을 통해 가까스로 영위되는 것이다. 소통은 치열한 분투노력의 과정으로 얻어지는, 그러나 결코 완벽할 수는 없는 미완의 결실일 따름이다. 이 점을 오해하면, 곧 소통을 자동사로 이해하면, 의사소통 능력은 학습하거나 인위적으로 신장시키기 위해 노력할 만한 가치가 없는 것이 되고 만다. 둘째, 문학의 언어는 일상 언어를 훼손하는 파괴적인 노력의 산물이 아니라 일상 언어를 바탕으로 소통을 회복하려는 건설적 노력의 산물이다. 국어과 교육에서의 이른바 '문학교육 배제론'에 대하여 일찍이 김대행 교수가 문학어와 일상어의 관계에서부터 대응 논리를 세워 나가야 했던 사정은 이와 연관이 깊다.[1] 역설적으로 들릴지 모르나, 문학은 소통하기 위해 모호한 것이

---

1 김대행, 『국어교과학의 지평』, 서울대출판부, 1995. 지금과는 달리 이러한 문제의식이 당시로서는 일련의 긴장감마저 수반하게 하는 것이었다.

다. 이 점을 역설하고 있는 한 평론가의 말을 경청할 필요가 있다.

> 문학은 불가피하다. 인간이 말하고 행동하는 존재이기 때문이다. 아니, 그 말과 행동이 형편없는 불량품이기 때문이다. 말이 대개 나의 진정을 실어 나르지 못하기 때문이고 행동이 자주 나의 통제를 벗어나기 때문이다. (…)
>
> 말은 미끄러지고 행동은 엇나간다. 말에 배반당하기 때문에 다른 말들을 찾아 헤매는 것이 시인이다. 시인들은 말들이 실패하는 지점에서 그 실패를 한없이 곱씹는다. 그 치열함이 시인의 시적 발화를 독려한다. 한편 행동이 통제 불능이라 그 밑바닥을 들여다보려는 자들이 소설가다. 소설가들은 법과 금기의 틀을 위협하는 선택과 결단의 순간들을 창조하고 그 순간이 요구하는 진실을 오래 되새긴다. 그것이 소설가의 서사 구성을 추동한다. (…)
>
> 이런 난공불락의 발화도 가능하다, 라고 '시적인 것'은 말한다. (…) 이런 전대미문의 행위도 가능하다, 라고 '소설적인 것'은 말한다. (…) 시와 소설은 그렇게 어떤 '불가피성'을 겨냥한다. 이를 '애매성'이라 해도 좋고 '역설'이라 해도 좋다. 이렇게 말할 수밖에 없다는 불가피를, 이렇게 행위할 수밖에 없다는 불가피를 정초한다.[2]

쉽게 풀어보자. 시인도 아닌 일상인인 우리가 '시적인 것'을 원할 때는 언제인가? 한마디로 우리는 언제 시인이 되는가? 말이 미끄러지고 말에 배반당할 때이다. 말을 안 하고 살 수는 없어서 불가피하게 시인이 되어야 할 바로 그 때인 것이다. 연애하면 누구나 시인이 된다는 말은 그래서 진실이다. 이 점을 가르치기 위해 필자는 강의시간에 <사랑이란 말은 너무 너무 흔해>라는 가요를 굳이 들려주곤 한다. "사랑이란 말은 너무 너무 흔해. 너에게만은 쓰고 싶지 않지만, 달리 말을 찾으려 해도 마땅한 말이 없

---

2 신형철, 『몰락의 에티카』, 문학동네, 2008, p.13-16.

어 쓰고 싶지 않지만 어쩔 수가 없어." 연애편지를 써본 사람은 안다. "사랑해"라는 말로는 도저히 자신의 감정이 표현될 수 없다는 것을, "사랑해"와 같은 일상 언어는 투명하긴커녕 섬세한 사상과 감정의 결을 표현하기에는 턱없이 부족하고 뭉툭하고 부정확하기 짝이 없다는 것을. 한마디로 '형편없는 불량품'인 것임을 안다. 언어는 추상이고, 추상은 ―비슷한 것은 같다고 하는 점에서―추상 당하는 개별자 편에서는 일종의 폭력이 되기 때문이다. 그래서 일상의 언어가 아닌 다른 말을 찾으려 하지만, 문학을 제대로 배우지 못한 탓일까, 이 노래의 화자는 도무지 마땅한 말을 찾지 못한다. 실패를 곱씹고 치열하게 '난공불락의 발화'를 찾는 것이 쉽지는 않았으리라. 그 결과, 너에게만은 그토록 쓰고 싶지 않았던 그 '사랑'이란 말을, 양(量)에서 질(質)로의 전화(轉化)를 믿으며, 세상 어느 노래보다 많이 내뱉어야 하는 비극적 아이러니를 향해 이 노래는 치달아간다. 이 노래의 마지막 가사는 이렇다. "사랑해 너를 너를 사랑해 사랑해 사랑해 어느 누구도 아닌 너를 사랑해 사랑해"

이처럼 '애매성'이니 '모호성'이니 '역설'이니 '비유'니 하는 문학적 발화가 존재하는 것은 한갓된 수사를 위해서가 아니라 의사소통을 위해 '불가피'하기 때문이다. 표현만이 아니라 이해를 위해서도 그것은 불가피하다. 예컨대 '비유'는 인간이 대상을 이해하기 위한 매개가 된다. 대상에 대한 이해는 미지의 것을 기지의 것으로 설명하는 언어 구조를 통해 얻어지기 때문이다. 즉 앎에 대한 우리의 욕망은 우리가 알지 못하는 A를 우리가 아는 B와 같다고 함으로써 비로소 채워지게 되는 것이다. 이때 "A가 B와 같다."라는 기본 형식에서 A에 대한 이해를 확대하기 위해서는 B의 내용이 새롭고 독창적이어야 한다. 그것이 새롭지 못하거나 혹은 기존의 것을 그대로 차용할 때, 사물에 대한 인식의 확장은 고사하고 새로운 경험에 결코 도달하지 못하기 때문이다. 이것의 언어화가 바로 비유이다. 이처럼 비유와 같은 문학적 언어는 인간의 인식과 체험의 이해와 표현, 곧 소통의 문제로 육박해 들어가는 것이다.

앞서 인용한 국어과 교육과정으로 다시 돌아가 보자. 사정이 이와 같다면, 단언컨대, "담화 또는 글의 내용을 정확하고 비판적으로 이해하고, 사상과 정서를 효과적이고 창의적으로 표현하는 능력", 곧 의사소통 능력을 더 이상 '듣기, 말하기, 읽기, 쓰기'만의 고유 성격이나 목표로 읽어서는 안 된다. 의사소통 능력은 문학교육을 통해 신장될 수 있고 또 신장되어야 한다. 요컨대 문학교육은 문학적 담화를 정확하고 비판적으로 이해하고 사상과 정서를 효과적이고 창의적으로 표현하는 능력, 곧 '소통' 능력도 신장시켜야 하며, '그리고', "인간의 다양한 삶을 총체적으로 이해하는 능력을 기르고 심미적 정서를 함양"하는 '통합' 능력도 신장시키는 것으로 읽어야 하는 것이다.

국어과 교육과정의 진술을 3분법으로 읽어서는 안 된다는 것이 문학교육 측의 일방적 전유나 합법화로 오해되어서는 곤란하다. 오히려 그것은 문학교육 내부의 반성을 요구하는 것이 된다. 의사소통 능력 신장에 기여하지 않고, 다양한 인간의 삶에 대한 이해를 통해 사회를 통합하는 데 이바지하지 않고, 교육과정상 합법화된 문학의 힘에 기댄 채, 문학의 교육 그 자체에만 몰두한 경향에 대해서 말이다. 문학의 가치와 힘은 이미 증명되었으니 문학을 가르치면 그만이라는 것과 문학의 가치와 힘을 적극화하기 위해 문학을 가르친다는 것은 전혀 별개의 것이라 해도 지나치지 않다. 이러한 반성을 토대로 문학이 지닌 소통과 통합의 힘을 극대화한 교육이 전개될 때 문학교육만이 아니라 국어교육 전체의 정상화가 이루어진다고 본다.

그런 점에서 문학은 그 자체가 소통과 통합의 표상이 되어야 한다. 문학을 둘러싼 역동적 대화로서의 소통이 없다면, 문학교육의 합법화는 선언적 가치만 지닐 따름이다. 작가가 독자에게, 교사가 학생에게 일방적인 전달만 하는 것을 우리는 대화나 소통이라 이름 하지 않는다. 그래서 일찌감치 요구된 것이 소통으로서의 문학교육 아니던가?

일찍이 김종철 · 김중신 · 정재찬(1998)[3]에 참여하면서 필자는 소통이론을 중심으로 문학 영역 내용 목표를 재구성하고 상세화하는 모델을 제안한 바 있다. 그것을 그대로 재인용하면 다음과 같다.

국어과 교육과정 문학 영역의 내용 목표 모델
—소통이론을 중심으로—

1. (의의) 문학은 작가와 독자 간에 의사를 소통하는 행위임을 안다.

【기본】작품을 읽고, 작가가 말하고자 하는 바에 대해 생각해 본다.

[상세화]

○ 인간의 사상이나 감정을 표현하고 이해하는 여러 가지 수단에 대해 안다.

○ 문학은 인간의 사상이나 감정을 표현하는 공적인 언어 행위임을 안다.

○ 일상 생활에서의 언어는 화자와 청자 간에 의사를 소통하는 수단임을 안다.

○ 문학 언어 행위와 일상 언어 행위의 관계를 이해한다.

【심화】작품을 읽고, 작가가 말하고자 하는 바에 대해 자신의 생각을 글로 표현한다.

---

3 김종철 · 김중신 · 정재찬, 「국어교육과 평가 : 문학 영역 평가의 이론과 실제」, 서울대학교 국어교육연구소, 1998.

[상세화]
o 작품을 읽으면서 작품 속에 함축된 작가의 의도를 파악한다.
o 작가의 의도가 독자에 따라 달리 해석될 수 있음을 안다.
o 작품을 읽으면서 작가에 동의하는 부분과 동의하지 않는 부분을 구
  분할 수 있다.
o 작가가 전하고자 하는 바를 정리하고 비판할 수 있다.

2. (작가의 재개념화) 작가는 독자에게 자신의 사상과 정서를 전달하고 설득하
   는 자임을 안다.

【기본】작가는 작품을 통해서 자신의 생각을 전달하거나 설득하는 자
       임을 안다.

[상세화]
o 작가도 일상의 화자와 같은 역할을 함을 안다.
o 작가는 작품을 통해 문제를 제기하는 개인임을 안다.
o 작품 속에서 작가의 생각이 드러난 부분을 찾고 그에 대해 이야기
  한다.
o 작품 속에 드러나지 않은 작가의 생각을 상상하여 이야기한다.

【심화】작가는 자신의 생각을 전달하거나 설득하기 위해 문학적 장치
       를 이용하는 자임을 안다.

[상세화]
o 실제 작가와 내포 작가를 구별할 줄 안다.
o 실제 작가의 전기적 생애와 작품과의 관계에 대해 이야기해 본다.
o 작가가 자신의 생각을 설득하기 위해 구사한 장치에 대해 이야기한다.
o 여러 작품을 읽고, 각각의 작품에 담긴 작가의 개성에 대해 이야기
  한다.

3. (작품의 재개념화) 작품의 의미는 다양하게 해석될 수 있음을 안다.

【기본】작품의 해석은 독자의 경험이나 상황에 따라 달라질 수 있음을
       안다.

[상세화]

○ 작품의 수용은 작가가 표현한 텍스트의 세계와 독자의 삶이 만나는 과정임을 설명한다.

○ 작품은 작가의 전유물이 아님을 안다.

○ 작품의 의미를 자신의 경험에 비추어 설명해 본다.

○ 여러 가지 상황을 설정하고 그에 따라 작품을 해석해 본다.

【심화】 작품의 의미와 의의를 구분할 줄 안다.

[상세화]

○ 작품의 의의는 작가의 의도와 반드시 일치하지는 않음을 안다.

○ 작품에 대한 감상문을 쓰고 서로 비교해 본다.

○ 작품에 대한 비평문을 읽고 자신의 생각과 비교해 본다.

○ 작품을 읽고 마음에 들지 않는 부분을 고쳐서 다시 써 본다.

4. (독자의 재개념화) 독자는 작품의 수용자이면서 생산자임을 안다.

【기본】 독자가 문학 소통 구조의 적극적인 구성원임을 안다.

[상세화]

○ 독자도 일상의 청자와 같은 역할을 함을 안다.

○ 작가가 쓴 텍스트는 독자의 반응에 의해 서로 다른 작품으로 완성됨을 안다.

○ 널리 읽혀지는 작품을 읽고, 그것이 널리 공감되는 이유를 설명해 본다.

○ 같은 작품에 대한 친구들의 감상문을 읽고, 서로 다른 면을 비교해 본다.

【심화】 작품을 비판적, 창의적으로 읽고, 주체적인 감상문을 쓴다.

[상세화]

○ 실제 독자와 내포 독자를 구별할 줄 안다.

○ 작품에 대해 적극적으로 반응하고 창조적으로 수용한다.

○ 일반적으로 널리 가치가 인정되는 작품 가운데 자신이 공감하는 것

과 공감하지 않는 것을 구분하여 그 이유를 설명해 본다.
ㅇ 같은 작품에 대한 여러 비평문을 읽고, 독창적인 비평의 글을 쓴다.

5. (사회 문화적 맥락의 재개념화) 시대와 상황에 따라 작품의 의미나 가치가 변할 수 있음을 이해한다.

【기본】 문학의 역사적 흐름에 대한 이해를 넓힌다.
[상세화]
ㅇ 한국문학의 흐름을 이해한다.
ㅇ 한국문학과 세계문학의 대표적인 작품을 찾아 읽고, 자신의 생각이나 느낌을 글로 쓴다.
ㅇ 문학사적 가치가 시대나 사회에 따라 다르게 평가된 작품을 찾아 읽고 그 이유를 말해 본다.
ㅇ 고전으로 인정받는 작품을 찾아 읽고 그 작품이 오래 사랑받아 온 이유에 대해 말해 본다.

【심화】 오늘날의 문학의 흐름에 주체적으로 참여한다.
[상세화]
ㅇ 대중 문학에 대해 주체적으로 수용하고 평가할 수 있다.
ㅇ 과거의 문학과 현재의 문학을 비교하여 설명해 본다.
ㅇ 과거의 문학 작품을 현재의 관점에서 재평가하는 글을 쓴다.
ㅇ 현재의 문학 가운데 후대에도 문학적 가치가 인정될 만한 것을 지적해 보고 그 이유에 대해 설명해 본다.

6. (태도) 문학 작품을 즐겨 읽고 국어 문화 창조에 이바지하려는 태도를 지닌다.
【기본】 문학 작품을 즐겨 읽고 국어 문화 현상에 관심을 갖는 태도를 지닌다.
[상세화]
ㅇ 문학에 흥미를 가지고 스스로 작품을 찾아 즐겨 읽는 습관을 지닌다.

3부 국어교육의 미래에 관하여

○ 작품을 읽고 그 느낌을 적극적으로 글로 표현하려는 태도를 지닌다.
○ 가치 있는 작품이나 영상 자료 등을 가려서 선택하는 태도를 지닌다.
○ 작품의 역사적 사회적 문화적 상황에 나타난 그 시대의 가치를 이해하려는 태도를 지닌다.
○ 한국 문학의 발전에 기여하려는 태도를 지닌다.
○ 자신이 좋아하는 문학 작품을 암송하거나 친구에게 권한다.

【심화】문학적 취미를 심화 확대하려는 태도를 지닌다.
[상세화]
○ 작품 세계를 비판적 창조적으로 수용하려는 태도를 지닌다.
○ 작품에 대한 다양한 견해들을 접하면서 작품의 의미를 재음미하는 태도를 지닌다.
○ 작품의 가치에 대한 자신의 견해를 글로 표현하려는 태도를 지닌다.
○ 여러 작품을 두루 읽고 자신만의 추천 도서 목록을 만들어 본다.
○ 다양한 문화에 관한 감상을 글로 표현하는 습관을 기른다.
○ 자신이 작가가 되어 작품을 써 본다.

당시의 교육과정 내용을 반영하면서 재구성해야 하는 한계가 있었기 때문에 지금 관점에서 보면 수정하고 싶은 부분이 많이 눈에 띄는 것도 사실이다. 하지만 나름대로는 소통적 관점으로서의 문학을 체계적으로 반영하기 위해 당시로서는 꽤 급진적인 수준의 내용도 포함시키곤 하였다. 그런 의미에서 이 제안은 현재에도 여전히 유효한 문학교육의 방향이라고 생각한다.

가장 중요한 것은 학습자 독자의 지위를 상승시킴으로써 작가와 독자, 교사와 학습자 사이에 대화와 소통이 이루어지길 기대한 것이다. 과연 작가와 교사의 권위적인 말이 일방적으로 독자와 학습자에게 전달되는 유형의 의사(擬似) 의사소통이 아니라, 작가가 독자가 되고, 독자가 다시 작가가 되며, 교사가 학습자가 되고, 학습자가 교사가 되는 진정한 의사소통이 과연 문학교실에서 이루어질 수 있을까?

최근 필자는 그와 유사한 경험을 한 바 있다. 소설가 최인호가 운명을 한 바로 다음 날이었다. 최인호가 누군지 이름조차 아는 이 거의 없는 교양과정 학생들을 상대로, 그날 필자는 이렇게 강의를 열었다.

소설가 최인호의 연재소설 「가족」이 월간 『샘터』에 처음 실린 것은 1975년 9월호였다. 당시 샘터사 대표였던 김재순 씨는 "샘터가 없어지거나 당신이 세상을 떠날 때까지 연재하시오."라고 제의했고, 최 씨는 "삶이 다하는 날까지 쓰겠다."라고 답했다 한다. 작가 스스로를 철부지 남편이자 아빠로 그리며 시작한 「가족」은 보통 사람들의 가정과 이웃들이 살아가는 모습을 일기 쓰듯 진솔하게 묘사해 잔잔한 감동을 주었다. 그 스스로 이 연재소설을 가리켜 "언제 끝이 날지 모르는 '미완성 교향곡'과 같은 작품"이라 말하기도 했다.

그 소설이 끝이 났다. 우리나라 문학사상 가장 오래 연재했던 소설 「가족」은 무려 34년 동안 402가 진행되다가 문득 2009년 10월호로 연재를 마감하게 됐다. 느닷없이 찾아온 작가의 침샘암 때문이었다. 이제부터 여러분이 볼 것은 최인호가 남긴 「가족」의 마지막 원고이다.

그러고 나서 강의실 스크린에 최인호의 <가족> 마지막 원고를 올려놓고 읽기 시작했다. 그의 원고는 춘천에 있는 김유정 생가를 찾는 것으로 시작된다. "김유정(金裕貞). 1908년에 태어나 겨우 스물아홉 살의 나이인 1937년에 요절한 소설가"에 대한 그의 사랑은 남다르다. 무엇보다도 그의 가슴을 아프게 했던 것은 "김유정이 죽기 열흘 전에 쓴 유서와 같은 편지"였다. "평생지기였던 작가 안회남에게 쓴 이 편지를 문학청년 시절 나는 습작 노트 첫머리에 친필로 베껴 놓고 다녔다. 그 편지를 읽을 때마다 나는 펑펑 울었다."라고 그는 회고한다.

3부 국어교육의 미래에 관하여

아아, 그때가 1965~1966년, 내 나이 갓 스무 살 때였지. (중략) 나의 유일한 위로는 김유정의 '마지막 편지'를 읽는 것이었지. 그 편지를 읽을 때마다 나는 엉엉 울었고, 글을 써야 한다는 열정을 느끼곤 했어. 그 편지가 있을까. 그 편지가 김유정의 생가에 그대로 남아 있을까. (중략)

생가를 돌아보며 젊은 날의 노트에 새겨 왔던 그 편지를 발견할 수 있을까 나는 마음이 조마조마했다. 그러나 그곳에 그 편지는, 있. 었. 다.

최인호는 오래간만에 다시 읽는다. 김유정의 편지다.

(전략) 필승아, 나는 참말로 일어나고 싶다. 지금 나는 병마와 최후의 담판이다. 흥패가 이 고비에 달려 있음을 내가 잘 안다. 나에게는 돈이 시급히 필요하다. 그 돈이 없는 것이다.

필승아, 내가 돈 백 원을 만들어 볼 작정이다. 동무를 사랑하는 마음으로 네가 좀 조력하여 주기 바란다. 또다시 탐정 소설을 번역해 보고 싶다. 그 외에는 다른 길이 없는 것이다. 허니, 네가 보던 중 아주 대중화되고 흥미 있는 걸로 두어 권 보내 주기 바란다. 그러면 내 50일 이내로 역하여 너의 손으로 가게 하여 주마. 하거든 네가 극력 주선하여 돈으로 바꿔서 보내 다오.

필승아, 이것이 무리임을 잘 안다. 무리를 하면 병을 더친다. 그러나 그 병을 위하여 무리를 하지 않으면 안 되는 나의 몸이다. 그 돈이 되면 우선 닭을 한 30마리 고아 먹겠다. 그리고 땅꾼을 들여 살모사, 구렁이를 10여 마리 먹어 보겠다. 그래야 내가 다시 살아날 것이다. 그리고 궁둥이가 돈을 잡아먹는다. 돈, 돈, 슬픈 일이다.

필승아, 나는 지금 막다른 골목에 맞닥뜨렸다. 나로 하여금 너의 팔에 의지하여 광명을 찾게 하여 다오. 나는 요즘 가끔 울고 누워 있다. 모두가 답답한 사정이다. 반가운 소식 전해 다오. 기다리마.

눈물을 글썽이며 김유정의 생가를 나온 최인호는 동행한 함 군에게 오십 년 전의 과거로 돌아가고 싶다 말한다. 그리고 이렇게 글을 맺었다.

갈 수만 있다면 가난이 릴케의 시처럼 위대한 장미꽃이 되는 불쌍한 가난뱅이의 젊은 시절로 돌아가고 싶다. 그 막다른 골목으로 돌아가서 김유정의 팔에 의지하며 광명을 찾고 싶다. 그리고 참말로 다시 일. 어. 나. 고. 싶. 다.

김유정의 편지를 진작부터 필자는 알고 있었다. 그때도 가슴은 편치 않았다. 그러다 최인호의 이 글을 읽고 가슴이 먹먹해지다가 끝내 남몰래 울고 말았었다. 김유정의 편지는 예전보다 더 슬퍼져 있었다. 그와 같은 처지가 된 최인호는 오죽했으랴. 죽음을 앞둔 김유정과, 그를 바라보는, 죽음을 앞둔 최인호와, 그 둘을 바라보는, 적어도 아직은 멀쩡한 필자 사이에 교감과 공감과 소통이 이루어지고 있음을 가슴으로 느낄 수 있었다. 그래서 그것을 다시 제자들과 소통하고 싶었던 게다. 다행이다. 백여 명이 모인 강의실이 적막해졌다. 그리고 최소한 몇몇의 여학생과 한 명의 남학생이 눈시울을 붉혔다. 감사했다.

작가 김유정과 독자 최인호는 이렇게 소통을 했다. 그리고 독자 최인호가 작가가 되어 독자 정 아무개와 소통을 한다. 독자 정 아무개가 교사가 되어 학습자 아무개들과 소통을 한다. 모두가 죽을 수밖에 없는 운명공동체로서 그날 우리는 이렇게 소통을 하였던 것이다. 시니피에의 전달로 족하는 단순한 의사소통 너머, 물질적 존재로서의 시니피앙까지 주목하는, 그리하여 그 울림과 떨림까지 공유하는, 사상과 정서의 공동체로서의 소통이 가능한 문학교실, 그것이 우리가 지향해야 할 문학교육의 방향이 아닐까.

3부 국어교육의 미래에 관하여

3. 통합을 위한 문학교육

소통이 이루어졌다고 하여 곧 통합이 되는 것은 아니다. 만일 그 '통합'이란 말이, 가장 소통이 안 되던 시기의 이른바 국론통합처럼 단일화된 통합, 곧 통일(unity)을 의미한다면 말이다. 그보다는 아마도 차별 철폐에 의한 인종 통합이나 환경 및 타자와의 조화 따위를 뜻하는 다양화된 통합(integration)이 걸맞은 표현일 것이다. 예컨대, 앞의 강의에서 우리 사이에는 소통이 이루어졌지만, 최인호가 "불쌍한 가난뱅이의 젊은 시절로 돌아가고 싶다."라고 한 데 대해 동의를 구하자 우리들은 다시 간단히 분열되었다. 그러나 통일이 깨졌지 통합이 무너진 것은 아니었다.

이럴 때 가장 빈번히 동원되는 용어가 바로 다원주의일 것이다. 그것은 마치 하나의 시대정신처럼 자리하고 있다. 오늘날 진리, 객관성, 지식 등은 공동체나 사회적 합의의 수준으로 후퇴하게 되었다. 그렇지만 그러한 합의가 단일하게 이루어질 수 있는 것은 아니다. 여기서 우리는 다원성과 마주한다. 다원주의 세계는 제국이나 왕국보다는 연방공화국에 가깝다. 아무리 많은 것들이 집합한다 하더라도, 아무리 많이 어떤 의식이나 행동에 유효한 중심이 드러난다 할지라도, 통일성으로 환원되지 못하는 것이다.[4]

문학교육도 마찬가지다. 앞서 소통이론의 적용에서도 보듯, 후기 구조주의 해석 이론은 해석의 초점을 저자와 작품에서 벗어나 독자에게 맞추는 경향이 있다. 이처럼 독자에게 작품 해석의 자유를 부여함으로써 다양하고 창의적인 해석이 가능해지게 되었지만, 이를 통해 우리는 더 많은 자유를 얻은 대신, 통일된 기준을 잃게 된 셈이다. 이로써 기준이 부재하면 혼란이 일고, 기준을 강화하면 다양성을 잃는 딜레마에 빠지게 된 것이다.[5]

---

4 김진엽, 『다원주의 미학』, 책세상, 2012, p.155.

이러한 문제를 다룬 것이, 그 부제가 잘 말해 주듯, Wayne C. Booth의 *Critical Understanding: The Powers and Limits of Pluralism*이라는 책이다.[6] 여기서 그는 먼저 Wellek의 *Theory of Literature*를 예로 들며 신비평과 같은 경향을 일원론(monism)이라 배격한다. 이어서 절대적인 것은 없다는 식의 회의주의(skepticism)도 비판한다. 여기에는 상대주의(relativism)와 허무주의(nihilism)도 포함된다. 그렇다면 절충주의(Eclecticism)는 어떨까? 그들은 스스로를 다원주의자로 자처하는 경향이 있다. 그러면서 상대방 주장의 일부는 받아들이고 일부는 거부하는 것이다. 그러나 이는 결국 모든 주장에는 오류가 있다는 점에서 회의주의의 변형이거나 실제상으로는 자신의 주장을 강화하는 데 다른 주장을 활용하게 된다는 점에서 은밀한 일원론이 되고 만다.

오늘날은 누구든지 일원론이나 무정부주의적, 허무주의적인 급진적 상대주의에 대해 부정적인 입장을 표명하지만, 막상 다원주의의 구체적 적용에 대해서는 말하기를 꺼려하는 형편이다. 막연히 '톨레랑스'라는 관용의 정신에 호소하기도 한다. 하지만 관용이란 무관심을 조장하면서 갈등을 피할 따름이다. 관용은 특히 마르쿠제의 지적처럼 주류에 대해서는 지배의 확고를, 비주류에 대해서는 종속의 지속을 가져올 수도 있다.[7] 실제 수업 장면으로 묘사하자면, 학생의 다양한 답, 그러나 질적 차이가 분명히 있는 모든 답들에 대해 "그것도 좋은 생각이에요.", "그런 답도 있을 수 있어요." 등으로 격려하지만 주류에 가까운 정답은 여전히 지배적 지위를 고수하게

---

5 다원주의가 마주치는 또 다른 딜레마는 자기 지시성과 연관된다. 이는 "모든 크레타 인은 거짓말쟁이다."라는 명제가 지닌 문제와 유사하다. 다원주의에 따르자면, 진리가 하나가 아니라 여럿이라는 다원주의적 진리관만이 진리라고 간주될 수 없는 것이다.

6 Wayne C. Booth, *Critical Understanding: The Powers and Limits of Pluralism*, The University of Chicago Press, 1979.

7 김진엽, 앞의 책, p.184.

3부 국어교육의 미래에 관하여

되는 경우가 그와 유사하다.

사실 다원주의를 둘러싼 이러한 문제는 다원주의의 속성상 원론적인 해결책이 없다. 이에 대해 Booth는 방법론적 다원주의(methodological pluralism)를 현실적인 대안으로 제시하는 듯하다. 다양한 해석들 사이에 존재하는 경쟁 관계를 예증하기 위해 그는 모든 관찰자가 각각 특정한 방향의 각도로만 시야가 제한된 곳에 원뿔을 위치해 놓고 그것을 관찰하는 경우를 유추로 활용한다. 동일한 원뿔에 대해 그것을 밑에서 본 사람은 원, 측면에서 본 사람은 이등변삼각형, 정면 위에서 본 사람은 가운데 점이 있는 원, 그밖에 어떤 다른 각도에서 본 사람은 불규칙한 도형 등으로 인식한다. 어느 누구도 동시에 두 가지 이상의 관점을 가질 수는 없다. 그러나 그 관점들은 서로 연결되고 공존하면서 통합된 인식에 이르게 할 수 있다. 이것이 바람직한 다원주의적 인식이라는 것이다.

이와 대조적으로 그는 이른바 '장님과 코끼리 이야기'에 대해서는 비판하는 편에 선다. 그에 따르면 이 이야기는 관용적 상대주의(tolerant relativism), 혹은 절충주의(eclecticism)를 예시할 뿐, 다원주의를 보여주는 것은 아니다. 이야기 속의 시각 장애인들은 그들이 좀 더 지속했더라면 다 만질 수 있었던 동물의 몸 전체 가운데 일부분만 만진 것이기 때문이다. 그러나 원뿔 관찰자들은 가장 예리한 자라 하더라도 각자가 자신의 위치에서 볼 수 있는 모든 것을 본 것뿐이다. 관점을 제외하고는 아무 것도 그의 관찰 결과를 제한하지 않았던 것이다.

말하자면 그는 마르크스주의, 페미니즘, 정신분석 비평 등 다양한 관점에서 원뿔이라는 작품의 전체상을 해석한 것들은 우리로 하여금 작품에 대해 통합된 인식에 이르도록 해 준다고 보며, 이러한 방법론적 다원주의가 우리가 취해야 할 다원주의적 인식이라고 주장한다. 반면에 작품의 일면만을 근거로 삼아 주장하는 해석은 그것이 아무리 다양하더라도 다원주의의 이름으로 용인될 것은 아니라는 것이다.

경우에 따라 어느 것이 유용한 접근이라는 식의 이론관, 모든 관점을 합하면 종합에 이르리라는 이론관은 그 자체로서는 다원주의라는 인상을 주게 마련이다. 그러나 Gerald Graff라면 이에 대해서도 아마 '공허한 다원주의(vapid pluralism)'라 지적할 것이다.[8] 해석 간의 갈등 요인들을 중립화하거나, 갈등적인 당파성을 무마하고 서로 각각의 길을 가도록 함으로써 선택 곤란한 문제를 회피하는 방식을 그는 김빠진, 공허한 다원주의라 명명했다. 물론 이 모델은 새로운 사상, 주제, 방법을 동화함에 있어 엄청난 유연성을 그 제도에 가져다 줄 수 있는 장점이 있다. 새로운 관점이 등장하면 기존에 하나를 더 부가하면 그만이기 때문이다. 하지만 그 같은 체계상의 이득은 사실은 심각한 값을 지불하고 얻어진 것이다. 각자가 자기 관점만 수행하면 될 뿐, 어느 누구도 집단적 목표를 향한 이론을 가져야 할 필요가 없어진 셈이 되기 때문이다. 문제는 이러한 다양한 관점 사이에 상호 관련성이 없다는 데 있다. 상호 연관성이 없는 구조 내에서는 반성적 성찰을 촉구하는 이론의 이론다움은 상실되게 마련이다. 그리고는 공허한 화해만이 남게 되는 것이다.

그래서 그는 갈등 읽기, 곧 작품 해석을 둘러싼 비평 범주, 이론적 이슈, 설명 방식, 독법들 사이에 개입하는 이해관계의 갈등을 학생들에게 드러내고 보여주는 교육 방안을 제안한다. 어느 한 작품을 놓고 서로 대립과 갈등을 노정하는 비평적 읽기를 제공해 줌으로써, 전통적 읽기의 방법들 곧

---

8 Graff, Gerald, "Why Theory?", in Davis, L. J. and Mirabella, M. B., ed. *Left Politics and the Literary Profession*, Columbia University Press, 1990, p. 26.

3부 국어교육의 미래에 관하여

일원론에 대한 거부와 도전은 물론, 현대적 독법들 사이의 경쟁을 둘러싸고 학생들 스스로 비판과 토론을 통해 선택하고 내면화하게 한다는 점에서 다원주의의 가치를 적극화해야 한다는 것이다.

그러나 그의 이러한 주장은 대단히 정치적이다. 그의 관심은 프로이드와 마르크스보다 남성주의와 페미니즘 사이의 갈등에 더 무게가 놓여 있다. 반면에 우리의 문학비평의 전통은 다원주의를 거론할 만큼 진정으로 다원적인 논쟁 경험조차 별로 없으며, 우리의 문학교실은 아예 그러한 주제를 회피하는 경향이 있다. 그래서 더욱 가치가 있다고 볼 수도 있지만, 현실 적용이 어렵다는 단점도 있는 것이 사실이다.

정직하게 말해 본다면, 우리 문학교육의 논쟁은 해석의 '다원주의'라기보다 해석의 '다양성' 차원에 머물고 있는 것이 사실이다. 해석의 다양성을 허용하고 제한하는 문제와 관련하여 윤여탁 외(2011)[9]는 '근거 있는 해석'과 '타당한 해석'을 강조한다. 이에 따르면, 시 해석의 무질서 상태를 벗어나기 위해서는 하나의 해석이 어떤 의미든 텍스트 자체에 논리적으로 속박되어야 하며, 독자 자신의 반응을 가능하게 한 텍스트의 특정 요소를 설명할 수 있어야 한다. 물론 학생들은 근거가 타당하지 않은 해석을 할 수도 있고 해석 과정에서 오독을 할 수도 있다. 이때 학생들 간의 진지한 대화를 통하여 서로 다른 관점을 인정하는 동시에 숙고의 과정을 통해 상대적으로 좀 더 타당한 근거를 지닌 해석으로 나아갈 수 있으리라는 것이다. 이것은 사실 Hirsch의 관점에 가깝다. 여기에서는 다원적 관점의 진실이나 윤리가 문제 되는 것이 아니라 해석의 논리적 타당성(validity)만이 관건이 되기 때문이다.[10] 하지만

---

9 윤여탁 외, 『현대시교육론』, 사회평론, 2011.
10 해석의 다양성 문제에 대해 Hirsch는 'validity'를, Reichert는 'making sense'를 기준으로 제시하고 있다. 하지만 이들은 다원주의 논쟁에서는 일원론으로 분류된다. Hirsch, E. D. Jr., The

진짜 갈등이 일어나는 문제는 해석의 타당성이 아니라 타당한 해석들 사이에 자리하고 있다.

그럼에도 불구하고 학생들에게 자유로운 해석을 허용하고, 그것을 보다 더 타당하게 숙고하도록 노력하게 하는 방향으로 교육이 전개되어야 한다는 데에 대해서는 전적으로 동의한다. 소통을 위하든 통합을 위하든, 타인이 제공한 다양한 해석을 받아들이고 따지는 것보다도 일단 자신의 목소리를 내도록 허여하고 독려하는 것이 훨씬 중요함을 알기 때문이다. 그런 경험을 해 본 사람만이 다원주의적인 해석 사이에서도 주체적인 결정을 내릴 수 있다.

그렇게 되면 혼란이 일어나지 않을까? 그렇지 않다. 우리는 굳이 어떤 해석이 옳은지 판별하지 않아도 된다. 고전에 대한 끝없는 갑론을박이 인류의 문화를 혼란에 빠뜨리기보다는 오히려 풍부하게 하였듯이, 다양한 해석은 문학 작품의 의미를 풍부하게 하기 때문이다. 무엇보다도 자신의 견해를 기존의 해석공동체의 합의와, 혹은 동료의 해석과 비교해 보면서 그는 사회의 정당한 구성원으로 통합해 들어갈 수 있게 되는 것이다.

필자는 대학의 교양 강의를 통해 학생들로 하여금 자신의 체험을 바탕으로 다양한 문학적 문화적 상호텍스트성을 활용해 자유로운 에세이를 쓰도록 한다. 그 과정에서 학생들은 기존의 해석을 참고하되 자신의 결이 담긴 독창적인 글들을 써내게 된다. 시험을 볼 때에도 학생들에게 인터넷 환경을 허용해 주되, 필자가 제공한 시들을 바탕으로 자기 경험 및 다른 작

Aims of Interpretation, Chicago: Univ. of Chicago Press, 1976. Reichert, John, *Making Sense of Literature*, Chicago: Univ. of Chicago Press, 1977. 이들을 일원론으로 분류한 데 대해서는 Paul. B. Armstrong, "The Conflict of Interpretation and the Limits of Pluralism," *PMLA*, vol. 98. No. 3(May, 1983), pp. 341

품, 장르, 매체와 융합하여 글 한 편을 완성하도록 했다. 때로는 복수(複數)의 시편들을 주고 그 가운데 둘 이상의 상호텍스트성을 직조하여 자기 나름대로 해석해 보라고도 한다. 이렇게 되면 똑같은 해석은 거의 나오지 않는다. 오히려 인터넷을 통해 해석공동체와 소통을 하는 과정에서 자기의 목소리를 발견하게 되고, 그리하여 새로운 해석공동체 사회의 구성원으로 통합되기에 이르는 것이다.

한번은 시험에서 오규원의 <한 잎의 여자(女子)>를 제재로 내 준 적이 있었다. 이 시를 처음 접해본다고 하면서 한 학생은 이렇게 답했다.

> 나는 화자가 표현한 여자를 알고 있다. 나의 어머니는 내 기억 속에서, 가족을 위해 헌신하고 희생하신 분이었다. 때문에 아버지의 바람에도 어린 자식을 버리지 않았고 몸이 아픈 것도 모르고 일을 하셨다. 어머니는 암으로 내가 초등학교 4학년일 때 돌아가셨다. 때문에 나는 '장성한 자식과 늙고 쇠약해져버린 어머니'를 상상할 수가 없다. 멈춰버린 내 기억 속에서 어머니는 엄마이고 나는 그저 어린 자식이다.

이 학생은 대다수의 독자들과 달리 이 시 속의 여자에 대해 애인을 연상하지 않았다. 물푸레나무 잎사귀의 이미지는 화려한 구석 없이 소박하고 정갈한데, 이를 닮은 여자는 가족을 위한 삶을 사는 어머니에 더 부합한다는 것이었다. 그러면서 가족을 위해 참고 희생하는 어머니에게 '눈물 같은 여자(女子), 슬픔 같은 여자(女子), 병신 같은 여자(女子)'의 이미지를 차례로 대입한다. 말할 것도 없이 이 학생은 이 강의에서 높은 평점을 받았다. 수준은 천차만별이지만, 이 시험과 강의에서 이러한 독특함(uniqueness)을 보인 예는 상당히 많다. 통합을 거부하는 듯한 개성도 있었고, 통합을 지향하며 변증법적으로 대화하는 개성들도 있었다. 해석적 주체로서 그들 모두 커다란 의미에서의 통합에

기여함은 물론이다.[11]

강의를 하는 과정에서 필자는 기존의 해석을 열거하거나 소개하지 않았다. 그저 필자가 먼저 텍스트와 콘텍스트와 상호텍스트를 활용하여 창의적 해석의 즐거움을 공유하고자 했을 따름이다. 그런다고 혼란이 오지는 않았다. 아니다. 아마도 유쾌한 혼란이 일어났을 것이다. 그렇게 소통하면서 그들은 결국에는 필자와 다르게 필자를 닮아가고 있었다. 그런 것이 통합(integration)이라 소박하게 믿어본다.

4. 나가며

인문학은 종합(synthesis)이 없는 분석(analysis)이나 가치평가(evaluation)가 빠진 기술(description), 또는 감정(feeling)이 결여된 추상(abstractions)을 주고자 하지 아니한다.[12] 그럼에도 불구하고 우리의 문학교실에는 분석과 기술과 추상만이 가득하다. 그리하여 한편으로는 한 가지 관점에만 너무 쉽게 휩쓸리는 순진무구함에 대해 비판적 인식 습관을 길러줘야 하고, 다른 한편으로는 무책임한 상대주의에 대한 저항심을 심어줘야 할 텐데, 하나만 알고 편견과 아집에 빠지거나 다양한 해석 앞에서 백기투항하기 일쑤이다.

다원주의 사회에서 발생하는 소통과 통합의 문제에 대해, 비록 정답은 없다 하더라도, 최소한 인문교육은 광대한 불확정성(vast indeterminacies) 가운데 상대적 결정성(relative determination)을 추구해야 하는 것이 아니겠는가. 문학교육 역시 그 결단의 주체들을 양성하는 쪽으로 방향을 설정해야 하지 않겠는

---

11 이와 관련해서는 폴 리쾨르(양명수 역), 『해석의 갈등』(아카넷, 2001)이 영감을 준다.
12 Walter Jackson Bate, *Criticism: The Major Text*, New York: Harcourt, Brace & World, 1952, xi

가. 그런 주체들에 의해 건전하고 바람직한 소통과 통합이 이루어지는 사회, 그런 주체의 형성과 그런 사회의 건설에 기여하는 문학교육, 그것을 소망할 권리와 의무가 우리에게 있다.

┃이 글은『국어교육』145권 145호(한국어국어교육학회)에 발표한「소통과 통합을 위한 문학교육」을 부분 수정한 것이다.

참고문헌

김대행(1995), 『국어교과학의 지평』, 서울대출판부.

김종철·김중신·정재찬(1998), 「국어교육과 평가: 문학 영역 평가의 이론과 실제」, 서울대학교 국어교육연구소.

김진엽(2012), 『다원주의 미학』, 책세상.

신형철(2008), 『몰락의 에티카』, 문학동네.

윤여탁 외(2011), 『현대시교육론』, 사회평론.

정재찬(2013), 「치유를 위한 문학 교수 학습 방법: 문화적 기억과 상호텍스트성을 중심으로」, 『제65회 학술대회 발표논문집』, 한국문학교육학회.

정재찬(2010), 「문학체험의 자기화를 위한 문화 혼용의 글쓰기」, 『작문연구』 제10집, 한국작문학회.

정재찬(2004), 『문학교육의 현상과 인식』, 도서출판 역락.

폴 리쾨르, 양명수 옮김(2001), 『해석의 갈등』, 아카넷.

E. D. Hirsch, Jr., *The Aims of Interpretation,* Chicago: Univ. of Chicago Press, 1976.

Gerald Graff, "Why Theory?", in Davis, L. J. and Mirabella, M. B., ed. *Left Politics and the Literary Profession*, Columbia University Press, 1990.

John Reichert, *Making Sense of Literature,* Chicago: Univ. of Chicago Press, 1977.

Paul. B. Armstrong, "The Conflict of Interpretation and the Limits of Pluralism," *PMLA*, vol. 98. No. 3, 1983.

Walter Jackson Bate, *Criticism: The Major Text*, NewYork: Harcourt, Brace & World, 1952.

Wayne C. Booth, *Critical Understanding: The Powers and Limits of Pluralism*, The University of Chicago Press, 1979.

언어복지 제도의
새로운 접근을 위하여

이삼형

1. 들어가며

한국 영화사에서 2020년은 오래오래 기억될 한 해가 될 것이다. 봉준호 감독의 『기생충』이 아카데미 작품상, 감독상, 각본상, 국제장편영화상을 수상하는 쾌거를 이룬 해였기 때문이다. 본고의 관심은 영화 『기생충』이 얼마나 많은 상을 수상했고, 영화사에 어떤 자리를 차지하게 될 것인가가 아니다. 그렇게 세계적 관심을 받은 작품이 두 가족의 이야기며, 두 가족 중 한 가족은 부자이며 다른 가족은 가난한 자라는 단순한 구조를 바탕으로 한다는 점이다. 그만큼 빈부는 인류사회의 가장 오래 된 문제이며 해결하기 쉽지 않은 기본적인 문제이다.

물론 사회를 가진 자와 그렇지 못한 자의 이분법으로만 보는 것은 문제가 많다. 부의 분배의 양극단 사이에는 많은 스펙트럼이 존재할 것이며 안정된 사회구조는 피라미드 형태의 계층적 구조라고 말한다. 그런데 피라미드에서 밑바닥을 이루는 계층은 언제나 존재하고, 그들은 대개 빈곤한 상태에 있게 된다. 사회의 밑바탕을 이루는 그들이 생존의 위협을 받게 되면 피라미드는 구조적으로 흔들리게 된다. 우리는 역사를 통해서 피라미드의 밑바탕이 흔들리게 되면 사회가 혼란한 상태로 들어가게 된다는 것을 알 수 있다. 그러기에 사회나 국가는 피라미드 하부구조가 흔들리지 않게 하는 장치를 만든다. 우리는 그것을 사회안전망이라고 부르고 여기에는 자선, 구휼제도, 복지제도 등이 있다. 국가차원에서 이런 제도를 마련하고 시행하는 것을 복지국가라고 한다.

오늘날의 복지제도가 하루아침에 마련된 것이 아니다. 산업혁명에 의해 노동자 계급이 출현하고 사회주의 사상의 등장이라는 사회구조적 변화가 복지제도를 배태시켰다. 그런데 현재 우리는 커다란 변혁기에 와 있다. 4차 산업혁명이라는 변화의 물결이 일고 있으며, 신자유주의라는 주류 경제사상은 위기를 맞고 있다. 또한 코로나19라는 팬더믹이라는 위기를 맞이하여 국가가 직접 나서서 재정정책을 펼치고 있는 등 경제 질서에 커다란 변화가 일고 있다. 지구의 남반구 몇몇 국가를 중심으로 복지에 대해 새로운 관점으로 접근하고 있다는 소식이 들린다. 사회의 변화에 따라 복지에 대한 새로운 관점이 등장하고 있는 셈이다.

언어복지는 복지제도 중 언어와 관련된 부분 즉, 언어 문제에 의해 피해를 입는 사람들이 소외되지 않고 정상적인 생활을 할 수 있도록 배려하는 제도적 장치를 말한다. 그런데 사회적으로 커다란 변화를 겪고 있는 지금, 언어복지도 기존의 소극적인 관점에서 벗어날 필요가 있을 것이다. 언어소외층에 대한 배려와 같은 전통적 관점에서 적극적인 관점으로 접근할 때 우리는 무엇을 고려해야 하는가 하는 문제가 본고의 주된 관심사이다.

2. 복지—시혜인가 권리인가? 그리고 지속 가능성은?

1) 복지—시혜에서 권리로

역사상 어느 시대이건 빈곤의 문제는 존재하였다. 가뭄이나 재해에 취약했던 예전에는 그만큼 먹고사는 문제가 당대 사회에서 가장 큰 문제였다. 흉년으로 인하여 백성들이 기근이 심해지면 도적떼가 크게 일어나는 것은 세계 어느 나라에나 공통적이다. 삼국시대 신라에서는 사회가 혼란하게 되는 것을 막기 위해 빈곤층을 구휼하는 제도를 마련하였는데 왕이 지방을 순행하며 환과고독(鰥寡孤獨 홀아비, 과부, 고아, 무자녀노인)에게 곡물과 의류를 지급하였다는 기록이 있다(『삼국사기』 신라본기 10, 흥덕왕 8년).

근대 이전의 서양에서는 빈곤은 개인의 문제로 치부되었다. 사회적 문제로 인식하여 제도적으로 해결하려고 하지 않고 종교적 자비심에 호소하는 경향이 강했다. 성서의 「신명기」에는 가난하기 때문에 품을 파는 사람을 억울하게 다루어서는 안 되며 곡식을 거둘 때는 이삭을 밭에 남기라고 하였다(신명기 24:14-15, 19-21). 이는 복지의 문제를 종교적 자선에 많이 호소했다는 것을 말해 준다.

19세기 유럽에는 산업혁명으로 인하여 공업화와 도시화가 급속하게 진행되었으며 그에 따라 여러 가지 사회문제가 발생하였다. 빈곤도 개인의 질병이나 노령으로 인한 것보다 실업이나 경제 불황과 같은 사회문제의 성격으로 변화되었다. 아울러 노동자 계급이 형성됨에 따라 노동운동의 영향력이 커져갈 수밖에 없었다. 이러한 배경을 등에 업고 근대적 의미의 사회보장 제도가 독일의 비스마르크 수상에 의해서 도입된다. 1883년 질병보험을 필두로 산재보험(1884), 노령 및 폐질보험(1889)이 도입되었는데 이는 국가가 복지를 관장하는 제도적 복지제도의 시발점이 되었다.

복지제도의 발전에 획을 그은 것은 「베버리지 보고서」이다. 1942년 영국 정부에 제출된 이 보고서는 완전 고용보장, 포괄적인 의료보험 제도, 아동수당 도입, 사회보험의 통합 관리, 복지비용에서 개인과 정부의 공동 참여를 통해 포괄적이고도 체계적인 사회보장 제도 수립을 강조하였다. 「베버리지 보고서」는 국가가 '요람에서 무덤까지' 국민의 전 생애에 걸쳐 건강과 생활에 대하여 책임을 진다는 내용을 담고 있는 것으로 유명하며 임금노동자에게만 한정하였던 이전의 복지제도를 전체 국민으로까지 확대하여 보편적 복지제도를 마련하였다는 점에서 의의가 크다(다음, 학습용어 사전).

1948년 유엔에서는 「세계인권선언」이 공포되는데 제22조에는 "사회구성원으로 모든 사람은 사회보장에 대한 권리를 가지며, 각자의 인간적 존엄과 개성의 자유로운 발전을 위해 경제적, 사회적, 문화적 권리를 실현할 자격을 부여받는다."라고 되어 있다. 아울러 사회권에 대한 내용들이 구체화되어 제시되어 있는데(23조-28조) 일할 권리, 직장을 자유로이 선택할 권리, 휴식과 여가의 권리, 자신과 가족이 건강하고 안녕할 수 있는 생활수준을 누릴 권리, 교육받을 권리, 문화생활을 누릴 수 있는 권리를 제시하였다. 이는 복지가 인권의 영역으로 들어왔다는 의미를 지닌다.

제2차 세계대전 이후 1970년대 중반까지 지속적인 경제성장 덕분으로 복지가 계속해서 확대되었다. 경제성장으로 실업률은 줄어들고 완전고용 상태가 계속되었으며, 재정의 여유로 복지재정의 확대가 가능했다. 1970년대 후반에 들어와서 경제가 침체기에 들어서면서 복지정책은 일대 전환을 맞이하게 된다. 영국은 20 년간 노동당이 집권하면서 복지정책을 확대해 나갔는데, 과도한 사회복지, 높은 임금상승, 생산성의 저하로 인하여 고복지, 고비용, 저효율을 특징으로 하는 소위 영국병에 시달리게 된다. 1979년 집권에 성공한 보수당의 마가렛 대처 총리는 사회복지국가 정책이 영국병의 원인이라고 지목하고 정부의 역할을 축소하고 시장경제에 충실하는 신자유주의의 이념을 채택하고 대폭적인 정부재정 지출 삭감, 공기업의 민영화, 규제 완화와 경쟁 촉진을 과감하고 획기적으로 추진해 '철(鐵)의 여인'이라고 불리기도 했다. 대처의 영국 경제의 재생을 꾀하며 추진한 사회 경제정책을 '대처리즘'이라고 부르며 이때부터 신자유주의가 세계경제의 주류로 등장하게 되었다(네이버 지식 백과).

현재 세계를 지배하고 있는 이데올로기인 신자유주의는 케인즈 경제학에 바탕을 둔 수정자본주의를 비판하고 국가권력의 시장 개입을 줄이고 시장의 기능과 민간의 자유로운 활동을 중시하는 시카고학파를 중심으로 하는 이론이다. 신자유주의는 공공복지제도를 확대하는 것은 정부의 재정

을 불건전하게 만들고 근로의욕을 감퇴시켜 소위 복지병을 야기한다고 주
장한다. 또한 자유무역과 국제적 분업을 내세워 시장개방을 중시하는 데
이른바 '세계화'라는 말도 신자유주의의 산물이다.

2) 복지제도의 미래

현재 우리나라의 복지제도는 2000년대 초반에 공공부조와 사회보장제
도로 구성되는 기본적인 골격을 수립했다. 공공부조는 생활이 어려운 국민
에게 생계, 주거, 교육, 의료 등 기본적인 생활을 보장하는 2000년부터 시
행한 국민기초생활보장제도가 그것이다. 사회보장제도는 산재보험, 건강보
험, 국민연금, 고용보험 등 4대 보험제도로 이루어지는데 우리의 복지는
국민연금 확대(1994년), 의료보험 통합(1999년), 고용보험 대상 확대(1998년),
산재보험 적용 확대(2000년) 등 적용범위를 지속적으로 확대하는 방향으로
진행되었다.

그런데 현재 우리나라의 복지제도는 아직도 사회안전망이 더욱 튼실하
고 촘촘해져야 하는 부분이 있다. 그럼에도 우리의 복지제도는 커다란 기
로에 서있다고 할 수 있다. 사실 이는 우리나라에 국한된 문제가 아니라
전세계적인 문제이다. 여기에는 두 가지 측면이 있는데 하나는 2008년 리
만브라더스의 파산으로 글로벌 금융 위기를 맞이하게 된 신자유주의적 자
본주의 위기라는 경제적 위기와 다른 하나는 일자리 감소를 가져올 4차 산
업혁명이 그것이다.

미국의 대표적인 좌파 경제학자인 데이비드 M. 코츠(2018)는 제2차 세계
대전 이후 구축된 '규제 자본주의'를 몰아내고 주류 경제학에 올라온 신자
유주의적 자본주의는 성장의 측면에서도 분배의 측면에서도 실패했다고

분석한다. 이들이 공언했던 투자 증진과 고도성장을 가져오는 데 실패했고, 대신 저투자와 저성장, 불평등의 급격한 확대가 이루어졌다. 미국의 소득 불평등은 신자유주의시기에 악화되었다고 한다. 그는 이에 대한 증거로 상위 1%의 소득 비중은 1928년 총 소득대비 23.9%로 최고점을 찍은 후 규제 자본주의 시대엔 10% 내외로 낮아지지만 1981년부터 다시 높아져 2007년에는 다시 23.5%까지 올랐다고 했다. 대기업 CEO 평균보수는 1978년 노동자 평균 보수의 29배였는데 2007년에는 무려 351.7배에 달하게 되었다고 한다. 그는 겉으로 잘 나가는 것처럼 보였던 북미와 유럽의 경제성장은 투기적 자산 거품 및 가계와 금융 부문의 부채에 기반을 둔 것이었음은 2008년 대 파국으로 만천하에 드러나게 되었다고 결론짓는다.

복지제도는 신자유주의 자본주의가 몰고 온 파도를 넘어선다고 해도 4차 산업사회의 도래라는 또 다른 도전에 직면하게 된다. 4차 산업혁명 시기에는 공장자동화에 의해 기존의 일자리가 없어진 것에 더해 인공지능과 로봇의 등장으로 인간의 일자리가 대거 사라질 것이라는 불안이 널리 퍼져 있다. 물론 낙관적인 시각도 있다. 그것은 지금까지는 기술의 발전으로 일자리가 없어지기도 하였지만 더 많은 새로운 일자리가 만들어지곤 했다는 것이다. 따라서 4차 산업혁명에 의해 없어지는 일자리도 있겠지만 새로운 일자리도 많이 생길 것이라는 것이다. 그러나 긍정적인 관점보다 부정적인 관점에 힘이 실리는 이유는 인공지능과 로봇의 역할이 어디까지 인간을 대신할 것인가 가늠하기조차 어렵기 때문이다. 지금까지 전문적인 영역이라고 믿어왔던 분야도 인간은 인공지능을 따라가지 못함을 알파고와 이세돌의 바둑 대국이 극명하게 보여주었다. 데이터의 해석은 물론이고 창작과 같은 창의적인 영역이라고 생각했던 분야에까지 인공지능이 진출하고 있고 그에 따라 인간의 일자리는 그만큼 줄어들 수밖에 없는 것이다.[1]

3부 국어교육의 미래에 관하여

유발 하라리의 말대로 무용의 인간이 앞으로는 많아질 가능성이 높다.

4차 산업혁명에 의해 일자리가 사라지고 고도의 창의적인 일자리만 남는다면 변화에 적응하지 못한 사람들은 노동을 통한 소득 확보가 어렵게 된다. 근대 사회에서 대부분의 사람들은 임금노동을 통하여 필요한 의식주를 획득해 왔고, 현재의 복지제도는 임금노동을 기본 전제로 설계되고 시행되어 왔다. 현재의 복지제도의 전제 자체가 흔들리고 있는 상황이라는 것이다. 아울러 일자리가 상실되고 인간 대신 로봇이 일을 한다는 것은 소득 분배율에서 자본과 노동의 분배에서 자본이 가져가는 몫이 극대화된다는 것을 의미한다. 지금까지도 소득분배율에서 자본의 몫이 커져 왔는데 4차 산업혁명은 이러한 경향을 더욱 극대화시킬 것으로 예측되는 것이다.

스탠퍼드대학 인류학과 교수인 제임스 퍼거슨은 지금까지의 복지제도와는 다른 관점에서 분배정치를 이야기한다. 그는 『탈무드』의 물고기를 주지 말고 물고기 잡는 법을 가르쳐라는 유명한 금언에 반대로 사람들에게 물고기를 줘라((Give a Man a Fish)라고 말한다. 그는 고용 없는 성장의 시대, 생태 위기가 일상화된 세계에서 여전히 분배가 아닌 생산에서 탈빈곤의 해법을 찾고자 하는 시각이 문제라고 지적한다. 임금노동을 통한 노동력의 재생산, 사회적 안전망, 사회적 임금을 기반으로 하는 유럽의 복지국가 모델이 아닌 새로운 관점인 분배를 우선으로 해야 한다고 말한다. 분배의 입장에서는 사회적으로 생산된 부의 보편적 몫을 선언하는 것이다. 그렇게 되면 사회급여의 지급이란 결국 이 부의 소유자들에게 마땅히 가져야 할 몫이 전달되는 것이 된다. 그러니까 토지, 천연자원, 물, 공기뿐만 아니라

---

1 AI와 로봇에 의해 일자리가 사라지는 예는 쉽게 찾을 수 있다. IBM 왓슨의 도입으로 골드만삭스 주식 트레이더 600명이 해고되는 사례 등이 그것이다.

금융시스템, 인터넷, 방송주파수와 같은 것들은 사회 공통의 재산임에도 불구하고 지금까지 특정 개인 또는 기업의 소유물로 전유되어 왔다고 본다. 그래서 급진적 사상가인 피터 크로포트킨(Peter Kropotkin)은 내가 어떤 재화를 생산하기 때문에 그것을 누릴 자격이 있는 게 아니라, 내가 우리 공통의 산출물에 대한 상속인으로서의 지분을 갖기 때문에 배당의 권리를 주장할 수 있다고 말한다.

퍼거슨도 조심스럽게 주목하고 있는 바이지만 남아공, 나미비아, 멕시코, 브라질 등 글로벌 남반구 국가에서 등장하고 있는 새로운 분배형태가 얼마나 지속되고 그 결과가 어떨지 두고 보아야 할 문제이지만 기존의 복지제도와는 다른 새로운 분배정치가 시도되고 있는 것만은 사실이다. 데이비드 M. 코츠(2018)이 "신자유주의적 자본주의 체제는 현재 탈출구를 찾기 힘든 구조적 차원의 위기 한가운데 있다. 그런 의미에서 현 시점은 역사적인 전환점이 될 수도 있다."고 말하는 역사적 전환점은 복지제도에도 적용되는 것은 분명하다.

3. 언어복지—전통적 관점과 새로운 관점의 필요성

1) 전통적 관점의 언어복지

본고의 주제는 언어복지이다. 먼저 언어복지라는 개념이 성립 가능한 것인지 집고 넘어가야 한다. 복지제도는 재화의 불균등한 배분 상태를 해소하기 위해 국가에 의해서 작동되는 시스템이다. 복지국가가 등장하고 작동되는 방식도 재화의 생산 방식의 변화에 크게 의존한다. 산업화에 의해 도시노동자들이 등장하게 되는 시대에 복지제도가 탄생하였으며, 신자유주의의 병폐가 노정되는 현대에는 복지제도에 대한 새로운 시각이 필요하다고 하는 것도 그것이다.

언어는 물질적 재화도 아니며, 불균등하게 배분될 성질의 것도 아니다. 예전에 일부 계층이 문자언어를 독점한 시대도 있었지만 의무교육 제도가 확립된 지금은 언어를 독점하거나 불균등하게 배분된다는 것 자체가 성립되지 않는다. 지식의 유통 구조 측면으로 보아도 그렇다. 예전에는 책을 통해서 지식이 유통되어서 책을 구매할 수 있는 능력이 있느냐에 따라 지식의 배분에 불평등이 발생할 수 있다. 그러나 지금은 모든 지식이 온라인상에서 유통되므로 훨씬 저렴하게 지식에 접근할 수 있는 환경이 만들어져 있는 셈이다.

그런데 언어에서도 복지의 대상이 존재한다. 언어소외 계층이 그들이다. 언어소외 계층은 둘로 나눌 수가 있는데 하나는 신체적 장애와 같은 자연적 장애와 다른 하나는 해외에서 이주해 온 이주민이나 북한 출신의 새터민과 같은 사회적 원인에 의한 언어소외 계층이다.

신체적 장애에 의한 언어소외 계층에는 농인(聾人)들이 있다. 이들은 한국에서 태어나고 자란 한국인이면서도 모어가 한국어가 아니다. 농인들은 선천적이거나 아주 어릴 때 청각 장애를 입는 것이 보통이어서 소리를 바탕으로 하는 언어를 습득하지 못하고 시각에 의존하는 수어(手語, Sign language)를 습득한다.

보통 수어는 한국어를 손동작이나 몸짓으로 바꾼 것이라고 생각하는데 그렇지 않다. 수어는 한국어와는 다른 문법 체계를 가진 별도의 언어이다.[2] 수어

---

2 세계에는 이미 137개의 수어가 있다고 알려져 있다. 수어는 방언도 있는데 스위스에서는 12개의 방언 수어가 있다고 한다.

는 일반적인 언어와 같은 점도 있고 다른 점도 있다. 언어 기호와 의미 사이에 필연적인 관계가 성립하지 않는 것처럼 자의적이라는 점은 같은 점이고, 체계적인 학습 과정을 거쳐야만 습득할 수 있다는 점은 다른 점이다. 한국어는 음성-청각 체계를 가진 언어이고 한국수어는 몸짓·표정-시각 체계를 가진 하나의 별도의 언어이다.[3] 수어는 기본적으로 손과 손가락의 모양(수형), 손바닥의 방향(수향), 손의 움직임(수동), 손의 위치(수위), 표정(비수지 요소)의 다섯 가지를 중요한 구성 요소로 삼는다. 그래서 소리를 기본으로 하는 언어와는 그 체계와 기능이 다를 수밖에 없다.

　농인들의 언어능력을 조사한 연구에 의하면 농인들은 문해력이 떨어지며 그에 따라 생활에 불편함을 느끼는 것으로 나타났다. 아래 표에 나타난 것처럼 농인들은 국어능력이라는 점에서 불편을 느끼고 국어 공부의 필요성을 느끼고 있다(국립국어원, 2014, 28쪽). 언어생활이라는 측면에서 소외되고 있거나 피해를 입고 있는 셈이다.

---

3 이런 점에서 일제 강점기부터 써온 수화(手話)라는 말을 쓰지 않고 수어(手語)라고 통일하였다고 한다.

국어 인식 질문	응답 항목	응답 수 (271명)	백분율 (100%)
국어능력 부족으로 인한 불편 여부	있다	167	61.6%
	없다	81	30%
국어능력 부족으로 불편함을 느낀 경우	병원 진료	117%	33.1%
	이웃과의 소통	76	21.5%
불편할 때 국어학습의 필요성	느낌	180	66.4%
	못 느낌	52	19.2%
사회생활에서 국어 사용의 유용성	도움이 됨	119	43.9%
	도움이 안 됨	30	11.1%
국어 공부 지속 여부	하고 싶음	162	59.8%
	하고 싶지 않음	21	7.7%

농인과는 다른 신체적 장애로 인한 언어 소외계층으로 시각장애인들이 있다. 이들은 농인과는 다르게 음성 언어에는 불편을 크게 느끼지는 않지만 문자 언어에는 어려움을 겪는다. 점자(點字)는 볼록한 점들의 위치를 사용한 시각장애인을 위한 하나의 문자이다. 일반적으로 점 6개를 이용해서 문자를 표기하는데 현재 사용하는 형식의 점자는 1821년 프랑스인 루이 브라유가 최초로 고안했으며, 영어권에서는 점자를 그의 이름을 따서 브라유(braille)라고 부른다.

우리나라의 점자의 아버지는 송암 박두성(1988-1963) 선생이다. 선생은 1913년 제생원 교사로 임명되었는데 당시 쓰던 4점 형태의 한글 점자의 불편함을 극복하기 위해 연구를 거듭하여 1926년 '훈맹정음(訓盲正音)'이란 이름의 6점형 한국어 점자를 완성하였다.

점자 덕에 시각장애인들도 책을 읽을 수 있게 되었는데 문제가 완전히 해결된 것은 아니고 많은 면에서 불편을 느끼고 있다. 우선 점자로 된 책을 읽는 데에는 시간이 엄청나게 걸린다. 점자책은 볼록한 점들로 표현해야 되기에 책도 두꺼워지고 크기도 커지며 제작비가 많이 들어간다. 점자 프린터가 있기는 하지만 상용이 아니기에 가격도 비싸다. 더욱이 시각장애인들 중에서도 점자를 읽을 수 있는 사람은 얼마 되지 않는다고 한다. 대부분의 시각장애인들은 빈곤과 교육 기회의 차별 속에 아예 학습이나 문화 향유의 기회를 포기해 버린다. 어렸을 때부터 맹학교에서 교육을 받은 선천적 시각장애인들조차 어려워하는데, 성인이 된 후의 후천적 시각장애인들은 사실상 점자를 익히기 어렵다. 다행스러운 것은 기술의 발전이 이러한 어려움을 극복해 나가는데 도움을 주고 있다. 오디오북이나 보이스웨어 같이 점자보다 더 효율적인 대체 수단이 등장하고 있다는 점이 그것이다. 컴퓨터의 화면에 나오는 정보를 점자로 전달해 주는 출력장치인 '점자 정보 단말기'가 국내 회사에 의해 개발되었다는 반가운 소식도 있다.[4]

농인이나 시각장애인들과 같은 언어소외 계층의 언어복지를 뒷받침 하는 법률적 장치와 정책적 지원들이 있다. 법률적으로는 「장애인복지법」, 「국어기본법」 등이 제정되어 있는데, 「국어기본법」 제4조는 정신·신체상의 장애에 의하여 언어사용에 어려움을 겪고 있는 국민이 불편 없이 국어를 사용할 수 있도록 국가와 지방자치단체가 필요한 정책을 수립하여 시행하도록 하고 있다. 나아가 2016년 2월에는 「한국수화언어법」이 국회를 통과하여 수어가 법적인 공용어가 되었다. 우리의 공영어는 기존의 '(표준) 한국어'에 더하여

---

4 '한소네'라는 제품인데 구글 모바일 서비스 인증을 받았으며, 유튜브, 구글 맵스, 지메일을 자유롭게 이용할 수 있으며 구글플레이에서 다양한 애플리케이션을 다운 받을 수 있고, 다양한 문서를 편집할 수 있다. 텍스트를 음성화하는 기술은 물론, 음성을 텍스트화하는 서비스도 제공하여 미국의 70% 이상의 맹학교에 채택되어 사용하기 시작했다는 소식도 있다.

'한국수화언어' 두 개의 공용어가 있는 셈이다.

문화체육관광부와 국립국어원은 언어 소외계층의 언어권 보장 및 언어 복지 실현 차원에서 한국 수어 연구 및 보급을 지원하는 사업을 펼쳐 왔다. 국립국어원은 표준 수화 규범을 제정하고 실제로 사용되는 수어를 수집·기록하고 수어 문법을 연구하는 등 수어에 대한 언어학적 연구 기반을 마련하고 있다. 문화체육관광부 소속 국립장애인 도서관에서는 책을 점자화5하는 작업을 하고 도서관 자료 무료 우편 서비스인 '책나래'를 운영하고 있다. 아울러 한국정보화진흥원에서는 장애인을 대상으로 정보통신 보조기기 보급 사업을 영위하기도 한다.6

이상을 통해 언어소외 계층을 위해 언어복지에 관한 제도적 장치를 마련해 놓고 다양한 정책을 통해 언어복지를 구현하려고 노력하고 있는 것을 확인할 수 있다. 아직 만족스러운 단계라고 할 수 없지만 언어복지는 그 대상이나 범위를 확충해 나가고 있음은 분명하다.

2) 언어복지—새로운 관점의 필요성

복지에는 선별적 복지와 보편적 복지가 있다. 복지대상자의 경제적 처우나 사회, 경제적 신분을 나누어 복지 혜택을 주는 것을 선별적 복지, 누구에게나 보편적으로 적용하는 것을 보편적 복지라고 한다. 언어복지는 지금까지 선별적 복지 개념으로 접근하는 경향이 많았다. 위에서 말한 언어소외층에 대한 배려는 선별적 복지에 해당한다.

---

5 점자화란 일반 책을 'OCR'을 통해 텍스트 파일을 만들고 그것을 다시 점자책으로 찍어내는 것을 말한다.
6 정보통신 보조기기 사업에 관해서는 아래 사이트 참조.
  https://www.at4u.or.kr/index.asp

그런데 언어복지에 보편적 복지 개념을 적극적으로 도입하는 것이 필요하다는 것이 본고의 입장이다. 언어습득이 당해 언어를 사용하는 환경에서 자라면 누구나 큰 어려움이 없이 언어를 습득한다는 것을 생각하면 보편적 언어복지 개념을 도입하는 것이 이상할지도 모른다. 그러나 언어능력의 측면에서 생각하면 문제가 간단하지 않음을 알 수 있다. 즉, 언어는 보편적으로 습득되지만 그렇다고 언어능력이 모두 일정한 수준이라는 것은 아니다. 본고에서 말하는 보편적 언어복지는 학교 교육을 받는 학생들은 일정한 수준의 언어능력을 가질 수 있도록 정부가 지원해 주고 유지하는 시스템을 갖추어야 한다는 것이다.

보편적 관점의 언어복지 개념이 필요한 이유는 교육복지의 관점을 생각해 보면 쉽게 납득이 간다. 교육복지는 "적어도 한 사회에서 설정하고 있는 교육에서의 최소 기준에 모든 국민이 도달할 수 있고, 나아가 모든 국민이 처한 위치에도 불구하고 각자 필요한 교육을 받아 그 잠재력을 최대한 발휘할 수 있는 상태(state), 혹은 이를 보장하기 위한 공적 지원(public service)"으로 정의된다(김정원 외, 2008). 교육복지가 위와 같이 최소 기준, 잠재력 발휘를 위한 공적 지원이라고 정의된다면 학교 교육 내에서의 언어복지는 교육복지 개념을 구현해 줄 수 있는 가장 핵심적인 영역이라고 생각한다.

보편적 언어복지 개념을 도입할 필요성은 2장에서 말한 복지제도의 위기와도 연결된다. 신자유주의에 의해서 만들어진 현재의 상황은 위기에 처해 있는 것은 분명하다. 고용 없는 성장은 소비가 축소되어 실물경제는 침체되고 금융경제로 거품을 만들어 낸 경제적 위기는 임금노동에 기반한 지금의 복지제도가 지속가능한 것인지에 대해 의심을 품게 만든다.

아울러 빈부격차의 심화는 우리 사회에 여러 문제를 야기 시키고 있다. 그 하나가 계층 간 이동이 어렵게 되어 계층사다리가 끊긴 것을 들 수 있다. 계층 간 이동은 세대 내와 세대 간 이동이 있는데 한 사람의 일생동안 계층이동을 세대 내 계층이동, 아버지와 아들 세대 사이에서의 이동을 세대 간 계층이동이다. 그런데 한국 사회는 두 가지 트랙 모두 이루어지기 어려운 실정이다.

2020년 1월 기획재정부가 발간한 '청년 희망사다리 실태조사' 보고서에 따르면 우리나라 청년 10명 중 6명(응답자의 59.2%)은 노력을 해도 계층이동이 불가능하다고 생각하는 것으로 나타났다. 그에 반해 '그렇다'고 응답한 경우는 18.6%에 불과했으며 '보통이다'는 22.3% 수준이었다. 우리사회에서 성공하는 데 필요한 가장 중요한 조건에 대해 청년들은 재력(35.2%)과 인맥(26.0%)을 꼽았으며 이는 성별, 나이, 지역 등 개인의 특성과 환경에 관계없이 대부분의 청년들이 재력이 최고의 조건이라고 강조했다. 우리사회에 부모로부터 물려받은 것 없는 '흙수저'는 결국 흙수저로 마감한다는 '수저계급론'이 청년층 전반에 광범위하게 퍼져 있다는 의미다. '노력해도 안 된다', '부모의 재력이 최고'라는 인식이 보편화되면서 청년층의 역동성을 갉아먹고 있다는 지적이다(파이낸셜 뉴스, 2020.01.28).

젊은이들이 희망이 없다고 느끼는 사회는 건강한 사회라고 보기 어렵다. 글로벌 남반구에서 일어나고 있는 조용한 혁명은 현재의 사회경제적 상황을 극복하기 위한 하나의 움직임에 틀림없다. 언어복지에서도 언어소외 계층에 대한 복지와 같은 선별적 복지 개념보다는 국민들이 자신의 잠재력을 발휘할 수 있을 정도의 언어능력을 갖도록 하는 보편적이며 적극적인 정책으로 전환되어야 할 것으로 보인다.

복지제도의 발전이 수혜적 관점에서 자연적 권리라는 관점으로 바뀌었다고 했다. 그럼에도 불구하고 주고받는 것의 집행을 국가가 행하는 것 외에는 혜택을 주는 자와 받는 자의 구조는 사실 하나도 변한 것이 없다. 물론 빈부의 차이를 근본적으로 없애는 것은 불가능하다. 미국의 진보주의 철학자인 존 롤스의 말대로 결과의 불평등은 존재할 수밖에 없는 것이다. 그런데 주고받는 구조가 고착화되는 것은 바람직하지 않다. 계층 사다리가 끊겨버리면 희망이 없는 사회가 된다. 수저계급론이 광범위하게 퍼지면 사회가 역동성을 상실하게 된다. 이러한 부작용을 막기 위해 우리나라에서 실시하고 있는 '청년 희망통장'이나 '햇살론 유스'와 같은 경제 정책도 필요하고, 공정한 경쟁이 이루어지도록 하는 법률적, 제도적 장치를 마련해야 할 것이다. 이런 것들은 존 롤스가 말하는 모든 사람에게 기회는 균등하게 주어져야 한다는 원칙을 추구하는 것이다.

기회가 균등하게 주어져야 하는 것에 덧붙여 생각할 수 있는 것이 주어진 기회를 잡을 수 있는 능력이라는 측면이다. 교육복지에서 말하는 잠재력을 최대한 발휘할 수 있는 상태가 그것이다. 그런데 교육복지에서 말하는 그 상태에서 핵심적인 영역이 언어영역이라는 것이 본고의 관점이다. 만약 본고의 관점이 옳다면 기회를 살릴 수 있는 능력 수준의 언어능력을 만들어 주도록 공적 지원을 강력하게 시행하는 것이 언어복지의 새로운 관점이라고 생각한다.

아이들의 학습 능력을 향상시킬 수 있는 과학적인 방법을 연구해 온 코베르타 콜린코프와 개시 허시-파섹(2018)은 21세기에 필요한 역량(Skills)을 '6C'라고 명명했다. 협력(Collaboration), 의사소통(Communication), 지식정보 즉 콘텐츠(Content), 비판적 사고(Critical Thinking), 창의적 혁신(Creative Innovation), 자신감(Confidence)가 그것인데 이것들은 모두 직접적으로 또는 간접적으로 언어능력과 밀접하게 관련되지 않은 것이 없다. 언어능력과 6C의 관계가 어떠한지는 언어능력이 부족한 경우 협력이 가능할까, 언어능력이 부족한 경우에 자신감이 넘칠까와 같이 언어능력과 6C 하나하나를 연결시켜 보면 쉽게 알 수 있다.[7]

공적지원을 강력하게 시행해야 하는 이유는 무엇일까? 엄훈(2012)이 보여준 학교 속의 문맹이라는 불편한 진실도 엄정한 관점에서 바라보아야 하지만 그에 그치지 않고 언어능력의 편차가 6C와 관련된 능력 특히 비판적 사고와 창의적 혁신에 크게 영향을 미친다고 생각하기 때문이다. 성공적인 삶을 위해서 문제를 제대로 인식하고 그 문제를 해결할 수 있는 능력이 필요한데 언어능력의 차이가 이러한 능력을 가르는데 중요한 요소가 될 것이다. 그런데 학생들의 문식 능력은 문식성 환경에 좌우되는 것으로 알려져 있다. 문식성 환경이 잘 갖추어진 가정에서 자란 학생과 그렇지 않은 학생은 문식성 능력에서 차이가 드러나게 된다. 그런데 캐서린 소노우 등(1991)은 학교에서 제공하는 문식 환경이 가정의 문식 환경을 극복할 수 있음을 보여준다. 문식적 지원이 적은 가정에서 자란 학생들도 지원이 많은 학교인 경우는 어려운 환경을 잘 극복하였으나 지원이 혼재된 학교에서는 그렇지 못했다는 연구 결과가 그것이다.[8] 그만큼 학교에서의 문식성 환경의 지원이 중요하다는 것을 잘 보여준다.

공적지원을 강력하게 시행하는 방법은 무엇일까? 정책의 방향이 정해지면 좋은 방안들이 등장할 것이다. 어떠한 방안이든 독서와 작문은 그 핵심적 활동이 되어야 한다. 예를 들면 제도적으로 각 학교급별로 읽어야 할 독서의 양적인 측면과 질적인 수준을 정한다. 그리고 자신의 취미나 관심에 맞는 책을 골라서 읽을 수 있도록 충분한 도서목록을 설정하고 학생들이 쉽게 도서에 접근할 수 있도록 환경을 만들어 주는 것이다. 아울러 피드백 기제를 강

---

7 이 부분은 국어교육 연구자, 독서교육 연구자들이 밝혀내야 할 과제이다. 이 말은 직관적인 수준에서 그러하다고 말하지 말고 실증을 통해서 밝혀내고 세상을 향해 설득시켜야 할 과제라는 뜻이다.
8 캐서린 소노우의 연구는 김주환(2019)을 참조하였음.

화하여 학생들의 수준을 끌어올리고, 수준에 미치지 못하는 학생들에 대한 지도는 개별적으로 철저하게 실시하여 일정한 수준에 도달하도록 하도록 한다. 학습자들이 읽은 결과물은 포토폴리오가 되어 그 학생의 발달 과정을 잘 이해할 수 있게 만들어 준다. 이런 것들이 가능하게 하는 제도적 장치를 마련하는 것이 언어복지가 나아가야 할 방향이라고 생각한다.

4. 나가며

복지제도는 사회적 산물이다. 따라서 사회의 변화함에 따라 그 성격이나 내용도 바뀌게 된다. 4차 산업혁명을 앞두고 있고 그간 주류 이데올로기로 작용한 신자유주의가 위기를 직면하고 있는 현재의 상황은 복지에 대한 생각도 바꾸고 있다. 그러한 점에서 언어복지도 전통적인 선별적 복지에서 보편적 복지로, 교육복지가 추구하는 방향과 같이 잠재력을 최대한 발휘할 수 있는 능력을 갖도록 하는 것이다. 그러기 위해 국가는 국민들이 갖추어야 할 언어능력의 기준을 만들어 모든 국민들이 일정한 기준 이상의 언어능력을 갖추도록 시행해야 하는 것이 언어복지가 나가야할 방향이라고 생각한다.

국어교육 내에서 그동안 언어복지에 대한 논의가 많지 않았던 것은 사실이다. 앞으로 많은 논의가 이루어지고 사회적으로 합의가 이루어져 보편적 언어복지가 이루어질 수 있는 방향으로 나아가기를 기대해 본다.

▎이 글은 서울대학교 국어교육과, 『선청어문』 49권(2021년)에 수록한 것을 수정한 것이다.

참고문헌

국립국어원(2014), 『수어, 또 하나의 언어』, 국립국어원.

김정원 외(2008), 『교육복지정책의 효과적 추진을 위한 법·제도 마련 연구』, 한국교육개발원.

김주환(2019), 『교사를 위한 독서 교육론』, 우리학교.

데이비드 M. 코츠, 곽세호 옮김(2018), 『신자유주의의 부상과 미래』, 나름북스.

로베르타 골린코프·캐시 허시-파섹, 김선아 옮김(2018), 『4차 산업혁명 시대 미래형 인재를 만드는 최고의 교육』, 예문아카이브.

엄훈(2012), 『학교 속의 문맹자들』, 우리교육.

오명석 엮음(2013), 『사회과학 명저 재발견 4』, 서울대학교 사회과학연구원 기획, 서울대학교 출판문화원.

요스타에스핑-안데르센, 박형신 외 옮김(2006), 『복지자본주의의 세 가지 세계』, 일신사.

윤도현(2017), 『복지국가론』, 정민사.

이광석(2017), 『복지언어론: 복지정책학의 과학철학과 인문학주의의 융합』, 대영문화사.

제임스 퍼거슨, 조문영 옮김(2017), 『분배정치의 시대: 기본소득과 현금지급이라는 혁명』, 여문책.

촘스키, 바사미안 인터뷰, 강주헌 옮김(2004), 『촘스키, 세상의 권력을 말하다』, 시대의 창.

KAIST 문술미래전략대학원 미래전략연수센타(2019), 『카이스트 미래전략 2020:기술과 인간의 만남』, 김영사.

KAIST 문술미래전략대학원 미래전략연수센타(2020), 『2030 카이스트 미래 경고』, 김영사.

저자 소개

이삼형　한양대학교 국어교육과 명예교수.
　　　　　독서교육, 쓰기교육, 국어교육학과 사고 연구.
　　　　　저서 『글, 삶, 문법』(공저), 『성장독서 How』(공저) 외 다수.

김창원　경인교육대학교 국어교육과 교수.
　　　　　국어과 교육과정 및 평가, 문학교육 연구.
　　　　　저서 『국어교육론』, 『문학교육론』, 『시교육론』 외 다수.

정재찬　한양대학교 국어교육과 교수.
　　　　　문학 및 문학교육 연구.
　　　　　저서 『시를 잊은 그대에게』, 『그대를 듣는다』, 『현대시의 이념과 논리』,
　　　　　『문학교육의 사회학을 위하여』, 『문학교육의 현상과 인식』, 『문학교육개
　　　　　론 1』(공저), 『문학교육원론』(공저) 외 다수.

이성영　춘천교육대학교 국어교육과 교수.
　　　　　국어교육(읽기교육) 연구.
　　　　　저서 『국어교육의 내용 연구』, 『국어교육학과 사고』 외 다수.

서 혁　이화여자대학교 국어교육과 교수.
　　　　　국어교육(읽기, 독서교육) 연구.
　　　　　저서 『독서교육론』, 『독서심리학』, 『국어교육학과 사고』, 『언어와 교
　　　　　육』, 『어휘교육론』, 『국어과 교수학습 방법』 외 다수.